DR. OETKER GRILLEN VON A–Z

DR. OETKER GRILLEN VON A–Z

Dr. Oetker Verlag

Abkürzungen

EL	=	Esslöffel
TL	=	Teelöffel
Msp.	=	Messerspitze
Pck.	=	Packung/Päckchen
g	=	Gramm
kg	=	Kilogramm
ml	=	Milliliter
l	=	Liter
evtl.	=	eventuell
geh.	=	gehäuft
gestr.	=	gestrichen
TK	=	Tiefkühlprodukt
°C	=	Grad Celcius
Ø	=	Durchmesser

Kalorien-/Nährwertangaben

E	=	Eiweiß
F	=	Fett
Kh	=	Kohlenhydrate
kcal	=	Kilokalorie
kJ	=	Kilojoule

Rezepte, die sich nicht nur für einen gemütlichen Grillabend, sondern auch für ein Picknick eignen, sind mit diesem Picknickkorb gekennzeichnet.

Alle Rezepte, die mit diesem Wohnwagen gekennzeichnet sind, eignen sich gut für den Campingurlaub.

Hinweise zu den Rezepten

Die Rezepte sind – wenn nicht anders angegeben – für 4 Personen berechnet.
Lesen Sie bitte vor der Zubereitung – besser noch vor dem Einkaufen – das Rezept einmal vollständig durch. Oft werden Arbeitsabläufe oder -zusammenhänge dann klarer.
Die Zutaten sind in der Reihenfolge ihrer Verarbeitung aufgeführt.
Die in den Rezepten angegebenen Gar- und Grilltemperaturen sind Richtwerte, die je nach individueller Hitzeleistung des Backofens und Grillgerätes (Holzkohlegrill, elektrischer Grill, Gasgrill oder Tischgrill) über- oder unterschritten werden können. Beachten Sie die Gebrauchsanweisung des Herstellers.

Zubereitungszeiten

Die Zubereitungszeit ist ein Anhaltswert für die Zeit der Vorbereitung und die eigentliche Zubereitung. Die Grill- und Garzeiten sind gesondert ausgewiesen. Wartezeiten wie Kühl-, Marinier- und Auftauzeiten sind nicht miteinbezogen.

Grillen als Garmethode

Grillen bezeichnet im ursprünglichen Sinn das Braten über offenem Feuer. Das Grillgut wird durch Wärmestrahlung gegart und an der Oberfläche geröstet. Dadurch entsteht neben den Röststoffen auch das typische Grillaroma.
Gegrillte Lebensmittel sind fettärmer als in einer Pfanne zubereitete Speisen. Der Grund dafür liegt darin, dass beim Grillen fast kein zusätzliches Fett benötigt wird und das Fett aus den Lebensmitteln in die Glut abtropfen kann.

Vorwort

Summertime – das bedeutet endlich wieder raus, die Abende im Freien genießen. Was passt da besser als ein gemütlicher Grillabend mit der Familie oder ein Barbecue mit Freunden?

Doch immer nur Bratwurst, Kartoffelsalat und Weißbrot? Wir zeigen Ihnen, wie schnell Sie raffinierte Marinaden für Fleisch, Fisch und Geflügel selbst zubereiten. Wie einfach man leckere Brote backt und wie köstlich selbst gemachte Dips und Saucen zu Gegrilltem schmecken. Wenn das Wetter mal nicht mitspielt, können Sie die Gerichte auch drinnen auf einem Tischgrill zubereiten.

Doch nicht nur auf der Suche nach Grillrezepten sind Sie hier richtig. Auch wenn Sie Ihren Urlaub gern auf Campingplätzen verbringen und häufig ratlos sind, was Sie auf Ihrem Gaskocher zubereiten sollen. Auch hierfür gibt es tolle Ideen. Wie wäre es z. B. mal mit Kartoffel-Quark-Talern oder Pasta mit einer Rucola-Sauce anstelle von Ravioli aus der Dose?

Oder Sie genießen die Natur gern bei einem Picknick. Vielleicht zu zweit, mit Freunden oder der Familie. Überraschen Sie Ihre Lieben doch mal mit kreativen Ideen, wie die Mini-Calzone oder Knusperoliven.

Apfel-Senf-Vinaigrette | Pikant

4–6 Portionen

Pro Portion:
E: 8 g, F: 11 g, Kh: 3 g, kJ: 502, kcal: 120

1 Zweig Rosmarin
1 Schalotte
½ Apfel
2 EL Apfelessig
1 TL Apfel-Dicksaft oder ¼ TL Zucker
½ TL körniger Senf
Salz
frisch gemahlener Pfeffer
2 EL Distel- oder Sonnenblumenöl
1 EL Kürbiskernöl
2 EL geröstete, gesalzene Kürbiskerne

Zubereitungszeit: 10 Minuten

1. Rosmarin abspülen, trocken tupfen und die Nadeln von den Stängeln zupfen. Nadeln sehr fein hacken. Schalotte abziehen. Apfel schälen, vierteln und entkernen. Apfel und Schalotte in sehr feine Würfel schneiden.

2. Essig mit Dicksaft oder Zucker und Senf verrühren, mit Rosmarin, Salz und Pfeffer abschmecken. Ölsorten unterschlagen. Schalotten-, Apfelwürfel und Kürbiskerne unter das Dressing rühren.

Tipp: Die Vinaigrette passt zu Blattsalaten, wie z.B. Rauke, Blattspinat, Römersalat oder Endivie, sowie zu Salaten mit Gemüse, z.B. Möhren oder Fenchel. Die Vinaigrette hält sich verschlossen (in einem Glas oder einer Flasche) etwa 3 Tage im Kühlschrank.

Extra Tipp: Kürbiskernöl. Dieses dunkelgrüne Öl aus geschälten oder ungeschälten Kürbiskernen hat einen aromatisch-nussigen Geschmack. Es sollte nur in der kalten Küche verwendet werden, da es sehr hitze- und sauerstoffempfindlich ist. Sein hoher Gehalt an mehrfach und einfach ungesättigten Fettsäuren macht es so wertvoll und gesund.

Aprikosen- oder Pfirsich-Vinaigrette | Fruchtig

10 Portionen

Insgesamt:
E: 6 g, F: 301 g, Kh: 32 g, kJ: 11884, kcal: 2838

1 Schalotte
2 reife, enthäutete Pfirsiche oder
4 reife, enthäutete Aprikosen
100 ml weißer Balsamico-Essig
50 g mittelscharfer Senf
1/2 geh. EL flüssiger Blütenhonig
1 gestr. TL Salz
frisch gemahlener Pfeffer
175 ml Speiseöl, z. B. Sonnenblumenöl
100 ml kaltgepresstes Olivenöl
25 ml Walnussöl
evtl. etwas Orangensaft

Zubereitungszeit: 15 Minuten

1. Schalotte abziehen und in kleine Würfel schneiden. Pfirsiche oder Aprikosen abspülen, trocken tupfen, halbieren und den Stein herauslösen.

2. Schalottenwürfel mit den Pfirsich- und Aprikosenhälften, Essig, Senf, Honig, Salz und Pfeffer in einen hohen Rührbecher geben und mit einem Mixstab fein pürieren. Die 3 Öle in einem dünnen Strahl hineinlaufen lassen, dabei die Sauce weiter pürieren bzw. mixen, bis eine homogene Verbindung entsteht. Ist die Vinaigrette zu dickflüssig, etwas Orangensaft hinzugeben.

3. Die Vinaigrette in ein gründlich gereinigtes, gespültes Glas füllen, mit einem Deckel verschließen und kalt gestellt aufbewahren. Vor Gebrauch gut schütteln und innerhalb von 3–4 Tagen verbrauchen.

Tipp: Die Vinaigrette passt gut zu Blattsalaten, Tomaten oder zu gebratener Leber. Statt frischer Pfirsiche und Aprikosen 125 g gut abgetropfte Aprikosenhälften aus der Dose oder dem Glas verwenden.

Argentinischer Kartoffelsalat mit Chorizo in Ajwardressing | Raffiniert

4–6 Portionen

Pro Portion:
E: 15 g, F: 24 g, Kh: 29 g, kJ: 1669, kcal: 399

700 g kleine, festkochende Kartoffeln
je 3 milde rote und grüne Chilischoten (etwa 300 g)
1 Bund Frühlingszwiebeln (etwa 250 g)
einige Zweige frische Minze
1 Bund glatte Petersilie
4 Sardellenfilets (etwa 40 g)
300 g Chorizo (spanische Paprikawurst)
4 EL Olivenöl
200 g Ajwar (Paprika-Tomaten-Paste)
2 EL Rotweinessig
Salz, frisch gemahlener Pfeffer

Zubereitungszeit: 60 Minuten, ohne Abkühl- und Durchziehzeit

1. Kartoffeln gründlich waschen, mit Wasser bedeckt zum Kochen bringen, zugedeckt in 20–25 Minuten gar kochen. Kartoffeln abgießen, mit kaltem Wasser abschrecken, abtropfen lassen, sofort pellen und lauwarm abkühlen lassen. Kartoffeln in Scheiben schneiden und in eine große Schüssel geben.

2. Chilischoten abspülen und trocken tupfen. Chilischoten längs halbieren, entkernen und in kleine Würfel schneiden. Frühlingszwiebeln putzen, waschen, abtropfen lassen und in dünne Scheiben schneiden. Minze und Petersilie abspülen und trocken tupfen. Die Blättchen von den Stängel zupfen (einige Blättchen beiseitelegen). Blättchen in Streifen schneiden.

3. Sardellenfilets kurz unter fließendem kalten Wasser abspülen und trocken tupfen. Sardellenfilets sehr klein schneiden oder hacken.

4. Chorizo-Wurst in kleine Würfel schneiden (bei einer dünnen Wurst Scheiben schneiden), einige Wurstwürfel oder -scheiben zum Garnieren beiseitelegen. Etwas von dem Olivenöl in einer Pfanne erhitzen. Wurstwürfel oder -scheiben von beiden Seiten darin anbraten, herausnehmen und erkalten lassen.

5. Chiliwürfel, Frühlingszwiebelscheiben und Wurstwürfel oder -scheiben zu den Kartoffelscheiben geben und untermischen.

6. Ajwar mit Essig verrühren, restliches Olivenöl unterschlagen. Sardellenstücke, Minze- und Petersilienstreifen unterrühren. Mit Salz und Pfeffer abschmecken.

7. Die Marinade zu den Salatzutaten geben und untermengen. Den Salat etwa 1 Stunde kalt stellen und durchziehen lassen.

8. Den Salat mit den beiseite gelegten Wurstwürfeln oder -scheiben und Minzeblättchen garniert servieren.

Auberginen mit eingelegten Limetten | Vegetarisch

Pro Portion:
E: 9 g, F: 59 g, Kh: 18 g, kJ: 2696, kcal: 643

Für die eingelegten Limetten:

5 Bio-Limetten (unbehandelt, ungewachst)
1 EL Meersalz
150 ml Olivenöl

5 Knoblauchzehen
150 ml Olivenöl
10 mittelgroße Auberginen (je etwa 300 g)
Salz
grob gemahlener bunter Pfeffer
2 Bund Schnittlauch

Zubereitungszeit: 50 Minuten, ohne Kühlzeit
Grillzeit: etwa 4 Minuten

1. Für die eingelegten Limetten Limetten gründlich heiß abwaschen, trocken tupfen und in dünne Scheiben schneiden. Limettenscheiben mit Salz bestreuen, in ein Glas schichten und mit Olivenöl übergießen, so dass die Limettenscheiben bedeckt sind. Limettenscheiben mit Klarsichtfolie zudecken und mindestens 24 Stunden kalt stellen.

2. Knoblauchzehen abziehen, durch eine Knoblauchpresse drücken, mit Olivenöl verrühren.

3. Auberginen waschen, abtrocknen und die Stängelansätze abschneiden. Auberginen in Scheiben schneiden, mit Salz und Pfeffer bestreuen. Auberginenscheiben in eine flache Schale legen und mit dem Knoblauchöl übergießen. Auberginenscheiben mit Klarsichtfolie zudecken und kalt stellen.

4. Schnittlauch abspülen, trocken tupfen und in Röllchen schneiden.

5. Die Auberginenscheiben abtropfen lassen und auf dem heißen Grill von jeder Seite etwa 2 Minuten grillen. Auberginenscheiben mit den eingelegten Limetten und Schnittlauchröllchen garnieren.

Beilage: Eingelegter Feta-Käse oder Mozzarellascheiben. Frisches Weißbrot.

Tipp: Die Auberginen schmecken auch sehr gut zu gegrilltem Lammfleisch oder Fisch.
Limettenscheiben schon einige Tage vor dem Verzehr in Olivenöl einlegen.

Auberginenpüree mit Ricotta

Etwas aufwändiger

Insgesamt:
E: 33 g, F: 77 g, Kh: 27 g, kJ: 3951, kcal: 944

2 Auberginen (etwa 450 g)
3 Knoblauchzehen
etwa 50 g schwarze Oliven ohne Stein
Saft von
½ Zitrone
1 Msp. gemahlener Kreuzkümmel (Cumin) oder Koriander
2 EL Sesampaste
200 g Ricotta (ital. Frischkäse)
2 TL gehackte Petersilienblättchen
Salz
frisch gemahlener Pfeffer
1 Prise Zucker

Zubereitungszeit:
15–20 Minuten, ohne Gar- und Abkühlzeit

1. Den Backofen vorheizen. Auberginen abspülen, abtrocknen und die Stängelansätze abschneiden. Auberginen längs halbieren, jeweils mit der Schnittfläche nach unten auf ein Backblech (mit Alufolie belegt, gefettet) legen. Das Backblech in den vorgeheizten Backofen schieben.

Ober-/Unterhitze: etwa 140 °C
Heißluft: etwa 120 °C
Garzeit: etwa 60 Minuten.

2. Auberginen nach dem Garen aus dem Backofen nehmen und abkühlen lassen.

3. Knoblauchzehen abziehen und durch die Knoblauchpresse drücken. Oliven grob hacken. Auberginenfruchtfleisch mit einem Esslöffel herauslösen, mit Knoblauch, Zitronensaft, Kreuzkümmel oder Koriander und Sesampaste pürieren.

4. Ricotta mit Auberginenpüree, Oliven und Petersilie gut verrühren, mit Salz, Pfeffer und Zucker abschmecken. Den Aufstrich in 1–2 verschließbare Gefäße füllen und kalt stellen. Der Aufstrich ist im Kühlschrank 2–3 Tage haltbar.

Brotempfehlung: Geröstete Baguettescheiben, Fladen- oder Nussbrot.

Tipp: Statt Ricotta kann auch Crème fraîche verwendet werden.

Aufschnitt in Radieschen-Vinaigrette | Einfach

Pro Portion:
E: 36 g, F: 32 g, Kh: 1 g, kJ: 1841, kcal: 439

Für die Vinaigrette:

1 Bund Radieschen (etwa 200 g)
2 Kästchen Gartenkresse
1 EL mittelscharfer Senf
3 EL milder Weißweinessig
8 EL Olivenöl
Salz
frisch gemahlener Pfeffer

1 Bund Schnittlauch
250 g Rinderbratenaufschnitt
250 g Schweinebratenaufschnitt

Zubereitungszeit: 30 Minuten

1. Für die Vinaigrette von den Radieschen Grün, Wurzelenden, Spitzen und schlechte Stellen abschneiden. Radieschen waschen, abtropfen lassen, fein hacken und in eine Schüssel geben.

2. Kresse abspülen, abschneiden und trocken tupfen. Senf mit Weißweinessig und Kresse verrühren, Olivenöl unterschlagen und unter die gehackten Radieschen rühren. Vinaigrette mit Salz und Pfeffer abschmecken.

3. Schnittlauch abspülen, trocken tupfen und in kleine Röllchen schneiden.

4. Bratenaufschnitt auf einer großen Platte anrichten und mit der Radieschen-Vinaigrette beträufeln. Schnittlauchröllchen daraufstreuen.

Tipp: Statt Rinder- und Schweinebratenaufschnitt eignet sich auch Kalb- oder Geflügelfleischaufschnitt.

Austernpilze | Einfach

Pro Portion:
E: 10 g, F: 61 g, Kh: 9 g, kJ: 2907, kcal: 694

1,8 kg große Austernpilze
2 Bund Frühlingszwiebeln (etwa 12 Stück)
20 dünne Scheiben Frühstücksspeck, z. B. Bacon
1 Pck. TK-Kräuter der Provence
8 EL Speiseöl, z. B. Rapsöl
Salz
grob gemahlener, bunter Pfeffer

Außerdem:
Holz- oder Metallspieße

Zubereitungszeit: 25 Minuten, ohne Durchziehzeit
Grillzeit: Spieße etwa 10 Minuten, Pilze 8–10 Minuten

1. Austernpilze putzen, mit Küchenpapier abreiben, evtl. abspülen und trocken tupfen. Die Stiele abschneiden, große Austernpilze halbieren.

2. Frühlingszwiebeln putzen, waschen und trocken tupfen. Die Frühlingszwiebeln (Knolle entfernen) halbieren, mit je 1 Scheibe Frühstücksspeck umwickeln und auf Holz- oder Metallspieße stecken.

3. Kräuter der Provence mit Öl verrühren.

4. Austernpilze und Zwiebel-Speck-Spieße in eine flache Schale oder Fettfangschale legen, mit Salz und Pfeffer bestreuen, mit dem Kräuteröl beträufeln. Spieße und Pilze mit Frischhaltefolie zudecken und etwa 1 Stunde durchziehen lassen.

5. Die Spieße auf den heißen Grill legen und etwa 10 Minuten unter gelegentlichem Wenden grillen. Austernpilze in eine Grillschale legen und ebenfalls 8–10 Minuten grillen.

Avocado-Dip (Guacamole) I Klassisch

Insgesamt:
E: 11 g, F: 126 g, Kh: 9 g, kJ: 5033, kcal: 1202

3 Bund Koriander (ersatzweise glatte Petersilie)
3 Schalotten
1–2 Knoblauchzehen
2 EL Speiseöl, z. B. Sonnenblumenöl
2 reife Avocados
3 EL Limettensaft
Salz
Cayennepfeffer

Zubereitungszeit: 25 Minuten

1. Koriander abspülen und trocken tupfen. Blättchen von den Stängeln zupfen. Blättchen grob zerkleinern.

2. Schalotten und Knoblauch abziehen und fein hacken.

3. Koriander, Schalotten, Knoblauch und Öl in einen hohen Rührbecher geben und mit einem Pürierstab pürieren.

4. Avocados halbieren und die Steine entfernen. Avocadofleisch mit einem Esslöffel herauslösen. Avocadofleisch und Limettensaft zu der Koriander-Schalotten-Masse geben und mit dem Pürierstab zu einer glatten Masse pürieren.

5. Die Creme mit Salz und Cayennepfeffer kräftig abschmecken.

Variante: Guacamole mit Tomaten. Hierfür eine mittelgroße Tomate kreuzweise einschneiden, kurz in kochendes Wasser legen und mit kaltem Wasser abschrecken. Tomate enthäuten, halbieren, entkernen und würfeln. Tomatenwürfel unter die Guacamole heben.

Tipp: Guacamole passt als Dip zu einer Rohkost-platte, zu gegrilltem Fleisch und zu Tacos.

Bagels I Beliebt

12 Stück

Pro Stück:
E: 5 g, F: 1 g, Kh: 32 g, kJ: 651, kcal: 156

Für den Hefeteig:

450 g Weizenmehl (Type 405)
50 g gesiebte Speisestärke
1 Pck. Dr. Oetker Trockenbackhefe
1 gestr. TL Salz
3 gestr. TL brauner Zucker (Kandisfarin)
275 ml warmes Wasser
1 Eiweiß (Größe M)

Zum Bestäuben:

etwas Weizenmehl

Zum Bestreichen und Bestreuen:

1 Eigelb (Größe M)
1 EL Milch
Hagelsalz
Sesamsamen
Mohnsamen

Zubereitungszeit: 40 Minuten, ohne Teiggehzeit
Backzeit: etwa 15 Minuten

1. Für den Teig Mehl mit Speisestärke mischen, in eine Rührschüssel geben und mit Trockenbackhefe sorgfältig vermischen. Übrige Zutaten hinzufügen und alles mit Handrührgerät mit Knethaken zunächst kurz auf niedrigster, dann auf höchster Stufe in etwa 5 Minuten zu einem glatten Teig verarbeiten. Den Teig zugedeckt an einem warmen Ort so lange gehen lassen, bis er sich sichtbar vergrößert hat.

2. Den Teig leicht mit Mehl bestäuben, aus der Schüssel nehmen, auf der Arbeitsfläche nochmals kurz durchkneten und zu einer Rolle formen. Diese in 12 Stücke teilen, zu Kugeln formen und während der Weiterverarbeitung mit einem feuchten Tuch zudecken. Den Backofen vorheizen.

3. 2–3 Liter Wasser in einem großen, weiten Topf zum Kochen bringen. Jede Teigkugel mit bemehltem Zeigefinger in der Mitte bis auf die Arbeitsfläche eindrücken. Den Finger kreisförmig bewegen, um das Loch zu vergrößern, und den Teigring so lange um den Finger kreisen lassen, bis der Durchmesser des Loches etwa ein Drittel des Gesamtdurchmessers beträgt.

4. Die Teigstücke portionsweise in das schwach kochende Wasser geben und etwa 1 Minute ohne Deckel darin lassen, bis sie sich aufzublähen beginnen. Die Teigstücke mit einem Schaumlöffel herausnehmen, abtropfen lassen und auf ein Backblech (gefettet) legen. Eigelb mit Milch verschlagen, die Teigringe damit bestreichen. Nach Belieben mit Hagelsalz, Sesam oder Mohn bestreuen. Das Backblech in den vorgeheizten Backofen schieben.

Ober-/Unterhitze: etwa 200 °C
Heißluft: etwa 180 °C
Backzeit: etwa 15 Minuten.

5. Die goldgelb gebackenen Bagels auf einen Kuchenrost legen und erkalten lassen.

Tipp: Die Bagels wie Brötchen aufschneiden und belegen.

Baguette mit Tomate und Mozzarella | Schnell

Pro Portion:
E: 19 g, F: 37 g, Kh: 48 g, kJ: 2667, kcal: 638

4 Baguettebrötchen
8 EL kaltgepresstes Olivenöl
4 abgespülte, trocken getupfte Salatblätter
4 Fleischtomaten
250 g Mozzarella
1 Bund Basilikum
Salz
frisch gemahlener Pfeffer

Zubereitungszeit: 15 Minuten

1. Baguettes waagerecht halbieren und mit etwas Olivenöl beträufeln. Mit je einem Salatblatt belegen.

2. Fleischtomaten abspülen, abtrocknen, Stängelansätze herausschneiden, die Tomaten in Scheiben schneiden. Mozzarella abtropfen lassen und ebenfalls in Scheiben schneiden.

3. Tomaten- und Mozzarellascheiben dachziegelartig auf den Salat legen. Basilikum abspülen, trocken tupfen, die Blättchen von den Stängeln zupfen. Blättchen in Streifen schneiden und auf die belegten Baguettes streuen.

4. Mit Salz und Pfeffer würzen und mit dem restlichen Olivenöl beträufeln. Den Deckel der Baguettes jeweils wieder darauflegen.

Baguettebrötchen | Preiswert

8 Brötchen

Insgesamt:
E: 59 g, F: 20 g, Kh: 375 g, kJ: 8147, kcal: 1945

Für den Hefeteig:

500 g	*Weizenmehl (Type 550)*
1 Pck.	*Dr. Oetker Trockenbackhefe*
1 geh. TL	*Salz*
1 EL	*Speiseöl, z. B. Sonnenblumenöl*
125 ml (1/8 l)	*lauwarme Milch*
200 ml	*lauwarmes Wasser*

Zum Bestäuben:

etwas Weizenmehl

Zubereitungszeit: 25 Minuten, ohne Teiggehzeit
Backzeit: etwa 25 Minuten

1. Für den Teig Mehl in eine Rührschüssel geben, mit Trockenbackhefe sorgfältig vermischen. Salz, Öl, Milch und Wasser hinzufügen. Die Zutaten mit Handrührgerät mit Knethaken zunächst kurz auf niedrigster, dann auf höchster Stufe in etwa 5 Minuten zu einem glatten Teig verarbeiten. Den Teig mit Mehl bestäuben und zugedeckt so lange an einem warmen Ort gehen lassen, bis er sich sichtbar vergrößert (etwa 30 Minuten).

2. Den gegangen Teig leicht mit Mehl bestäuben, aus der Schüssel nehmen, auf der leicht bemehlten Arbeitsfläche nochmals gut durchkneten und in 8 Portionen teilen.

3. Die Teigportionen jeweils zu länglichen Rollen (12–13 cm) formen und auf ein Backblech (mit Backpapier belegt) legen.

4. Den Backofen vorheizen. Die Teigrollen nochmals zugedeckt so lange an einem warmen Ort gehen lassen, bis sie sich sichtbar vergrößert haben (etwa 20 Minuten).

5. Die Teigrollen auf der Oberfläche mit einem scharfen Messer mehrmals schräg einschneiden (nicht drücken) und mit Wasser bestreichen. Das Backblech in den vorgeheizten Backofen schieben.

Ober-/Unterhitze: etwa 220 °C
Heißluft: etwa 200 °C
Backzeit: etwa 25 Minuten.

6. Die Baguettebrötchen vom Backpapier nehmen und auf einem Kuchenrost erkalten lassen.

Bananen in Crème-fraîche-Sauce

Für Kinder

Pro Portion:
E: 2 g, F: 20 g, Kh: 21 g, kJ: 1146, kcal: 274

2 Bananen
2 EL Zitronensaft
2 EL Zucker
½ TL gemahlener Zimt
30 g Butter
150 g Crème fraîche
1 TL Dr. Oetker Vanillin-Zucker
2 EL Schlagsahne
2 TL Preiselbeerkonfitüre

Zubereitungszeit: 15 Minuten
Grillzeit: 3–5 Minuten

1. Die Banane schälen, längs halbieren. Die Bananenhälften mit dem Zitronensaft beträufeln.

2. Zucker und Zimt vermischen, die Butter in einem kleinen Topf zerlassen. Die Bananen in dem Zimt-Zucker-Gemisch wenden und mit der zerlassenen Butter bestreichen. Auf ein Backblech (mit Backpapier belegt) legen und auf dem heißen Grill 3–5 Minuten grillen.

3. Anschließend Crème fraîche mit Vanillin-Zucker und Sahne verrühren und gekühlt zu den Bananen servieren.

4. Die Bananen mit Preiselbeerkonfitüre anrichten.

Tipp: Statt Konfitüre können Sie auch Preiselbeer- oder Cranberrykompott verwenden.

Barbecue-Sauce (BBQ-Sauce) I

Klassisch

12–15 Portionen

Insgesamt:
E: 25 g, F: 4 g, Kh: 255 g, kJ: 4971, kcal: 1188

300 ml starker Kaffee (Espresso oder Mokka)
1 Gemüsezwiebel
1 kleines Bund krause Petersilie
1 TL Sambal Oelek
1 l (1 kg) Tomatenketchup

Zubereitungszeit: 20 Minuten, ohne Durchziehzeit

1. Kaffee erkalten lassen. Zwiebel abziehen, halbieren und in kleine Würfel schneiden.

2. Petersilie abspülen und trocken tupfen. Die Blättchen von den Stängeln zupfen und anschließend fein hacken.

3. Kaffee in eine Schüssel gießen. Zwiebelwürfel, Petersilie, Sambal Oelek und Ketchup hinzufügen. Die Zutaten gut verrühren.

4. Die Sauce in vorbereitete Gläser oder Flaschen füllen, fest verschließen und kalt stellen. Sauce 1 Tag durchziehen lassen. Die Sauce ist gut gekühlt 3–4 Wochen haltbar.

Tipp: Die Sauce sollte bei keinem Barbecue fehlen. Sie schmeckt besonders gut zu gegrilltem Fleisch und eignet sich zum Bestreichen von gegrillten Spare Ribs. Oder reichen Sie die Sauce einfach zu Frittiertem.

Basilikumnudeln mit Pinienkernen | Vegetarisch

2 Portionen

Pro Portion:
E: 38 g, F: 63 g, Kh: 74 g, kJ: 4443, kcal: 1061

2 Bund Basilikum
3 Knoblauchzehen
6 EL kaltgepresstes Olivenöl
60 g geriebener Parmesan-Käse
60 g geriebener Gruyère-Käse
Salz
2 l Wasser
2 gestr. TL Salz
200 g Bandnudeln
30 g Pinienkerne

Zubereitungszeit: 20 Minuten

1. Basilikum abspülen, trocken tupfen, Blättchen von den Stängeln zupfen. Knoblauchzehen abziehen, zusammen mit Basilikum und Olivenöl pürieren. Käse und Salz hinzufügen und zu einer Paste verrühren.

2. Wasser in einem großen geschlossenen Topf zum Kochen bringen. Dann Salz und Nudeln zugeben. Die Nudeln im geöffneten Topf bei mittlerer Hitze nach Packungsanleitung bissfest kochen, dabei gelegentlich umrühren. Anschließend Nudeln in ein Sieb geben, mit heißem Wasser abspülen und abtropfen lassen. Nudeln in einer Schüssel mit der Basilikumpaste vermengen.

3. Pinienkerne in einer Pfanne ohne Fett rösten, über die Nudeln streuen.

Tipp: Zusammen mit Tomatensalat und einem leichten Wein ist dies ein schönes Gericht für einen Sommerabend.

Basilikumsauce | Gut vorzubereiten

Pro Portion:
E: 2 g, F: 15 g, Kh: 11 g, kJ: 759, kcal: 183

2	*Tomaten (etwa 250 g)*
2 Bund	*Basilikum*
1 Glas (200 g)	*Joghurt-Salatcreme*
4 EL	*Schlagsahne*
	frisch gemahlener Pfeffer

Zubereitungszeit: 15 Minuten

1. Tomaten waschen, kreuzweise einschneiden und kurz in kochendes Wasser legen. Anschließend in kaltem Wasser abschrecken, enthäuten und die Stängelansätze herausschneiden. Die Tomaten vierteln, entkernen und das Tomatenfleisch pürieren. Basilikum abspülen, trocken tupfen und die Blättchen von den Stängeln zupfen. Blättchen fein hacken.

2. Joghurt-Salatcreme mit Basilikum (etwas Basilikum beiseitelegen), Tomatenpüree und Sahne verrühren. Mit Pfeffer würzen.

3. Die Sauce in einer Schüssel anrichten und mit dem beiseitegelegten Basilikum garnieren.

Tipp: Zu gegrilltem Fleisch reichen.

Bauernfrühstück | Preiswert

3 Portionen

Pro Portion:
E: 15 g, F: 41 g, Kh: 31 g, kJ: 2417, kcal: 577

750 g festkochende Kartoffeln
Salz
75 g durchwachsener Speck
30 g Butter oder Margarine
4 Zwiebeln
frisch gemahlener Pfeffer
3 Eier (Größe M)
3 EL Milch
Paprikapulver edelsüß
frisch geriebene Muskatnuss
125 g Schinkenspeck
2 EL fein geschnittener Schnittlauch

Zubereitungszeit: 20 Minuten, ohne Koch- und Abkühlzeit

1. Kartoffeln waschen, mit Salzwasser bedeckt zum Kochen bringen, in 20–25 Minuten gar kochen lassen. Kartoffeln abgießen, abdämpfen, pellen und erkalten lassen. Anschließend die erkalteten Kartoffeln in Scheiben schneiden.

2. Den Speck fein würfeln, in einer Pfanne ohne Fett auslassen. Anschließend Butter oder Margarine dazugeben. Zwiebeln abziehen, fein würfeln und mitbraten.

3. Die Kartoffelscheiben hinzugeben und von allen Seiten anbraten, mit Salz und Pfeffer würzen.

4. Eier mit Milch, Salz, Pfeffer, Paprikapulver und Muskat verschlagen. Schinkenspeck würfeln und zusammen mit dem Schnittlauch hinzugeben. Die Eiermilch über die gebräunten Kartoffeln geben und bei kleiner Hitze stocken lassen.

Beilage: Bunter Salat.

Beerenketchup mit Zimt und Minze I Raffiniert

(etwa 1 1/4 l)

Ingesamt:
E: 26 g, F: 20 g, Kh: 851 g, kJ: 16355, kcal: 3918

2 kg	*frische Beeren, z. B. Brombeeren*
800 g	*Zucker*
600 ml	*Weißweinessig*
1/2 TL	*gemahlene Nelken*
1/2 TL	*gemahlener Piment*
1	*Zimtstange*
3 Zweige	*frische Minze*
	Salz, frisch gemahlener Pfeffer

Zubereitungszeit: 45 Minuten, ohne Kochzeit

1. Beeren verlesen, abspülen, abtropfen lassen, mit Zucker, Essig, Nelken, Piment und Zimtstange in einem Topf unter ständigem Rühren bei schwacher Hitze zum Kochen bringen, zugedeckt bei mittlerer Hitze etwa 1 Stunde kochen lassen, dabei ab und zu umrühren.

2. Zimtstange entfernen. Die Beerenmasse durch ein feines Sieb streichen oder durch eine Flotte Lotte geben. Den Beerensaft (Ketchup) dabei auffangen.

3. Minze abspülen und trocken tupfen. Die Blättchen von den Stängeln zupfen. Blättchen in feine Streifen schneiden und unter den Beerensaft (Ketchup) rühren. Mit Salz und Pfeffer abschmecken.

4. Den heißen Beerensaft sofort in gründlich gereinigte, gespülte Gläser füllen und mit Twist-off-Deckeln® verschließen. Beerenketchup kalt, trocken und dunkel etwa 4 Wochen durchziehen lassen. Der Ketchup ist kühl und dunkel gelagert weitere etwa 4 Wochen haltbar.

Tipp: Schmeckt zu gegrilltem Fleisch.

Bierknacker-Salat | Für Gäste

Pro Portion:
E: 21 g, F: 34 g, Kh: 22 g, kJ: 2112, kcal: 505

10 Bierknacker oder dünne Rauchenden (etwa 500 g)
2 kleine Köpfe Eisbergsalat
2 Bund Frühlingszwiebeln
3 rote Zwiebeln
2 Bund Radieschen

Für die Sauce:
100 ml Weißweinessig
Salz
etwas Zucker
frisch gemahlener Pfeffer
125 ml (1/8 l) Maiskeimöl

3 Laugenbrezeln

Zubereitungszeit: 45 Minuten

1. Bierknacker oder Rauchenden in dünne Scheiben schneiden und in eine große Schüssel geben.

2. Vom Eisbergsalat die welken Blätter entfernen. Köpfe halbieren, in grobe Stücke zerteilen, waschen und abtropfen lassen. Salat zu den Wurstscheiben geben.

3. Frühlingszwiebeln putzen, waschen, abtropfen lassen und in Scheiben schneiden. Zwiebeln abziehen, halbieren und in dünne Scheiben schneiden. Radieschen putzen, waschen, vierteln und mit den Zwiebelscheiben zum Salat geben.

4. Für die Sauce Essig mit Salz, Zucker und Pfeffer verrühren, Öl mit einem Schneebesen unterschlagen. Die Sauce mit den Salatzutaten vermengen.

5. Kurz vor dem Servieren die Brezeln in etwa 1/2 cm dicke Scheiben schneiden und unter den Salat heben.

Brotstangen mit Amaranth | Raffiniert

4 Brote (je etwa 150 g)

Insgesamt:
E: 58 g F: 33 g, Kh: 288 g, kJ: 7125, kcal: 1702

Zum Vorbereiten:
100 g Amaranth (erhältlich im Reformhaus)

Für den Hefeteig:
150 g Weizenmehl (Type 550)
150 g Dinkel-Vollkornmehl
2 gestr. TL Salz
1 Pck. Dr. Oetker Trockenbackhefe
2 EL Speiseöl, z. B. Sonnenblumenöl

Zum Bestäuben:
etwas Weizenmehl

Zubereitungszeit: 50 Minuten, ohne Quell- und Teiggehzeit
Backzeit: 30–40 Minuten

1. Zum Vorbereiten 300 ml Wasser in einem Topf zum Kochen bringen, Amaranth hinzufügen und aufkochen lassen. Zugedeckt bei schwacher Hitze etwa 30 Minuten garen. Amaranth gegen Ende der Garzeit immer wieder umrühren, da er leicht am Topfboden haftet. Es ist nicht notwendig, weiteres Wasser hinzuzufügen.

2. Amaranth auf der ausgeschalteten Kochstelle weitere 10 Minuten quellen lassen, dann lauwarm abkühlen lassen.

3. Für den Teig beide Mehlsorten mit Salz und Trockenbackhefe in einer Rührschüssel sorgfältig vermischen. 50 ml Wasser, Öl und lauwarme Amaranth-Masse hinzufügen. Die Zutaten mit Handrührgerät mit Knethaken zunächst kurz auf niedrigster, dann auf höchster Stufe in etwa 5 Minuten zu einem glatten Teig verarbeiten.

4. Den Teig mit Mehl bestäuben und zugedeckt so lange an einem warmen Ort gehen lassen, bis er sich sichtbar vergrößert hat (etwa 1 Stunde).

5. Den gegangenen Teig leicht mit Mehl bestäuben, aus der Schüssel nehmen und auf der bemehlten Arbeitsfläche nochmals kurz durchkneten. Den Teig in 4 gleich große Portionen teilen. Jede Teigportion so zu einer 28 cm langen Rolle formen, dass die Enden dünner sind. Die Teigrollen auf ein Backblech (mit Backpapier belegt) legen, dünn mit Wasser bestreichen und mit Mehl bestäuben.

6. Den Backofen vorheizen. Die Teigrollen zugedeckt so lange an einem warmen Ort gehen lassen, bis sie sich sichtbar vergrößert haben (etwa 20 Minuten).

7. Die Teigrollen mit einem Sägemesser in der Mitte etwa ½ cm tief einschneiden (nicht drücken). Das Backblech danach in den vorgeheizten Backofen schieben.

Ober-/Unterhitze: etwa 250 °C
Heißluft: etwa 230 °C
Backzeit: etwa 10 Minuten.

8. Nach etwa 10 Minuten Backzeit die Temperatur um etwa 50 °C herunterschalten und die Brotstangen in 20–30 Minuten fertig backen.

Bruschetta | Schnell

12 Stück

Pro Portion:
E: 4 g, F: 31 g, Kh: 20 g, kJ: 1613, kcal: 385

15 vollreife Tomaten
10 Knoblauchzehen
3 Zwiebeln
6 EL Olivenöl
3 TL gerebelter Oregano
Salz, frisch gemahlener Pfeffer
12 Scheiben helles Bauernbrot
200 ml Olivenöl

Zubereitungszeit: 15 Minuten

1. Tomaten waschen und kurz in kochendes Wasser legen. Anschließend in kaltem Wasser abschrecken, enthäuten und die Stängelansätze entfernen. Tomaten vierteln, entkernen und Tomatenfruchtfleisch in Würfel schneiden.

2. Knoblauchzehen und Zwiebeln abziehen, die Knoblauchzehen in dünne Scheiben und die Zwiebeln in Würfel schneiden.

3. Olivenöl in einem Topf erhitzen, Knoblauchscheiben und Zwiebelwürfel darin andünsten. Die Tomatenwürfel hinzufügen. Mit Oregano, Salz und Pfeffer würzen und kurz mitandünsten.

4. Brotscheiben halbieren, in einer Pfanne mit Olivenöl von beiden Seiten goldbraun braten. Tomatenmasse auf dem Brot verteilen und servieren.

Abwandlung: Tomaten nicht andünsten und mit Sardellen oder Basilikum vermengen.

Bunte Champignonspieße | Einfach

Pro Portion:
E: 27 g, F: 35 g, Kh: 2 g, kJ: 1920, kcal: 459

6 Thüringer Bratwürste
2 Gläser ganze Champignons (Abtropfgewicht je 420 g)
450 g geräucherter, durchwachsener Speck
4 EL Zitronensaft
10 EL Speiseöl, z. B. Sonnenblumenöl
Salz
frisch gemahlener Pfeffer
Paprikapulver edelsüß

Außerdem:
12 Holzspieße
Alufolie

Zubereitungszeit: 35 Minuten
Grillzeit: 5–8 Minuten

1. Die Bratwürste in etwa 2 cm dicke Scheiben schneiden. Champignons in einem Sieb abtropfen lassen. Speck in Scheiben schneiden. Wurstscheiben, Champignons und Speckscheiben abwechselnd auf 12 Holzspieße stecken.

2. Zitronensaft mit Öl, Salz, Pfeffer und Paprikapulver verrühren. Die Spieße damit bestreichen. Die Spieße auf den heißen Grill (mit Alufolie belegt und mit Öl bestrichen) legen und unter mehrmaligem Wenden 5–8 Minuten grillen, dabei zwischendurch wenden.

Beilage: Zu den Spießen schmeckt eine Champignonbutter. Dazu einige Champignons für die Spieße beiseitelegen und in feine Würfel schneiden. 3 Zwiebeln abziehen und fein würfeln. Etwas von 150 g Butter zerlassen, Champignon- und Zwiebelwürfel darin andünsten und erkalten lassen. Die Champignon- und Zwiebelwürfel mit 2–3 Teelöffeln Zitronensaft beträufeln, die restliche Butter mit der Masse vermischen. Mit Salz und Pfeffer abschmecken.

Tipp: Sie können evtl. einige Lorbeerblätter mitaufspießen und vor dem Verzehr entfernen.

Bunte Hähnchenspieße | Raffiniert

Pro Portion:
E: 21 g, F: 3 g, Kh: 2 g, kJ: 530, kcal: 127

4 Hähnchenbrustfilets (je 160 g)
etwa 400 g Brokkoli
Salz
2 gelbe Paprikaschoten

Für die Marinade:
2 EL Speiseöl, z. B. Sonnenblumenöl
2 EL Sojasauce
1 TL Chilipulver
etwas Zitronensaft
etwas gemahlener Ingwer

Außerdem:
8 Holz- oder Metallspieße
Alu-Grillschale oder -folie

Zubereitungszeit: 50 Minuten
Grillzeit: 12–15 Minuten

1. Hähnchenbrustfilets unter fließendem kalten Wasser abspülen, trocken tupfen und in etwa 2 ½ cm große Stücke schneiden.

2. Vom Brokkoli die Blätter entfernen. Den Brokkoli in Röschen teilen. Die Röschen waschen und abtropfen lassen. Brokkoliröschen in kochendem Salzwasser etwa 5 Minuten kochen lassen, in ein Sieb geben, mit eiskaltem Wasser übergießen und abtropfen lassen.

3. Paprikaschoten halbieren, entstielen, entkernen, die weißen Scheidewände entfernen. Schoten waschen, abtropfen lassen und in Stücke schneiden. Paprikastücke in kochendem Salzwasser 3–5 Minuten kochen lassen, in ein Sieb geben, abtropfen lassen.

4. Abwechselnd Hähnchenbrustfiletstücke, Brokkoliröschen und Paprikastücke auf die Spieße stecken.

5. Für die Marinade Öl, Sojasauce, Chili, Zitronensaft und Ingwer verrühren, die Spieße damit bestreichen. In eine Grillschale oder auf ein Stück Alufolie legen.

6. Die Spieße in der Grillschale oder mit der Alufolie auf den heißen Grill legen und unter mehrmaligem Wenden 12–15 Minuten grillen.

Bunte Lammspieße | Für Gäste

Pro Portion:
E: 26 g, F: 14 g, Kh: 6 g, kJ: 1161, kcal: 277

etwa 700 g Lammsteaks (aus der Keule)
etwa 16 Cocktailtomaten
etwa 16 Pfefferschoten (z. B. Teufli mit Fetakäse gefüllt)

Für die Marinade:
4 EL Flüssigkeit (von den Teuflis)
2 EL flüssiger Honig
2 EL Zitronensaft
Salz, frisch gemahlener Pfeffer

Außerdem:
8 Holz- oder Metallspieße

Zubereitungszeit: 45 Minuten, ohne Marinierzeit
Grillzeit: etwa 12 Minuten

1. Lammsteaks unter fließendem kalten Wasser abspülen, trocken tupfen und in etwa 2 ½ cm große Würfel schneiden. Tomaten waschen und trocken tupfen. Pfefferschoten in einem Sieb abtropfen lassen und die Flüssigkeit dabei auffangen.

2. Für die Marinade Teufli-Flüssigkeit mit Honig, Zitronensaft, Salz und Pfeffer verrühren.

3. Lammwürfel abwechselnd mit den Tomaten und Pfefferschoten auf die Spieße stecken. Die Spieße mit der Marinade bestreichen und etwas durchziehen lassen.

4. Die Spieße auf den heißen Grill legen und unter mehrmaligem Wenden etwa 12 Minuten grillen.

Beilage: Mozzarella-Tomatensalat.

Bunter Gartensalat mit Käsestiften | Mit Alkohol

Pro Portion:
E: 19 g, F: 30 g, Kh: 7 g, kJ: 1695, kcal: 405

150 g Friséesalat
150 g Eichblattsalat
2 Möhren
je ½ rote und grüne Paprikaschote
50 g Mungobohnenkeimlinge
250 g mittelalter Gouda-Käse

Für die Sauce:
4–5 EL Balsamico-Essig
1 TL milder Senf
2–3 EL Weißwein
etwas Zitronensaft
Salz
frisch gemahlener Pfeffer
etwas Zucker
8 EL Distelöl

Zubereitungszeit: 35 Minuten, ohne Durchziehzeit

1. Beide Salatsorten putzen, in kleine Stücke zupfen, waschen und gut abtropfen lassen oder trocken schleudern. Möhren putzen, schälen, waschen, abtropfen lassen und in sehr dünne Streifen schneiden.

2. Paprikaschoten entstielen, entkernen und die weißen Scheidewände entfernen. Die Schoten waschen, abtropfen lassen und in sehr dünne Streifen schneiden. Mungobohnenkeimlinge verlesen, waschen und abtropfen lassen. Gouda in feine Stifte schneiden.

3. Für die Sauce Essig mit Senf, Weißwein, Zitronensaft, Salz, Pfeffer und Zucker verrühren. Öl unterschlagen.

4. Die Sauce mit Möhren- und Paprikastreifen, Mungobohnenkeimlingen und Käsestiften in einer Schüssel mischen. Salat gut durchziehen lassen.

5. Erst kurz vor dem Servieren den Frisée- und Eichblattsalat unterheben.

Bunter Kartoffelsalat mit Tunfisch

Klassisch

Pro Portion:
E: 10 g, F: 29 g, Kh: 19 g, kJ: 1651, kcal: 394

500 g festkochende Kartoffeln

Für die Sauce:
3 frische Eigelb (Größe M)
2 EL mittelscharfer Senf
6 EL Weißweinessig
etwas Zucker
Salz
frisch gemahlener Pfeffer
150 ml Olivenöl
2 rote Zwiebeln

2 Dosen Tunfisch in Öl (Abtropfgewicht je 150 g)
200 g Staudensellerie
1 Bund glatte Petersilie
200 g Cocktailtomaten
1 rote Paprikaschote

Zubereitungszeit: 50 Minuten

1. Kartoffeln gründlich waschen, mit Wasser bedeckt zum Kochen bringen, zugedeckt in 20–25 Minuten gar kochen. Kartoffeln abgießen, mit kaltem Wasser abschrecken, abtropfen lassen, sofort pellen und lauwarm abkühlen lassen. Kartoffeln in grobe Würfel schneiden und beiseitestellen.

2. Für die Sauce Eigelb mit Senf, Essig, Zucker, Salz und Pfeffer in eine Rührschüssel geben, mit Handrührgerät mit Rührbesen verrühren. Nach und nach das Öl unterrühren. Zwiebeln abziehen, fein würfeln und unter die Sauce mischen.Tunfisch in einem Sieb abtropfen lassen und zerpflücken.

3. Staudensellerie putzen und die harten Außenfäden abziehen. Stangen waschen, abtropfen lassen und in feine Scheiben schneiden. Petersilie abspülen, trocken tupfen, Blättchen von den Stängeln zupfen und fein schneiden.

4. Tomaten waschen und abtropfen lassen. Paprikaschote halbieren, entstielen, entkernen und die weißen Scheidewände entfernen. Schote waschen, abtropfen lassen und in feine Streifen schneiden.

5. Alle Salatzutaten mit der Sauce vermischen und den Salat nochmals mit Essig, Zucker, Salz und Pfeffer abschmecken.

Bunter Nudelsalat | Für Kinder

Pro Portion:
E: 16 g, F: 18 g, Kh: 35 g, kJ: 1560, kcal: 382

1 ½ l Wasser
1 ½ TL Salz
125 g Farfalle-Nudel
200 g Möhren
200 g Blumenkohl
200 g TK-Erbsen
100 g magerer, gekochter Schinken
150 g extra leichte Mayonnaise
4 EL Milch

1 hart gekochtes Ei

Zubereitungszeit: 30 Minuten, ohne Durchziehzeit

1. Wasser in einem großen Topf mit geschlossenem Deckel zum Kochen bringen. Dann Salz und Nudeln zugeben. Die Nudeln im geöffneten Topf bei mittlerer Hitze nach Packungsanleitung kochen lassen, gelegentlich umrühren.

2. Anschließend die Nudeln in ein Sieb geben, mit heißem Wasser abspülen und abtropfen lassen.

3. Möhren putzen, schälen, waschen, abtropfen lassen und in Scheiben schneiden. Von dem Blumenkohl die Blätter und schlechte Stellen entfernen. Den Strunk abschneiden. Blumenkohl in Röschen teilen. Blumenkohlröschen waschen und abtropfen lassen.

4. Die Möhrenscheiben in einem Topf mit etwas kochendem Salzwasser zugedeckt etwa 5 Minuten kochen, dann die Blumenkohlröschen hinzufügen und weitere etwa 4 Minuten kochen.

5. Zuletzt die Erbsen hinzufügen und noch weitere etwa 2 Minuten kochen lassen. Das Gemüse in ein Sieb geben und erkalten lassen.

6. Schinken in kleine Würfel schneiden. Schinkenwürfel in eine Schüssel geben und mit dem Gemüse vermengen. Mayonnaise mit Milch verrühren und unterheben. Den Salat gut durchziehen lassen.

7. Das Ei pellen und achteln. Salat damit garnieren.

Bunter Tunfisch-Nudel-Salat I

Preiswert

Pro Portion:
E: 21 g, F: 17 g, Kh: 62 g, kJ: 2046, kcal: 489

3 l	*Wasser*
3 gestr. TL	*Salz*
300 g	*Nudeln,z. B. Spirelli, Penne*

Für die Sauce:

1	*Knoblauchzehe*
3 EL	*Weißweinessig*
	Salz
1 Prise	*Zucker*
	frisch gemahlener Pfeffer
1 TL	*milder Senf*
2 EL	*Olivenöl*

1 Dose	*Tunfisch in Öl (Abtropfgewicht 135 g)*
1 Dose	*gemischtes Gemüse (Erbsen, Möhren, Mais, Abtropfgewicht 280 g)*
1	*rote Paprikaschote*
2	*Frühlingszwiebeln*
200 g	*Joghurt*
evtl. 2–3 EL	*heiße Gemüsebrühe*

Zubereitungszeit: 20 Minuten, ohne Durchziehzeit

1. Wasser in einem großen, geschlossenen Topf zum Kochen bringen. Dann Salz und Nudeln zugeben. Die Nudeln im geöffneten Topf bei mittlerer Hitze nach Packungsanleitung bissfest kochen, dabei gelegentlich umrühren. Anschließend Nudeln in ein Sieb geben, mit heißem Wasser abspülen und abtropfen lassen.

2. Für die Sauce Knoblauch abziehen, fein würfeln, mit Essig, Salz, Zucker, Pfeffer und Senf verrühren. Öl unterschlagen. Nudeln mit der Sauce vermengen und gut durchziehen lassen.

3. Tunfisch gut abtropfen lassen und mit einer Gabel in Stücke zupfen. Gemüse ebenfalls gut abtropfen lassen. Paprikaschote halbieren, entstielen, entkernen und die weißen Scheidewände entfernen. Die Schote waschen, abtropfen lassen und fein würfeln. Frühlingszwiebeln putzen, waschen, abtropfen lassen und in feine Scheiben schneiden.

4. Joghurt unter die Nudeln rühren. Vorbereitetes Gemüse und Tunfisch untermischen. Den Salat nochmals etwa 20 Minuten durchziehen lassen.

5. Salat vor dem Servieren nochmals mit Salz und Pfeffer abschmecken. Sollte die Sauce zu fest geworden sein, etwas Gemüsebrühe unter den Salat rühren.

Tipp: Lecker schmeckt der Salat auch mit feinen Kochschinkenstreifen anstatt mit Tunfisch.

Buntes Paprikagemüse | Vegetarisch

Pro Portion:
E: 4 g, F: 29 g, Kh: 11 g, kJ: 1387, kcal: 330

je 10 kleine gelbe, rote und Grüne Paprikaschoten

Für die Marinade:
6 Knoblauchzehen
1 EL grüne Pfefferkörner in Lake (20 g)
250 ml (1/4 l) Olivenöl

Zum Bestreuen:
Salz

Außerdem:
20 Holz- oder Metallspieße

Zubereitungszeit: 65 Minuten, ohne Marinierzeit
Grillzeit: 10–12 Minuten

1. Die Paprikaschoten halbieren, entstielen und entkernen. Die weißen Scheidewände entfernen. Schoten waschen, abtropfen lassen und in Viertel schneiden.

2. Wasser in einem großen Topf zum Kochen bringen. Die Paprikaviertel portionsweise darin blanchieren (Blanchierzeit je Vorgang etwa 3 Minuten). Anschließend herausnehmen und mit kaltem Wasser übergießen. Paprikaviertel in einem Sieb gut abtropfen lassen.

3. Paprikaviertel in bunter Reihenfolge auf 20 Holz- oder Metallspieße stecken (4 Paprikaviertel je Spieß).

4. Für die Marinade Knoblauchzehen abziehen und in dünne Scheiben schneiden. Pfefferkörner mit der flachen Seite des Messers leicht zerdrücken. Anschließend Pfefferkörner und Knoblauchscheiben mit dem Öl verrühren.

5. Die Paprikaspieße in eine flache Schale legen und mit der Marinade übergießen. Mit Klarsichtfolie zugedeckt im Kühlschrank marinieren.

6. Die Paprikaspieße abtropfen lassen, auf den heißen Grill legen, unter mehrmaligem Wenden 10–12 Minuten grillen und mit Salz bestreuen.

Beilage: Verschiedene Brotsorten.

Tipp: Servieren Sie die Paprikaspieße mit verschiedenen Dips, z.B. Quark mit frisch gehackten Kräutern, einer leichten Mayonnaise mit Knoblauch gewürzt oder mit einem fruchtigen Tomatenketchup mit Tomatenwürfeln und grünen Pfefferkörnern.

Caesar's Salat | Für Gäste

Pro Portion:
E: 9 g, F: 43 g, Kh: 16 g, kJ: 2052, kcal: 490

4 Scheiben Toastbrot
30 g Butter

Für das Dressing:
1 Knoblauchzehe
200 g Salatmayonnaise
50 g Schlagsahne
1–2 EL frisch geriebener Parmesan-Käse
1 EL Weißweinessig
Salz
frisch gemahlener Pfeffer

1 Römersalat
50 g frisch gehobelter Parmesan-Käse

Zubereitungszeit: 30 Minuten, ohne Abkühlzeit

1. Toastbrot in kleine Würfel schneiden. Butter in einer Pfanne zerlassen und die Toastbrotwürfel darin bei mittlerer Hitze hellbraun braten. Anschließend herausnehmen, auf einen Teller geben und abkühlen lassen.

2. Für das Dressing Knoblauchzehe abziehen, zusammen mit der Salatmayonnaise, Sahne, Parmesan, Essig, Salz und Pfeffer in einen hohen Rührbecher geben. Die Zutaten mit einem Pürierstab pürieren. Dressing nochmals mit Salz und Pfeffer abschmecken.

3. Römersalat putzen, abspülen, in einem Sieb abtropfen lassen oder trocken schleudern. Salat in mundgerechte Stücke zupfen.

4. Salat mit Dressing beträufeln, mit gehobeltem Parmesan und den Croûtons bestreut servieren.

Tipp: Anstelle von selbst gemachten Croûtons können Sie auch fertig gekaufte Croûtons aus dem Supermarkt verwenden. Dazu passt frisches Baguette.

Cevapcicispieße | Raffiniert
4 Stück

Pro Stück:
E: 29 g, F: 49 g, Kh: 5 g, kJ: 2597, kcal: 620

500 g Hackfleisch (vom Schwein)
1 EL Buchweizenmehl
Salz
frisch gemahlener Pfeffer
1 TL Paprikapulver edelsüß
1 Zwiebel
2 Knoblauchzehen
3 EL Speiseöl, z. B. Sonnenblumenöl
1 Bund glatte Petersilie
1 rote Peperoni
1 gelbe Paprikaschote
1 rote Zwiebel
2 Knoblauchzehen
3 EL Olivenöl
geschrotete, rote Pfefferbeeren

Außerdem:
4 Holz- oder Metallspieße

Zubereitungszeit: 30 Minuten, ohne Marinierzeit
Grillzeit: etwa 10 Minuten

1. Hackfleisch in eine Rührschüssel geben und mit Buchweizenmehl, Salz, Pfeffer und Paprikapulver gut vermengen.

2. Zwiebel und Knoblauchzehen abziehen und fein würfeln.

3. Speiseöl in einer Pfanne erhitzen, die Zwiebelwürfel darin glasig dünsten, Knoblauchwürfel hinzugeben und kurz mitdünsten.

4. Die Petersilie abspülen, trocken tupfen, Blättchen von den Stängeln zupfen und fein hacken. Mit in die Pfanne geben, kurz unterrühren. Die gedünsteten Zutaten etwas abgekühlt unter den Fleischteig mischen.

5. Die Peperoni halbieren, entkernen und die Scheidewände entfernen. Die Schotenhälften abspülen, abtrocknen, fein hacken, zum Fleischteig geben und aus der Fleischmasse mit angefeuchteten Händen fingerlange Röllchen formen.

6. Die Paprikaschote halbieren, entstielen, entkernen, die weißen Scheidewände entfernen. Schote waschen, abtropfen lassen und in etwas größere Stücke schneiden. Die rote Zwiebel abziehen, vierteln und in einzelne Schichten zerteilen.

7. Die Fleischröllchen abwechselnd mit Paprikastücken und Zwiebeln auf 4 Spieße stecken

8. Die Knoblauchzehen abziehen, durch eine Knoblauchpresse in eine Schüssel drücken, mit Olivenöl verrühren, die Fleischröllchen mit dem Knoblauchöl bestreichen und etwa 30 Minuten durchziehen lassen.

9. Die Cevapcicispieße mit dem roten Pfeffer bestreuen und auf den heißen Grillrost legen, etwa 5 Minuten grillen, wenden, nochmals mit dem Öl bestreichen und etwa 5 Minuten weitergrillen.

Champignonhüte, provenzalische

Vegetarisch

Pro Portion:
E: 1 g, F: 18 g, Kh: 1 g, kJ: 750, kcal: 179

16 mittelgroße Champignons
2 Knoblauchzehen
6 EL Speiseöl, z. B. Sonnenblumenöl
einige Rosmarinnadeln
1 TL gehackte Thymianblättchen
5 gehackte Salbeiblättchen
1 zerriebenes Lorbeerblatt

Zubereitungszeit: 25 Minuten
Grillzeit: 4–6 Minuten

1. Champignons putzen, mit Küchenpapier abreiben, evtl. abspülen und trocken tupfen. Stiele herausdrehen.

2. Den Knoblauch abziehen, fein würfeln, mit Öl, Rosmarinnadeln, Thymianblättchen, Salbeiblättchen und Lorbeerblatt verrühren.

3. Die Champignonhüte innen und außen mit der Ölmischung bestreichen, mit der Unterseite nach oben auf den heißen Grillrost legen, 2–3 Minuten grillen, wenden, nochmals mit der Ölmischung bestreichen und weitere 2–3 Minuten grillen.

Abwandlung: Mit der gleichen Marinade können Sie auch Zucchini und Auberginen marinieren. Dazu je eine Zucchini oder Aubergine waschen, abtrocknen und längs in Scheiben schneiden (evtl. mit der Aufschnittmaschine), mit der Marinade bestreichen und 2–3 Stunden marinieren.

Chicken-Schnittchen | Für Kinder

10 Stück

Pro Stück:
E: 13 g, F: 10 g, Kh: 19 g, kJ: 930, kcal: 222

400 g Hähnchenbrustfilet
Salz, frisch gemahlener Pfeffer
2 EL Speiseöl, z. B. Sonnenblumenöl
10 Scheiben Weißbrot
4 EL Salatmayonnaise
1 TL Currypulver
1–2 EL Zitronensaft
2 Stängel glatte Petersilie

Zubereitungszeit: 20 Minuten

1. Hähnchenbrustfilet unter fließendem kalten Wasser abspülen, trocken tupfen, mit Salz und Pfeffer bestreuen. Öl in einer Pfanne erhitzen. Die Hähnchenbrustfilets darin von beiden Seiten in 10–15 Minuten goldbraun braten. Filets abkühlen lassen und anschließend in 20 dickere Scheiben schneiden.

2. Brotscheiben toasten. Mayonnaise mit Curry, Salz und Zitronensaft verrühren. Die Brotscheiben mit der Mayonnaisemischung bestreichen und mit jeweils 2 Hähnchenbrustfiletscheiben belegen.

3. Petersilie abspülen, trocken tupfen. Die Blättchen von den Stängeln zupfen. Chicken-Schnittchen mit Petersilienblättchen garniert servieren.

Chili-Tomaten | Pikant

Pro Portion:
E: 2 g, F: 12 g, Kh: 9 g, kJ: 640, kcal: 152

Für die Sauce:
100 ml Olivenöl
3 EL Weißweinessig
8–10 mittelscharfe Chilischoten
1 gestr. TL Zucker

1 kg Tomaten
Salz
3–4 Zwiebeln
2 Bund Frühlingszwiebeln (je etwa 250 g)

Zubereitungszeit: 60 Minuten, ohne Durchziehzeit

1. Für die Sauce Öl mit Essig verrühren. Chilischoten waschen, abtrocknen, entstielen, längs halbieren, entkernen, grob zerkleinern, in die Essig-Öl-Mischung geben und pürieren. Zucker unterrühren und die Sauce etwa 12 Stunden durchziehen lassen.

2. Tomaten waschen, abtrocknen, halbieren, entkernen und die Stängelansätze entfernen. Das Fruchtfleisch in Würfel schneiden und mit Salz würzen.

3. Zwiebeln abziehen und fein würfeln. Frühlingszwiebeln putzen, das dunkle Grün bis auf etwa 15 cm entfernen. Frühlingszwiebeln waschen, abtropfen lassen und in Scheiben schneiden.

4. Die Salatzutaten mit der Sauce vermengen und etwas durchziehen lassen.

Tipp: Chili-Tomaten passen gut zu gegrilltem Fisch und Fleisch.
Wer es weniger scharf mag, sollte grüne Chilischoten verwenden.

Ciabatta | Etwas aufwändiger

Insgesamt:
E: 106 g, F: 25 g, Kh: 681 g, kJ: 14982, kcal: 3583

Für den Hefeteig:
950 g Weizenmehl (Type 550)
1 Pck. (42 g) frische Hefe
500 ml (1/2 l) lauwarmes Wasser
5 EL (75 ml) lauwarme Milch
1 EL Olivenöl
1 gestr. EL Salz
evtl. 2–3 EL lauwarmes Wasser

Zubereitungszeit: 45 Minuten, ohne Ruhe- und Teiggehzeit
Backzeit: 20–25 Minuten

1. Für den Teig Mehl in eine Rührschüssel geben. In die Mitte eine Vertiefung drücken. Hefe hineinbröckeln, etwas Wasser hinzufügen. Mit einer Gabel vorsichtig verrühren und etwa 10 Minuten gehen lassen.

2. Milch, Öl, Salz und restliches Wasser hinzufügen. Die Zutaten mit Handrührgerät mit Knethaken zunächst kurz auf niedrigster, dann auf höchster Stufe in etwa 5 Minuten zu einem glatten Teig verarbeiten. Den Teig mit Mehl bestäuben und zugedeckt so lange an einem warmen Ort stehen lassen, bis er sich sichtbar vergrößert hat.

3. Den Teig leicht mit Mehl bestäuben aus der Schüssel nehmen, auf der bemehlten Arbeitsfläche nochmals kurz durchkneten, evtl. etwas Mehl unterarbeiten. Der Teig soll relativ weich bleiben. Nochmals zugedeckt so lange an einem warmen Ort gehen lassen, bis er sich verdoppelt hat.

4. Teig auf einer mit Mehl bestäubten Arbeitsfläche in 4 Portionen teilen, aber nicht durchkneten. Zu Rechtecken (etwa 10 x 25 cm) ausrollen. Jedes Rechteck auf ein Stück bemehltes Backpapier legen und mit den Fingern regelmäßig eindrücken. Die Teigstücke zugedeckt etwa 90 Minuten ruhen lassen. Der Teig geht nur wenig auf.

5. Backofen vorheizen. Zwei Backbleche für etwa 15 Minuten zum Erhitzen in den vorgeheizten Backofen schieben. Die Teigbrote vorsichtig umgedreht auf je ein Backblech (mit Backpapier belegt) legen (dabei aber nicht die Luft herausdrücken!). Das Backpapier vorsichtig entfernen und das Backblech in den Backofen schieben. Während der ersten 10 Minuten der Backzeit die Brote dreimal mit Wasser bestreichen.

Ober-/Unterhitze: 200–220 °C
Heißluft: 180–200 °C
Backzeit: 20–25 Minuten.

6. Brote vom Backpapier lösen und auf einem Kuchenrost erkalten lassen.

Tipp: Aus dem gleichen Teig können Sie ein Oliven-Tomaten-Brot herstellen. Nach 1 Stunde Teiggehzeit werden je 100 g schwarze und grüne, entsteinte, gewürfelte Oliven und 6 gewürfelte, getrocknete Tomaten (in Öl eingelegt, abgetropft) unter den Teig geknetet. Teig teilen, aus einer Portion ein flaches Brot, aus restlichem Teig 6 flache Fladen formen. Nach etwa 90 Minuten Ruhezeit das Brot etwa 30 Minuten und die Fladen etwa 20 Minuten backen.

Cocktailtomaten, gefüllte I

Gut vorzubereiten

24 Stück

Pro Stück:

E: 2 g, F: 4 g, Kh: 2 g, kJ: 242, kcal: 58

Für das Dressing:

4 EL weißer Balsamico-Essig
Salz
1 Prise Zucker
frisch gemahlener Pfeffer
2 Schalotten
2 Knoblauchzehen
5 EL Olivenöl

24 Cocktailtomaten
200 g Ziegen-Frischkäse
1 Bund Basilikum

Zubereitungszeit: 30 Minuten

1. Für das Dressing Essig, Salz, Zucker und Pfeffer gut verrühren. Schalotten und Knoblauchzehen abziehen, fein hacken und mit dem Essig verrühren. Öl unterschlagen.

2. Von den Cocktailtomaten die Stängel abzupfen. Tomaten waschen, trocken tupfen und das obere Drittel abschneiden. Fruchtfleisch vorsichtig mit einem Teelöffel entfernen.

3. Den Deckel fein würfeln und zum Dressing geben. Tomaten mit Ziegen-Frischkäse füllen und auf eine Servierplatte geben.

4. Basilikum abspülen und trocken tupfen. Die Blättchen von den Stängeln zupfen und fein zerschneiden. Die Tomaten mit dem Dressing beträufeln und mit Basilikum bestreut servieren.

Abwandlung: 150 g TK-Spinat auftauen lassen, mit fein gehackter Zwiebel und Knoblauchzehe in etwas Olivenöl andünsten. 100 g Feta-Käse mit einer Gabel zerdrücken und hinzufügen. Mit Salz, Pfeffer, Muskatnuss und Zitronensaft abschmecken. Nach Belieben noch Oregano oder Thymian hinzufügen und die Masse in die Tomaten füllen.

Couscous-Salat | Etwas aufwändiger

Pro Portion:
E: 11 g, F: 14 g, Kh: 19 g, kJ: 1101, kcal: 263

600 g Lammfleisch
4 EL Olivenöl
Salz, frisch gemahlener Pfeffer
2 Knoblauchzehen
je 2 grüne und gelbe Paprikaschoten
1 kleine Salatgurke
2 kleine Zwiebeln
5 Fleischtomaten
2 Bund Petersilie
150 g Couscous-Grieß

Für die Salatsauce:
Saft von
2 Zitronen
6 EL Olivenöl

Zubereitungszeit: 3 Stunden

1. Lammfleisch unter fließendem kalten Wasser abspülen, trocken tupfen, evtl. von Fett und Sehnen befreien und durch die feine Scheibe des Fleischwolfes drehen.

2. Olivenöl langsam erhitzen, das Lammfleisch darin kräftig braun braten, dabei die Fleischklümpchen mit einer Gabel zerdrücken. Mit Salz und Pfeffer würzen.

3. Knoblauchzehen abziehen, fein hacken und hinzufügen.

4. Paprikaschoten halbieren, entstielen, entkernen und die weißen Scheidewände entfernen. Schoten waschen, abtropfen lassen und in feine Würfel schneiden. Salatgurke waschen, abtrocknen und in Streifen schneiden. Zwiebeln abziehen und sehr fein würfeln.

5. Fleischtomaten waschen und kurze Zeit in kochendes Wasser legen. Anschließend in kaltem Wasser abschrecken, enthäuten, halbieren, die Stängelansätze herausschneiden, entkernen und Tomaten in kleine Stücke schneiden.

6. Petersilie abspülen, trocken tupfen, die Blättchen von den Stängeln zupfen. Blättchen fein hacken.

7. Die vorbereiteten Zutaten mit dem Couscous-Grieß vermengen.

8. Für die Salatsauce den Zitronensaft mit Öl verrühren, mit Salz und Pfeffer würzen und mit den Salatzutaten vermengen.

9. Den Salat im Kühlschrank mindestens 2 Stunden durchziehen lassen, damit der Grieß quellen kann. Evtl. nochmals würzen. Wenn nötig, vor dem Servieren noch etwas Salatsauce anrühren und hinzugeben.

Crostini mit Gemüse | Vegetarisch

10–12 Stück

Pro Stück:
E: 2 g, F: 7 g, Kh: 11 g, kJ: 482, kcal: 115

1	*kleine Aubergine (etwa 200 g)*
1	*kleine Zucchini (etwa 200 g)*
1	*Zwiebel*
2	*Knoblauchzehen*
4–5 EL	*Olivenöl*
2	*Flaschentomaten*
1 Stängel	*Rosmarin*
einige Stängel	*Thymian*
	Salz, frisch gemahlener Pfeffer
3 EL	*Olivenöl*
10–12	*Baguettescheiben*

Zubereitungszeit: 30 Minuten

1. Aubergine und Zucchini waschen, abtrocknen und die Enden abschneiden. Zucchini und Aubergine in etwa 1 cm große Würfel schneiden.

2. Zwiebel und Knoblauchzehen abziehen und fein würfeln. Olivenöl in einer Pfanne erhitzen. Zwiebel- und Knoblauchwürfel darin andünsten. Gemüsewürfel hinzufügen, kurz anbraten und unter gelegentlichem Rühren etwa 5 Minuten bei mittlerer Hitze garen.

3. Tomaten waschen, abtropfen lassen und kreuzweise einschneiden. Tomaten kurz in kochendes Wasser legen und anschließend mit kaltem Wasser abschrecken. Tomaten enthäuten, halbieren und die Stängelansätze entfernen. Tomaten in kleine Würfel schneiden und unter das Gemüse heben.

4. Rosmarin und Thymian abspülen und trocken tupfen. Nadeln und Blättchen von den Stängeln zupfen und fein hacken. Gemüse mit Kräutern, Salz und Pfeffer würzen.

5. Olivenöl in einer großen Pfanne erhitzen und die Baguettescheiben darin portionsweise von beiden Seiten knusprig braten.

6. Baguettescheiben mit der Gemüsemischung belegen und diese mit einer Gabel etwas andrücken.

Crostini mit Schinken | Klassisch

10 Stück

Pro Stück:
E: 8 g, F: 10 g, Kh: 12 g, kJ: 718, kcal: 171

6 EL	*Olivenöl*
10	*Baguettescheiben*
200 g	*geröstete rote Paprikascheiben (aus dem Glas)*
125 g	*Mozzarella*
100 g	*Speisequark (40 % Fett)*
10 Scheiben	*luftgetrockneter Knochenschinken*
2–3 Stängel	*Basilikum*
	frisch gemahlener Pfeffer

Zubereitungszeit: 30 Minuten

1. Olivenöl in einer großen Pfanne erhitzen und die Baguettescheiben portionsweise darin von beiden Seiten knusprig braten.

2. Paprika in einem Sieb abtropfen lassen und in etwa 2 cm breite Streifen schneiden. Mozzarella ebenfalls etwas abtropfen lassen und in 10 Scheiben schneiden.

3. Crostini mit dem Quark bestreichen. Schinkenscheiben von der schmalen Seite her aufrollen und je ein Röllchen mit einer Mozzarellascheibe auf ein Crostini legen. Paprikastreifen quer darauflegen.

4. Basilikum abspülen, trocken tupfen und die Blättchen von den Stängeln zupfen. Crostini mit Pfeffer bestreut und den Basilikumblättchen garniert servieren.

Tipp: Für eine vegetarische Variante den Knochenschinken durch eine zweite Mozzarellascheibe ersetzen.

Currysauce I Pikant

12–15 Portionen

Insgesamt:
E: 23 g, F: 4 g, Kh: 262 g, kJ: 5053, kcal: 1208

600 ml Wasser
1 EL Currypulver (indisch)
1 EL Zucker
1 TL Paprikapulver rosenscharf
1 TL Sambal Oelek
1 l (1 kg) Tomatenketchup

Zubereitungszeit: 25 Minuten

1. Wasser in einen Topf geben. Curry, Zucker, Paprika und Sambal Oelek hinzufügen und zum Kochen bringen.

2. Topf von der Kochstelle nehmen. Ketchup einrühren und unter ständigem Rühren bei schwacher Hitze etwas kochen lassen.

3. Die Currysauce kann sofort verwendet werden. Oder die Sauce in gründlich gereinigte, gespülte Gläser oder Flaschen füllen und fest mit Twist-off-Deckeln® verschließen.

Tipp: Die Currysauce ist gekühlt mindestens 3–4 Monate haltbar.

Currywurst-Kartoffel-Spieße I

Für Kinder

- *6 mittelgroße festkochende Kartoffeln*
- *3 Zwiebeln*
- *4 Currywürste (etwa 500 g)*
- *150 g Frühstücksspeck in Scheiben, z. B. Bacon*
- *Salz, frisch gemahlener Pfeffer*
- *1–2 EL gehackte Petersilienblättchen*

Außerdem:

- *8 Metall- oder Holzspieße*
- *Alufolie*

Zubereitungszeit: 45 Minuten
Grillzeit: etwa 8 Minuten

Pro Portion:
E: 25 g, F: 35 g, Kh: 20 g, kJ: 2047, kcal: 490

1. Kartoffeln waschen, mit Wasser bedeckt in einem Topf zum Kochen bringen und zugedeckt in etwa 20 Minuten gar kochen. Kartoffeln abgießen, abdämpfen und etwas erkalten lassen.

2. Zwiebeln abziehen, zuerst in Scheiben schneiden und anschließend in Ringe teilen. Kartoffeln pellen. Currywürste und Kartoffeln in etwa 1 cm dicke Scheiben schneiden und abwechselnd mit den Speckscheiben auf die Spieße stecken. Die Speckscheiben dafür 2–3-mal zusammenlegen. Spieße mit Salz und Pfeffer bestreuen.

3. Die Spieße und die Zwiebelringe auf den heißen Grill legen und unter mehrmaligem Wenden in etwa 8 Minuten goldbraun grillen. Für die Zwiebelringe den Grillrost mit Alufolie (gefettet) belegen.

4. Currywurst-Kartoffel-Spieße mit den Zwiebelringen und den Petersilienblättchen bestreuen und danach servieren.

Doraden mit Tomaten | Schnell

Pro Portion:
E: 32 g, F: 8 g, Kh: 3 g, kJ: 944, kcal: 226

4 kleine, küchenfertige Doraden (Meerbrassen, je etwa 300 g)
Saft von
1 Zitrone
Salz
grob gemahlener, weißer Pfeffer
2 TL Kräuter der Provence
6–8 EL Weizenkeimöl
4 Tomaten
Knoblauchsalz
frisch gemahlener Pfeffer
20 g Butter

Zubereitungszeit: 20 Minuten
Grillzeit: 5–8 Minuten

1. Doraden unter fließendem kalten Wasser abspülen und trocken tupfen. Mit Zitronensaft beträufeln, mit Salz und Pfeffer innen und außen würzen. Die Doraden innen mit Kräutern der Provence ausstreuen.

2. Die Doraden mit Öl bestreichen und auf den heißen Grillrost legen. Von jeder Seite 5–8 Minuten grillen, zwischendurch mit Öl bestreichen.

3. Tomaten waschen, abtrocknen und die Stängelansätze entfernen. Tomaten an der runden Seite kreuzweise einschneiden.

4. Die Tomaten mit Knoblauchsalz und Pfeffer bestreuen, mit Butterflöckchen belegen. 5 Minuten vor Ende der Grillzeit zu den Fischen auf den Rost legen.

Beilage: Knoblauchbaguette und Eisbergsalat.

Abwandlung: In jeden Fisch je 1 Zweig Thymian und Rosmarin legen. Pfefferbutter in Scheiben schneiden und ebenfalls in den Fisch legen. Pfefferbutter kann fertig gekauft oder selbstgemacht werden: 125 g weiche Butter, Salz, 1 gestr. Teelöffel groben, bunten Pfeffer verrühren, auf Alufolie legen, zu einer Rolle formen und fest werden lassen. Dann die festgewordene Pfefferbutter in Scheiben schneiden. Die mit Pfefferbutter gefüllten Fische in Alufolie gewickelt etwa 15 Minuten grillen. Statt Doraden können sie Forellen verwenden.

Eiersalat | Vegetarisch

Pro Portion:
E: 19 g, F: 23 g, Kh: 10 g, kJ: 1421, kcal: 340

8 Eier
3 Fleischtomaten
30 g Kapern
4 Frühlingszwiebeln

Für die Sauce:
2 TL Dijon-Senf
2 TL Zitronensaft
100 g Schlagsahne
1 EL Salatmayonnaise
Salz
1 Prise Zucker
frisch gemahlener Pfeffer
Basilikumblättchen

Zubereitungszeit: 30 Minuten

1. Eier hart kochen, pellen, achteln und etwas abkühlen lassen. Tomaten waschen, abtrocknen, halbieren, die Stängelansätze herausschneiden und die Tomaten in Würfel schneiden. Kapern in einem Sieb abtropfen lassen.

2. Frühlingszwiebeln putzen, waschen, abtropfen lassen und in feine Ringe schneiden. Eier, Tomatenwürfel, Kapern und Frühlingszwiebelringe auf einer Platte anrichten.

3. Für die Sauce Senf, Zitronensaft und Sahne gut verschlagen. Mayonnaise unterrühren. Mit Salz, Zucker und Pfeffer würzen und über die Salatzutaten geben. Den Salat mit Basilikumblättchen bestreut servieren.

Exotischer Tomatensalat | Raffiniert

Pro Portion:
E: 4 g, F: 21 g, Kh: 29 g, kJ: 1395, kcal: 334

2 reife Mangos (je 350 g)
6 Tomaten (500 g)
1 Topf Koriander
40 g gesalzene, geröstete Cashewkerne

Für die Sauce:
3 EL Limetten- oder Zitronensaft
1 EL Zucker
Salz
frisch gemahlener Pfeffer
6 EL Olivenöl

Zubereitungszeit: 40 Minuten, ohne Durchziehzeit

1. Mangos halbieren und das Fruchtfleisch mit der Schale an beiden Seiten vom Stein schneiden. Die Mangohälften längs halbieren. Das Fruchtfleisch mit einem Messer von der Schale lösen und quer in Scheiben schneiden.

2. Tomaten waschen, abtrocknen, die Stängelansätze herausschneiden und die Tomaten in Scheiben schneiden. Koriander abspülen, trocken tupfen, die Blättchen von den Stängeln zupfen und grob hacken. Cashewkerne ebenfalls grob hacken.

3. Die Tomaten- und Mangoscheiben abwechselnd dachziegelartig auf einer Platte anrichten.

4. Für die Sauce Limetten- oder Zitronensaft mit Zucker, Salz und Pfeffer verrühren. Öl unterschlagen. Die Sauce auf die Tomaten- und Mangoscheiben träufeln.

5. Koriander und Cashewkerne darüberstreuen. Den Salat bis zum Verzehr mindestens 10 Minuten stehen lassen.

Tipp: Wenn Sie den Salat einige Stunden vor dem Verzehr zubereiten, die Cashewkerne erst kurz vor dem Servieren daraufstreuen. So bleiben sie knackiger.

Farmerkartoffeln | Einfach

Pro Portion:
E: 10 g, F: 26 g, Kh: 31 g, kJ: 1728, kcal: 412

12	*große Kartoffeln*
	Salz, frisch gemahlener Pfeffer
6 EL	*Olivenöl*
200 g	*geriebener Käse*
1 TL	*Paprikapulver edelsüß*
24	*dünne Scheiben Bacon (Frühstücksspeck)*
1 EL	*Kümmelsamen*
einige	*Petersilienblättchen*

Zubereitungszeit: 25 Minuten
Backzeit: etwa 45 Minuten

1. Den Backofen vorheizen. Kartoffeln gründlich waschen, evtl. bürsten, abtrocknen und längs vierteln.

2. Die Kartoffelviertel auf ein Backblech (mit Backpapier belegt) legen, mit Salz und Pfeffer würzen und mit Öl beträufeln. Das Backblech in den vorgeheizten Backofen schieben.

Ober-/Unterhitze: etwa 200 °C
Heißluft: etwa 180 °C
Backzeit: etwa 45 Minuten.

3. In der Zwischenzeit Käse und Paprikapulver vermischen. Baconscheiben der Länge nach teilen.

4. Etwa 15 Minuten vor Ende der Backzeit die Käse-Paprika-Mischung auf die Kartoffeln geben und mit Kümmel bestreuen. Die Baconscheiben auf die Kartoffelspalten legen und die Kartoffeln fertig garen. Mit Petersilie garniert servieren.

Tipp: Die Farmerkartoffeln zu gegrilltem Fleisch mit verschiedenen Dips servieren.

Farmersteak | Klassisch

Pro Portion:
E: 87 g, F: 78 g, Kh: 21 g, kJ: 4749 , Kcal: 1133

2 Brötchen
4 Zwiebeln
1 1/2 kg Gehacktes (halb Rind-, halb Schweinefleisch)
2 EL gehackte Petersilie
1 EL Senf
100 g grob gehackte Erdnusskerne
3 Eier (Größe M)
Salz, frisch gemahlener Pfeffer
Paprikapulver edelsüß
3 grüne Paprikaschoten

Außerdem:
Alufolie

Zubereitungszeit: 45 Minuten
Grillzeit: etwa 16 Minuten

1. Brötchen in kaltem Wasser einweichen, gut ausdrücken. Zwiebeln abziehen, fein würfeln.

2. Gehacktes mit den Brötchen, den Zwiebelwürfeln, Petersilie, Senf, Erdnüssen und den Eiern vermengen, mit Salz, Pfeffer und Paprikapulver würzen.

3. Zwölf Steaks aus dem Fleischteig formen, auf den Holzkohlegrill (mit Alufolie belegt) legen, von jeder Seite etwa 8 Minuten grillen.

4. Paprikaschoten vierteln, entstielen, entkernen, die weißen Scheidewände entfernen, die Schoten waschen, in sehr feine Würfel schneiden, auf die gegrillten Steaks streuen.

Beilage: Verschiedene Salate, z. B. Kartoffelsalat, Feldsalat, Tomaten-Gurken-Salat. Baguettescheiben.

Tipp: Die Farmersteaks können auch in der Pfanne gebraten werden und lassen sich gut für ein Picknick vorbereiten.

Feldsalat mit Speck | Raffiniert

Pro Portion:
E: 4 g, F: 31 g, Kh: 6 g, kJ: 1381, kcal: 330

250 g Feldsalat
100 g durchwachsener, geräucherter Speck

Für die Sauce:
2 EL Rotweinessig
2 EL Wasser
Salz, frisch gemahlener Pfeffer
3–5 EL Walnussöl

Für die Croûtons:
2 Scheiben Toastbrot
2 TL Butter
1 Knoblauchzehe

Zubereitungszeit: 30 Minuten

1. Von dem Feldsalat die Wurzelenden abschneiden. Salat verlesen, mehrmals gründlich waschen und trocken schleudern.

2. Speck in kleine Würfel schneiden und in einer Pfanne ohne Fett auslassen. Speckwürfel aus dem Fett nehmen und auf Küchenpapier abtropfen lassen. Das Speckfett in der Pfanne lassen.

3. Für die Sauce Essig und Wasser mit Salz und Pfeffer verrühren. Öl unterschlagen.

4. Für die Croûtons Toastbrot in kleine Würfel schneiden. Butter zu dem Speckfett in die Pfanne geben und zerlassen. Die Brotwürfel darin knusprig braun braten. Knoblauchzehe abziehen, fein würfeln, unter die Brotwürfel mischen und noch mitrösten, aber nicht braun werden lassen.

5. Feldsalat und Speckwürfel mit der Sauce vermengen und mit den Croûtons bestreut servieren.

Filetspieße von Rind und Schwein

Schnell

Pro Portion:
E: 44 g, F: 8 g, Kh: 3 g, kJ: 1108, kcal: 264

300 g Rinderfilet
500 g Schweinefilet
4 Zwiebeln
1 Stängel Rosmarin
2–3 EL Sonnenblumenöl
Salz, grober bunter Pfeffer
1 EL Speiseöl, z. B. Sonnenblumenöl

Außerdem:
8 Holz- oder Metallspieße

Zubereitungszeit: 20 Minuten, ohne Durchziehzeit
Grillzeit: 12–15 Minuten

1. Das Fleisch unter fließendem kalten Wasser abspülen, trocken tupfen, in 3–4 cm große Stücke schneiden. Die Zwiebeln abziehen und vierteln. Rosmarin abspülen, trocken tupfen, die Nadeln vom Stängel zupfen. Nadeln grob hacken.

2. Die Fleisch- und Zwiebelstücke auf Spieße stecken. Das Sonnenblumenöl mit Salz verrühren, die Spieße damit bepinseln und anschließend mit Pfeffer und Rosmarin bestreuen. Die Filetspieße 30 Minuten durchziehen lassen.

3. Den heißen Grill mit Öl einpinseln und die Spieße 12–15 Minuten grillen, die Spieße dabei mehrfach wenden.

Beilagen: Gegrilltes Gemüse, z. B. Porreestangen, die vor dem Grillen 1–2 Minuten blanchiert wurden, und Tomaten.

Fisch-Mixed-Grill | Für Gäste

Pro Portion:
E: 45 g, F: 38 g, Kh: 6 g, kJ: 2875, kcal: 688

6 TK-Lachsfilets (3 Pck. je 250 g)
600 g TK-Zanderfilet (je Portion etwa 60 g)
5 küchenfertige TK-Rotbarben (2 Pck. je 300 g)
10 TK-Jacobsmuscheln (je 20–30 g)
1 Stck. Ingwerwurzel (etwa 60 g)
Saft von
2 Zitronen
Salz
grob gemahlener, bunter Pfeffer
6 EL Olivenöl
10 mittelgroße Tomaten

Für die Meerrettichbutter:
250 g weiche Butter
50 g frisch geriebener Meerrettich

Zubereitungszeit: 65 Minuten, ohne Auftauzeit
Grillzeit: 10–15 Minuten, je nach Fischsorte

1. Lachsfilet, Zanderfilet, Rotbarben und Muscheln nach Packungsanleitung auftauen lassen. Die Fischsorten unter fließendem kalten Wasser abspülen und trocken tupfen. Lachsfilets halbieren.

2. Ingwerwurzel schälen, in hauchdünne Scheiben schneiden oder auf einer Küchenreibe klein raspeln.

3. Alle Fischsorten und Muscheln mit Zitronensaft, Ingwer, Salz und Pfeffer würzen und mit Öl bestreichen.

4. Tomaten waschen, abtrocknen, die Stängelansätze herausschneiden. Tomaten an der Oberseite mit einem scharfen Messer einritzen. Mit Salz und Pfeffer bestreuen.

5. Für die Meerrettichbutter Butter und Meerrettich verrühren und kalt stellen.

6. Die einzelnen Fischsorten und die Jacobsmuscheln auf dem heißen Grill unter gelegentlichem Wenden 10–15 Minuten (je nach Fischsorte) grillen. Die vorbereiteten Tomaten ebenfalls auf den heißen Grill legen und 5–10 Minuten grillen.

7. Die Meerrettichbutter zum Fisch reichen.

Fladenbrot mit Kräutern I

Gefriergeeignet
2 Stück

Ingesamt:
E: 31 g, F: 71 g, Kh: 196 g, kJ: 6457, kcal: 1543

Für den Hefeteig:

250 g Weizenmehl (Type 550)
1 Pck. Dr. Oetker Trockenbackhefe
1 TL flüssiger Honig
1 gestr. TL Salz
1–2 TL Kräuter der Provence
6 EL Speiseöl, z. B. Sonnenblumenöl
125 ml (1/8 l) lauwarmes Wasser

2 TL Olivenöl

Zubereitungszeit: 25 Minuten, ohne Teiggehzeit
Backzeit: 15–20 Minuten je Backblech

1. Für den Teig Mehl in eine Rührschüssel geben und mit der Trockenbackhefe sorgfältig vermischen. Honig, Salz, Kräuter, Öl und Wasser hinzufügen.

2. Die Zutaten mit Handrührgerät mit Knethaken zunächst kurz auf niedrigster, dann auf höchster Stufe in etwa 5 Minuten zu einem glatten Teig verarbeiten.

3. Den Teig mit Mehl bestäuben und zugedeckt so lange an einem warmen Ort stehen lassen, bis er sich sichtbar vergrößert hat (etwa 15 Minuten).

4. Den Teig aus der Schüssel nehmen, auf der leicht bemehlten Arbeitsfläche nochmals kurz durchkneten und zu 2 ovalen Fladen (etwa 15 x 25 cm) ausrollen. Jeden Fladen auf ein Backblech (mit Backpapier belegt) legen. Die Teigstücke nochmals zugedeckt so lange an einem warmen Ort gehen lassen, bis sie sich sichtbar vergrößert haben (etwa 15 Minuten). Den Backofen vorheizen.

5. Mit den Fingern Vertiefungen in den Teig drücken und den Teig mit Olivenöl bestreichen oder beträufeln. Die Backbleche nacheinander (bei Heißluft zusammen) in den vorgeheizten Backofen schieben.

Ober-/Unterhitze: 200–220 °C
Heißluft: 180–200 °C
Backzeit: 15–20 Minuten je Backblech.

6. Die Fladenbrote vom Backpapier nehmen und auf einem Kuchenrost erkalten lassen.

Tipp: Anstelle der Kräuter 2 Esslöffel gehackte grüne oder schwarze Oliven unter den Teig kneten.
Das Fladenbrot schmeckt frisch am besten.

Fleisch-Apfel-Spießchen | Preiswert

Pro Portion:
E: 31 g, F: 27 g, Kh: 25 g, kJ: 1942, kcal: 464

400 g Gehacktes (halb Rind-, halb Schweinefleisch)
1 Zwiebel
1 Ei (Größe M)
3–4 EL Semmelbrösel
Salz
frisch gemahlener Pfeffer
Paprikapulver edelsüß
2 EL Rosinen
200 g durchwachsener Speck
2 mittelgroße, feste Äpfel (etwa 400 g)
20 g zerlassene Butter

Nach Belieben:
einige Basilikumblättchen

Außerdem:
8 Holzspieße
evtl. Alu-Grillschale

Zubereitungszeit: 30 Minuten
Grillzeit: etwa 12 Minuten

1. Gehacktes in eine Schüssel geben. Zwiebel abziehen und in kleine Würfel schneiden. Zwiebelwürfel, Ei, Semmelbrösel, Salz, Pfeffer und Paprikapulver zum Gehackten geben. Die Zutaten gut vermengen. Rosinen unterkneten. Aus der Gehacktesmasse mit angefeuchteten Händen kleine Bällchen formen.

2. Speck in grobe Würfel schneiden. Äpfel waschen, abtrocknen, halbieren, entkernen und in Achtel schneiden. Apfelstücke mit Butter bestreichen.

3. Abwechselnd Fleischbällchen, Speckwürfel und Apfelstücke auf Holzspieße stecken.

4. Die Spieße auf den heißen Grill (evtl. in eine gefette Grillschale) legen und unter mehrmaligem Wenden etwa 12 Minuten grillen.

5. Die Spieße nach Belieben mit Basilikumblättchen garniert servieren.

Tipp: Servieren Sie zu den Fleisch-Apfel-Spießchen einen Ingwer-Curry-Dip. Dafür 150 g Joghurt mit 150 g Crème fraîche, 1 gestr. Teelöffel Ingwerpulver, 1/2 Teelöffel Korianderpulver, 1 Teelöffel flüssigem Honig, 1 Teelöffel Dijon-Senf und 1 Esslöffel Ingwerkonfitüre gut verrühren. Schmecken Sie den Dip mit Salz, Zucker und Zimt ab.

Florentiner Medaillons | Einfach

Pro Portion:
E: 42 g, F: 18 g, Kh: 1 g, kJ: 1402, kcal: 335

2 kleine Schweinefilets (je etwa 300 g)
frisch gemahlener Pfeffer
20 Salbeiblätter
5 dünne Scheiben gepökeltes, gekochtes Bauchfleisch
10 dünne Scheiben durchwachsener, geräucherter Speck
20 gefüllte Oliven
3 EL Olivenöl

Außerdem:
4 Metallspieße

Zubereitungszeit: 25 Minuten
Grillzeit: 10–15 Minuten

1. Die Schweinefilets evtl. entfetten und enthäuten. Schweinefilets unter fließendem kalten Wasser abspülen, trocken tupfen, in 10 etwa 2 cm dicke Scheiben schneiden, mit Pfeffer würzen.

2. Die Salbeiblätter abspülen, trocken tupfen, auf jedes Medaillon 2 Blättchen legen.

3. Bauchfleischscheiben halbieren. Die Medaillons mit je einer halbierten Bauchfleischscheibe belegen und mit je 1 Speckscheibe umwickeln Die Medaillons abwechselnd mit Oliven auf 4 Spieße stecken.

4. Die Spieße mit Öl bestreichen, auf den heißen Grillrost legen und etwa 15 Minuten unter gelegentlichem Wenden grillen.

Beilage: Gegrillte Maiskolben, Grillsauce, Stangenweißbrot.

Forellen im Silberkleid | Klassisch

Pro Portion:
E: 62 g, F: 17 g, Kh: 10 g, kJ: 2033, kcal: 486

8 küchenfertige Forellen (je etwa 300 g)
Salz, frisch gemahlener Pfeffer

Für die Füllung:
4 kleine Fenchelknollen (je etwa 200 g)
80 g Butter
Salz, frisch gemahlener Pfeffer
4 Orangen
Saft von den Orangen
2 Bund Dill

Außerdem:
Alufolie

Zubereitungszeit: 55 Minuten
Grillzeit: etwa 30 Minuten

1. Forellen innen und außen unter fließendem kalten Wasser abspülen, trocken tupfen. Forellen mit Salz und Pfeffer bestreuen.

2. Für die Füllung die Stiele von den Fenchelknollen dicht oberhalb der Knollen abschneiden. Braune Stellen und Blätter entfernen. Die Wurzelenden gerade schneiden. Die Knollen waschen, halbieren und in Scheiben schneiden. Scheiben halbieren.

3. Butter in einem Topf zerlassen. Die halbierten Fenchelscheiben darin andünsten. Mit Salz und Pfeffer würzen.

4. Orangen so dick mit einem Messer schälen, dass auch die weiße Haut ganz entfernt wird. Dann die Orange mit einem scharfen Messer filetieren. Dabei den Saft in einer Schüssel auffangen. Orangensaft und -filets unter die Fenchelscheiben heben. Dill abspülen und trocken tupfen. Die Spitzen von den Stängeln zupfen, Spitzen klein schneiden und unterheben.

5. Jeweils etwas von der Füllung in je 1 Forelle geben. Jeweils 1 Forelle auf je ein Stück Alufolie legen und fest verschließen.

6. Die Forellen in der Folie auf den heißen Grill legen und unter gelegentlichem Wenden etwa 30 Minuten grillen.

Beilage: Bunt gemischter Blattsalat.

Fougasse mit Kräutern | Gefriergeeignet

2 Brote (je etwa 350 g)

Insgesamt:
E: 57 g, F: 56 g, Kh: 384 g, kJ: 9578, kcal: 2286

Für den Hefeteig:

500 g Weizenmehl (Type 550)
2 gestr. TL Salz
1 Pck. Dr. Oetker Trockenbackhefe
2 TL Kräuter der Provence
300 ml lauwarmes Wasser
5 EL Olivenöl

Zum Bestäuben:

etwas Weizenmehl

Zubereitungszeit: 30 Minuten, ohne Teiggehzeit
Backzeit: 15–20 Minuten je Backblech

1. Für den Teig Mehl in eine Rührschüssel geben. Mit Salz, Trockenbackhefe und Kräutern sorgfältig vermischen. Wasser und Olivenöl hinzufügen. Die Zutaten mit Handrührgerät mit Knethaken zunächst kurz auf niedrigster, dann auf höchster Stufe in etwa 5 Minuten zu einem glatten Teig verarbeiten.

2. Den Teig mit Mehl bestäuben und zugedeckt so lange an einem warmen Ort gehen lassen, bis er sich sichtbar vergrößert hat (etwa 40 Minuten).

3. Den gegangenen Teig leicht mit Mehl bestäuben, aus der Schüssel nehmen und auf einer bemehlten Arbeitsfläche nochmals kurz durchkneten. Den Teig halbieren. Die Teighälften jeweils zu einem blattförmigen, ovalen Fladen (etwa 20 x 30 cm) formen und auf 2 Backbleche (mit Backpapier belegt) legen.

4. Die Fladen dünn mit Wasser bestreichen, mit Mehl bestäuben und nochmals zugedeckt so lange an einem warmen Ort gehen lassen, bis sie sich sichtbar vergrößert haben (etwa 30 Minuten). Nach etwa 15 Minuten Teiggehzeit den Backofen vorheizen.

5. Die Teigfladen jeweils auf der rechten und linken Teighälfte 4-mal schräg bis auf das Backpapier einschneiden (je 5–7 cm lang – nicht drücken). Die Einschnitte mit den Fingern etwas auseinanderziehen. Die Einschnitte sollen die Adern des Blattes darstellen. Die Backbleche nacheinander (bei Heißluft zusammen) in den vorgeheizten Backofen schieben.

Ober-/Unterhitze: etwa 220 °C
Heißluft: etwa 200 °C
Backzeit: 15–20 Minuten je Backblech.

6. Die Brote vom Backpapier nehmen und auf einem Kuchenrost erkalten lassen.

Tipp: Die Fougasse kann mit Oliven verfeinert werden und wird zum Teil auch zugeklappt serviert.

Französisches Löcherbrot | Einfach

4 Brote (je etwa 180 g)

Insgesamt:
E: 82 g, F: 86 g, Kh: 442 g, kJ: 12082, kcal: 2888

Für den Hefeteig:

500 g Weizenmehl
1 Pck. Dr. Oetker Trockenbackhefe
125 ml (1/8 l) lauwarmes Wasser
2 EL Orangensaft
50 g gesiebter Puderzucker
2 Eier (Größe M)
1 Prise Salz
4 EL (50 ml) Olivenöl

2 Eigelb (Größe M)
2 EL Milch
2 EL Fenchelsamen

Zubereitungszeit: 20 Minuten, ohne Teiggehzeit
Backzeit: 20–25 Minuten je Backblech

1. Für den Teig Mehl in eine Rührschüssel geben und mit der Trockenbackhefe sorgfältig vermischen. Wasser, Orangensaft, Zucker, Eier, Salz und Öl zugeben.

2. Die Zutaten mit Handrührgerät mit Knethaken zunächst kurz auf niedrigster, dann auf höchster Stufe in etwa 5 Minuten zu einem glatten Teig verarbeiten. Den Teig mit Mehl bestäuben und zugedeckt an einem warmen Ort so lange gehen lassen, bis er sich sichtbar vergrößert hat.

3. Den Teig aus der Schüssel nehmen, auf einer bemehlten Arbeitsfläche nochmals kurz durchkneten und in 4 Portionen teilen. Jede Portion zu einem etwa 2 cm dicken Fladen ausrollen, mehrere Male kreuzweise einschneiden und die Schnittstellen vorsichtig auseinanderziehen.

4. Den Backofen vorheizen. Eigelb mit Milch verschlagen, die Brote damit bestreichen, mit Fenchelsamen bestreuen und auf ein Backblech (mit Backpapier belegt) legen. Das Backblech in den vorgeheizten Backofen schieben.

Ober-/Unterhitze: etwa 200 °C
Heißluft: etwa 180 °C
Backzeit: 20–25 Minuten.

5. Die Brote vom Backpapier nehmen und auf einem Kuchenrost erkalten lassen.

French-Dressing | Raffiniert

Insgesamt:
E: 1 g, F: 71 g, Kh: 6 g, kJ: 2767, kcal: 660

2–3 EL Weißweinessig
1 EL mittelscharfer Senf
Salz
frisch gemahlener Pfeffer
Zucker
6–8 EL Olivenöl

Zubereitungszeit: 10 Minuten

1. Essig und Senf in eine Schüssel geben und mit einem Schneebesen verrühren. Mit Salz, Pfeffer und Zucker würzen.

2. Olivenöl esslöffelweise hinzugeben und mit einem Schneebesen unterschlagen. Dressing mit Salz und Pfeffer abschmecken.

Frikadellen | Einfach

16–20 Stück

Pro Portion:
E: 32 g, F: 48 g, Kh: 8 g, kJ: 2648, kcal: 632

2 Brötchen (vom Vortag)
4 Zwiebeln
1,2 kg Gehacktes (halb Rind-, halb Schweinefleisch)
3 Eier (Größe M)
Salz
frisch gemahlener Pfeffer
Paprikapulver edelsüß
80 g Butterschmalz oder 8 EL Speiseöl

Zubereitungszeit: 25 Minuten

1. Brötchen in kaltem Wasser einweichen. Zwiebeln abziehen und fein würfeln.

2. Gehacktes in eine Schüssel geben, mit ausgedrückten Brötchen, Zwiebelwürfeln und Eiern gut vermengen. Mit Salz, Pfeffer und Paprika würzen.

3. Aus der Fleischmasse mit angefeuchteten Händen 16–20 Frikadellen formen.

4. Butterschmalz oder Öl in der Pfanne erhitzen. Die Frikadellen darin von beiden Seiten unter gelegentlichem Wenden bei mittlerer Hitze etwa 10 Minuten braun braten.

Variante: Wer mag knetet unter die Fleischmasse Oliven, gehackte Kräuter (Schnittlauch, Petersilie), Mozzarella- oder Paprikawürfel.

Tipp: Wer mag, dünstet die Zwiebelwürfel vorab in 2–3 Esslöffeln Speiseöl, anschließend Zwiebelwürfel herausnehmen, auf Küchenpapier abtropfen und kurz abkühlen lassen. Zwiebelwürfel unter die Fleischmasse rühren – die Frikadellen lassen sich so besonders gut formen.

Frischkäse-Pesto-Kugeln I

Raffiniert

Pro Portion:
E: 12 g, F: 25 g, Kh: 8 g, kJ: 1294, kcal: 309

60 g Pinienkerne
100 g getrocknete, eingelegte Tomaten
1 Bund Basilikum
400 g Doppelrahm-Frischkäse
400 g Ziegen-Frischkäse
etwa 100 g rotes Pesto (aus dem Glas)
Salz
frisch gemahlener Pfeffer
2–3 Bund Rucola (Rauke)

Zubereitungszeit: 35 Minuten

1. Pinienkerne in einer Pfanne ohne Fett goldbraun rösten und abkühlen lassen.

2. Tomaten abtropfen lassen, in kochendes Wasser legen und 1–2 Minuten kochen lassen. Tomaten in ein Sieb geben, mit kaltem Wasser abspülen, abtropfen lassen und in kleine Würfel schneiden. Basilikum abspülen und trocken tupfen. Die Blättchen von den Stängeln zupfen. Blättchen in Streifen schneiden.

3. Beide Frischkäsesorten mit dem Pesto glattrühren. Pinienkerne, Tomaten und Basilikum hinzufügen. Mit Salz und Pfeffer würzen. Mit einem Eiskugelformer aus der Käsemasse kleine Kugeln oder mit zwei Esslöffeln Nocken formen.

4. Rucola putzen, abspülen, trocken tupfen und auf einer Platte verteilen. Die Käsekugeln darauf anrichten.

Fruchtiges Zwiebel-Knoblauch-Chutney | Gut vorzubereiten

2 Gläser (je 200 ml)

Insgesamt:
E: 10 g, F: 4 g, Kh: 173 g, kJ: 3316, kcal: 786

250 g Pfirsiche (vorbereitet gewogen)
250 g Zwiebeln (vorbereitet gewogen)
60 g Frühlingszwiebeln (vorbereitet gewogen)
25 g Knoblauch (vorbereitet gewogen)
10 g Senfkörner
60 ml Apfelessig
1/4 Pck.
(125 g) Extra Gelier Zucker
1/2 gestr. TL Salz
1/4 TL gemahlener, weißer Pfeffer

Zubereitungszeit: 45 Minuten

1. Zum Vorbereiten Pfirsiche abwaschen, kurz in kochendes Wasser legen und in kaltem Wasser abschrecken. Pfirsiche vierteln, entsteinen, enthäuten, 250 g abwiegen und pürieren.

2. Zwiebeln abziehen, halbieren, fein würfeln und 250 g abwiegen. Frühlingszwiebeln putzen, waschen, abtropfen lassen, in feine Scheiben schneiden und 60 g abwiegen. Knoblauch abziehen, 25 g abwiegen und durch eine Knoblauchpresse drücken oder sehr fein hacken.

3. Zwiebelwürfel, Frühlingszwiebelscheiben, Knoblauch, Pfirsichpüree, Senfkörner und Essig in einem Topf unter Rühren etwa 5 Minuten dünsten. Extra Gelier Zucker hinzufügen und gut unterrühren. Alles unter Rühren zum Kochen bringen und etwa 5 Minuten unter ständigem Rühren kochen lassen. Chutney mit Salz und Pfeffer abschmecken, nochmals unter Rühren aufkochen lassen.

4. Den Topf von der Kochstelle nehmen und Chutney sofort randvoll in gründlich gereinigte, gespülte Gläser füllen. Die Gläser mit Twist-off-Deckeln® verschließen, umdrehen und etwa 5 Minuten auf den Deckeln stehen lassen.

Frühlingsbrötchen | Etwas aufwändiger

8 Stück

Pro Stück:
E: 15 g, F: 1 g, Kh: 39 g, kJ: 1027, kcal: 245

Für den Hefeteig:
375 g Weizenmehl
1 Pck. Dr. Oetker Trockenbackhefe
1–2 TL Salz
1 TL Zucker
150 g Joghurt
125 ml (1/8 l) lauwarme Milch

Zum Bestäuben:
etwas Weizenmehl

Zum Bestreichen:
Kondensmilch

Für den Frühlingsquark:
500 g Speisequark (Magerstufe)
etwas Milch
1 Zwiebel
2 EL fein gehackte Kräuter, z. B. Petersilie, Schnittlauch
Salz
frisch gemahlener Pfeffer
Paprikapulver edelsüß

evtl. rote und gelbe Paprikawürfel

Zubereitungszeit: 60 Minuten, ohne Teiggeh- und Abkühlzeit
Backzeit: etwa 15 Minuten

1. Für den Teig Mehl in eine Rührschüssel geben und mit Trockenbackhefe sorgfältig vermischen. Salz, Zucker, Joghurt und Milch hinzufügen.

2. Die Zutaten mit Handrührgerät mit Knethaken zunächst kurz auf niedrigster, dann auf höchster Stufe in etwa 5 Minuten zu einem glatten Teig verarbeiten. Den Teig mit Mehl bestäuben und zugedeckt so lange an einem warmen Ort gehen lassen, bis er sich sichtbar vergrößert hat.

3. Den Teig leicht mit Mehl bestäuben, aus der Schüssel nehmen und auf einer bemehlten Arbeitsfläche nochmals kurz durchkneten. Aus dem Teig 4 längliche, flache Brötchen formen, auf ein Backblech (mit Backpapier belegt) legen und mehrmals schräg oder längs etwa 1 cm tief einschneiden. Die Brötchen nochmals zugedeckt an einem warmen Ort so lange gehen lassen, bis sie sich sichtbar vergrößert haben. Während der Teiggehzeit den Backofen vorheizen.

4. Die Brötchen mit Kondensmilch bestreichen. Das Backblech in den vorgeheizten Backofen schieben.

Ober-/Unterhitze: etwa 200 °C
Heißluft: etwa 180 °C
Backzeit: etwa 15 Minuten.

5. Die Brötchen vom Backpapier nehmen und auf einem Kuchenrost erkalten lassen. Die erkalteten Brötchen senkrecht halbieren und jeweils an der Rundung gerade schneiden, damit sie eine Standfläche haben. Die Brötchenhälften innen etwas aushöhlen.

6. Für den Frühlingsquark Quark mit Milch glattrühren. Zwiebel abziehen, fein würfeln und mit den Kräutern unter den Quark rühren. Mit Salz, Pfeffer und Paprikapulver würzen.

7. Die Brötchenhälften mit dem Frühlingsquark füllen und auf einer Platte anrichten. Nach Belieben mit Paprikawürfeln bestreuen.

Frühlingssalatteller mit italienischem Dressing | Für Gäste

Pro Portion:
E: 6 g, F: 8 g, Kh: 15 g, kJ: 687, kcal: 164

500 g	*weißer Spargel*
	Salz
10 g	*Butter*
etwas	*Zucker*
200 g	*Zuckerschoten*
1 Bund	*kleine Möhren*
1	*kleine Salatgurke*

Für die Sauce:

3	*Schalotten oder 1 mittelgroße Zwiebel*
1	*rote Peperoni (aus dem Glas)*
1 TL	*Kapern (aus dem Glas)*
2 EL	*Weißweinessig*
1 EL	*Rotwein*
	Salz
	frisch gemahlener Pfeffer
etwas	*Zucker*
3 EL	*Olivenöl*
1 EL	*gehackte Kräuter, z. B. Dill, Petersilie*

Zubereitungszeit: 50 Minuten

1. Den Spargel von oben nach unten schälen. Darauf achten, dass Schalen und holzige Stellen vollständig entfernt, die Köpfe aber nicht verletzt werden. Die unteren Enden abschneiden.

2. Salzwasser mit Butter und Zucker zum Kochen bringen, den Spargel hineingeben und etwa 8 Minuten bissfest kochen. Den Spargel in ein Sieb geben, mit kaltem Wasser übergießen und abtropfen lassen.

3. Zuckerschoten putzen, waschen, abtropfen lassen und die Enden abschneiden. Die Zuckerschoten in Salzwasser etwa 8 Minuten bissfest garen, mit Hilfe eines Schöpflöffels herausnehmen, in eiskaltes Wasser geben, dann in einem Sieb abtropfen lassen.

4. Möhren putzen, schälen, waschen und in Salzwasser etwa 10 Minuten bissfest kochen. Die Möhren abtropfen lassen.

5. Gurke waschen, abtrocknen und die Enden abschneiden. Die Gurke längs halbieren, nach Belieben entkernen und in Scheiben schneiden. Die vorbereiteten Zutaten auf einer Platte anrichten.

6. Für die Sauce Schalotten oder Zwiebel abziehen und fein würfeln. Peperoni abtropfen lassen, entkernen und in Ringe schneiden. Kapern abtropfen lassen und fein hacken.

7. Die 3 Zutaten mit Essig, Wein, Salz, Pfeffer und Zucker verrühren. Öl unterschlagen. Die Kräuter unterrühren. Die Sauce über die Salatzutaten gießen.

Tipp: Die Salatsauce eignet sich auch gut für Blattsalate.

Garnelen am Spieß | Für Gäste

Pro Portion:
E: 23 g, F: 99 g, Kh: 8 g, kJ: 4417, kcal: 1055

50 TK-Garnelen ohne Schale, mittlere Größe (3 Pck. je 200 g)
10 kleine Schalotten
10 Frühlingszwiebeln (2 Bund je etwa 120 g)
30 Scheiben Frühstücksspeck (je etwa 20 g)
grob gemahlener bunter Pfeffer
6 EL Olivenöl

Für den Dip:
400 g Salatmayonnaise
2 EL mittelscharfer Senf
Salz
frisch gemahlener Pfeffer
6 Knoblauchzehen

Außerdem:
10 Holz- oder Metallspieße

Zubereitungszeit: 80 Minuten, ohne Auftau- und Durchziehzeit
Grillzeit: 8–10 Minuten

1. Garnelen nach Packungsanleitung auftauen lassen, evtl. den Darm entfernen. Garnelen waschen und trocken tupfen.

2. Schalotten abziehen und längs halbieren. Frühlingszwiebeln putzen, waschen, abtropfen lassen, in dünne Scheiben schneiden und beiseitestellen. Den weißen Teil in etwa 3 cm lange Stücke schneiden. Den Frühstücksspeck zu Röllchen formen.

3. Abwechselnd Garnelen, Schalotten, Frühlingszwiebelstücke (weißer Teil) und Speckröllchen auf Holz- oder Metallspieße stecken (je Spieß 5 Garnelen, 2 Schalottenhälften, 3 Zwiebelstückchen, 3 Speckröllchen).

4. Die Spieße in eine flache Schale legen, mit buntem Pfeffer würzen und mit Öl beträufeln.

5. Für den Dip Mayonnaise und Senf verrühren. Mit Salz und Pfeffer würzen. Knoblauchzehen abziehen und durch eine Knoblauchpresse drücken. Knoblauch und beiseitegestellte Frühlingszwiebelscheiben unterrühren.

6. Die Garnelenspieße auf dem heißen Grill unter gelegentlichem Wenden 8–10 Minuten grillen. Die Garnelenspieße mit dem Dip servieren.

Garnelen-Gemüse-Röllchen I

Raffiniert

12 Stück

Pro Stück:
E: 1 g, F: 6 g, Kh: 1 g, kJ: 274, kcal: 65

16 frische oder TK-Riesengarnelen ohne Schale

Für die Marinade:

2 Knoblauchzehen
1 kleine, rote Peperoni
2 EL Zitronensaft
Salz
frisch gemahlener Pfeffer
3 EL Olivenöl

1 kleine Zucchini
1/2 kleine Aubergine
2 EL Olivenöl

Außerdem:

Holzspießchen
Alufolie

Zubereitungszeit: 20 Minuten, ohne Marinierzeit
Grillzeit: etwa 6 Minuten

1. Von den Riesengarnelen (tiefgekühlte Garnelen vorher auftauen lassen) den Darm entfernen. Die Garnelen unter fließendem kalten Wasser abspülen und trocken tupfen.

2. Für die Marinade Knoblauchzehen abziehen und durch eine Knoblauchpresse drücken oder sehr fein hacken. Peperoni halbieren, entkernen, waschen, abtropfen lassen und in feine Würfel schneiden. Die beiden Zutaten mit Zitronensaft, Salz, Pfeffer und Olivenöl verrühren.

3. Die Riesengarnelen in der Marinade etwa 30 Minuten durchziehen lassen.

4. Die Zucchini und Aubergine putzen, waschen, abtrocknen, die Enden abschneiden und mit einem breiten Sparschäler längs in dünne Scheiben schneiden.

5. Die Garnelen aus der Marinade nehmen, trocken tupfen, jeweils 1 Garnele auf einen Gemüsestreifen legen, zusammenrollen und mit einem Holzspießchen feststecken.

6. Die Garnelen-Gemüse-Röllchen mit Olivenöl bestreichen. Die Garnelen-Gemüse-Röllchen auf dem heißen Grill (evtl. mit Alufolie belegt, gefettet) legen und unter mehrmaligem Wenden von jeder Seite etwa 3 Minuten grillen.

Garnelen-Limetten-Spieße I

Etwas teurer

Pro Portion:
E: 5 g, F: 2 g, Kh: 1 g, kJ: 195, kcal: 46

20 TK-Riesengarnelen ohne Schale

Für die Marinade:
1 kleiner Topf Basilikum
2 Knoblauchzehen
Saft von 1 Limette
Salz, frisch gemahlener Pfeffer
3 EL Olivenöl

2 Bio-Limetten (unbehandelt, ungewachst)

Außerdem:
8 Holz- oder Metallspieße

Zubereitungszeit: 30 Minuten, ohne Auftau- und Marinierzeit
Grillzeit: etwa 6 Minuten

1. Garnelen nach Packungsanleitung auftauen lassen, evtl. den Darm entfernen. Garnelen kurz unter fließendem kalten Wasser abspülen, trocken tupfen und in eine flache Schale legen.

2. Für die Marinade Basilikum abspülen und trocken tupfen. Die Blättchen von den Stängeln zupfen. Blättchen in feine Streifen schneiden. Knoblauchzehen abziehen und anschließend durch die Knoblauchpresse drücken.

3. Limettensaft, Salz, Pfeffer, Olivenöl, Basilikum und Knoblauch gut verrühren. Die Garnelen mit der Marinade übergießen und mit Frischhaltefolie zugedeckt 3–4 Stunden im Kühlschrank durchziehen lassen.

4. Limetten gründlich heiß abwaschen, trocken tupfen, halbieren und in Scheiben schneiden. Limettenscheiben abwechselnd mit den Garnelen auf Holz- oder Metallspieße stecken.

5. Die Garnelen-Limetten-Spieße auf den heißen Grill legen und von jeder Seite etwa 3 Minuten grillen. Mit Pfeffer bestreut servieren.

Beilage: Ciabattabrot.

Garnelen-Paprika-Salat | Raffiniert

Pro Portion:
E: 12 g, F: 9 g, Kh: 8 g, kJ: 689, kcal: 164

200 g gegarte King Prawns ohne Schale (Riesengarnelen, TK oder Kühltheke)
250 g rote Paprikaschoten
150 g gelbe Paprikaschoten
1 Knoblauchzehe
3 Frühlingszwiebeln

Für die Sauce:
1 grüne Chilischote
Saft von
2 Limetten
Salz
frisch gemahlener Pfeffer
2 EL Haselnussöl

Nach Belieben:
einige Stängel glatte Petersilie
einige Bio-Limettenspalten (unbehandelt, ungewachst)

Zubereitungszeit: 25 Minuten, ohne Auftauzeit

1. TK-King-Prawns nach Packungsanleitung auftauen lassen. Von frischen King Prawns evtl. den Darm entfernen. Die Prawns unter fließendem kalten Wasser abspülen und trocken tupfen.

2. Paprikaschoten halbieren, entstielen, entkernen und die weißen Scheidewände entfernen. Schoten waschen und abtropfen lassen. Die Haut mit einem Sparschäler dünn abschälen. Die Schoten in sehr kleine Würfel schneiden. Die Paprikawürfel mit den King Prawns in eine Schüssel geben.

3. Knoblauchzehe abziehen, durch eine Knoblauchpresse drücken oder sehr fein hacken und untermischen. Frühlingszwiebeln putzen, waschen, abtropfen lassen, in feine Scheiben schneiden und unterheben.

4. Für die Sauce Chilischote halbieren, entstielen, entkernen und die weißen Scheidewände entfernen. Schote waschen, abtropfen lassen und fein hacken. Limettensaft mit Salz und Pfeffer verrühren. Haselnussöl unterschlagen. Chiliwürfel unterrühren und die Sauce mit den Salatzutaten vermischen.

5. Nach Belieben glatte Petersilie abspülen, trocken tupfen und etwas kleiner zupfen. Den Garnelen-Paprika-Salat mit der Petersilie und den Limettenspalten garniert servieren.

Gedrehte Stangenbrote | Für Gäste

3 Brote (je etwa 230 g)

Insgesamt:
E: 54 g, F: 6 g, Kh: 389 g, kJ: 7749, kcal: 1852

Für den Hefeteig:
150 g Roggenmehl (Type 1150)
350 g Weizenmehl (Type 550)
2 gestr. TL Salz
1 Pck. Dr. Oetker Trockenbackhefe
2 EL Obstessig
2 TL flüssiger Honig
250 ml (1/4 l) lauwarmes Wasser

Zum Bestäuben:
etwas Roggenmehl

Zubereitungszeit: 45 Minuten, ohne Teiggehzeit
Backzeit: 20–30 Minuten

1. Für den Teig Roggen-, Weizenmehl, Salz und Trockenbackhefe in einer Rührschüssel sorgfältig vermischen. Obstessig, Honig und Wasser hinzufügen. Die Zutaten mit Handrührgerät mit Knethaken zunächst kurz auf niedrigster, dann auf höchster Stufe in etwa 5 Minuten zu einem glatten Teig verarbeiten.

2. Den Teig leicht mit Mehl bestäuben und zugedeckt so lange an einem warmen Ort gehen lassen, bis er sich sichtbar vergrößert hat (etwa 40 Minuten).

3. Den gegangenen Teig leicht mit Mehl bestäuben, aus der Schüssel nehmen, auf einer bemehlten Arbeitsfläche nochmals kurz durchkneten und zu einer Rolle formen. Teigrolle in 3 gleich große Portionen teilen. Jede Teigportion zu einer Stange (je etwa 28 cm Länge) formen und 2–3-mal um sich selbst drehen, so dass eine unregelmäßige Stange entsteht.

4. Den Backofen vorheizen. Die Teigstangen auf ein Backblech (mit Backpapier belegt) legen, kräftig mit Mehl bestäuben und zugedeckt so lange an einem warmen Ort gehen lassen, bis sie sich sichtbar vergrößert haben (etwa 20 Minuten). Das Backblech in den vorgeheizten Backofen schieben.

Ober-/Unterhitze: etwa 220 °C
Heißluft: etwa 200 °C
Backzeit: 20–30 Minuten.

5. Die Stangenbrote vom Backpapier nehmen und auf einem Kuchenrost erkalten lassen.

Geflügel-Avocado-Salat | Raffiniert

Pro Portion:
E: 18 g, F: 27 g, Kh: 6 g, kJ: 1448, kcal: 346

600 g geräucherte Putenbrust
2–3 reife Avocados
2–3 Fleischtomaten
120 g schwarze Oliven ohne Stein
1 Bund glatte Petersilie

Für die Sauce:
5–6 EL Weißweinessig
Salz
frisch gemahlener Pfeffer
100 ml Olivenöl

50 g Cashewkerne

Zubereitungszeit: 50 Minuten

1. Putenbrust in Würfel schneiden. Avocados halbieren, entsteinen, schälen und das Fruchtfleisch würfeln. Tomaten waschen, abtropfen lassen, Stängelansätze entfernen. Tomaten in Würfel schneiden.

2. Oliven in Streifen oder Ringe schneiden. Petersilie abspülen und trocken tupfen. Die Blättchen von den Stängeln zupfen. Blättchen fein hacken. Die vorbereiteten Zutaten vorsichtig mischen.

3. Für die Sauce Essig mit Salz und Pfeffer verrühren, Öl unterschlagen. Die Sauce mit den Salatzutaten vermengen. Cashewkerne auf den Salat streuen.

Tipp: Salat sofort servieren, da Avocados schnell braun werden.
Zusätzlich 50 g Edelpilzkäse mit einer Gabel zerdrücken und in die Sauce rühren.
Der Geschmack der Cashewkerne wird noch intensiver, wenn sie in einer Pfanne ohne Fett angeröstet werden.

Geflügel-Kebab | Für Kinder

Pro Portion:
E: 49 g, F: 8 g, Kh: 6 g, kJ: 1262, kcal: 302

1 1/2 kg Geflügelhackfleisch (beim Metzger vorbestellen)
150 g Joghurt
1 EL frisch geriebener Meerrettich
1 EL mittelscharfer Senf
3 Eier (Größe M)
Salz
frisch gemahlener Pfeffer
9 mittelgroße Zwiebeln (etwa 600 g)

Zum Beträufeln:
3 EL Speiseöl, z. B. Sonnenblumenöl

Außerdem:
10 Holz- oder Metallspieße

Zubereitungszeit: 90 Minuten
Grillzeit: etwa 15 Minuten

1. Geflügelhackfleisch mit Joghurt, Meerrettich, Senf und den Eiern vermengen. Mit Salz und Pfeffer kräftig würzen.

2. Aus der Fleischmasse mit angefeuchteten Händen etwa 40 Bällchen formen. Zwiebeln abziehen und vierteln.

3. Fleischbällchen und Zwiebelviertel abwechselnd auf Spieße stecken (je Spieß 4 Fleischbällchen und 3 Zwiebelviertel).

4. Die Spieße in eine flache Schale legen und mit Öl beträufeln. Spieße mit Frischhaltefolie zugedeckt etwa 20 Minuten im Kühlschrank durchziehen lassen.

5. Die Geflügelspieße auf dem heißen Grill unter mehrmaligem Wenden etwa 15 Minuten grillen.

Beilage: Servieren Sie die Spieße mit einem Dip, z. B. Cocktailsauce, die mit Meerrettich verfeinert ist, oder mit einem Kräuterquark, unter den man noch frisch gepressten Knoblauch rührt.

Tipp: Falls die Stäbe des Grillrostes zu große Abstände haben, den Rost mit einem Bogen Alufolie belegen, diesen mit Öl bestreichen. Die Folie mit einer Fleischgabel mehrere Male einstechen.
Statt Geflügelhackfleisch kann auch Lammfleisch verwendet werden. Falls die Fleischmasse zu weich ist, etwa 40 g Semmelbrösel unterkneten.

Geflügelleber in der Speckhülle I

Für Gäste

Pro Portion:
E: 9 g, F: 79 g, Kh: 1 g, kJ: 4412, kcal: 1054

40 Stück Geflügelleber (etwa 1 1/2 kg)
40 Scheiben Bacon (Frühstücksspeck, je etwa 20 g)

Für die Marinade:
1 Glas grüne Oliven, ohne Stein (Abtropfgewicht 90 g)
1 TL gemahlener Kümmelsamen
1 TL Paprikapulver edelsüß
100 ml Olivenöl

Zum Bestreuen:
grob gemahlener, bunter Pfeffer

Außerdem:
10 Holz- oder Metallspieße

Zubereitungszeit: 65 Minuten, ohne Marinierzeit
Grillzeit: etwa 10 Minuten

1. Geflügelleber unter fließendem kalten Wasser abspülen und trocken tupfen. Jeweils 1 Stück Geflügelleber mit je 1 Scheibe Frühstücksspeck umwickeln und auf die Spieße stecken (je Spieß und Portion 4 Stück).

2. Für die Marinade Oliven in einem Sieb abtropfen lassen. Oliven sehr klein schneiden oder mit einem Mixstab pürieren, mit Kümmel und Paprika mischen. Olivenöl unterrühren.

3. Die Geflügelleberspieße in eine flache Schale legen und mit Pfeffer bestreuen. Die Marinade auf den Spießen verteilen. Mit Frischhaltefolie zugedeckt im Kühlschrank über Nacht durchziehen lassen.

4. Die Geflügelleberspieße aus der Marinade nehmen und auf Küchenpapier abtropfen lassen. Die Spieße auf den heißen Grill legen und unter gelegentlichem Wenden etwa 10 Minuten grillen.

Gefüllte Pitabrote | Raffiniert

8 Portionen

Pro Portion:
E: 45 g, F: 27 g, Kh: 71 g, kJ: 3104, kcal: 741

Für die Schafkäsefüllung:
400 g milder Schafkäse
12 Blätter Lollo rosso oder Eisbergsalat
1 Gemüsezwiebel
6 mittelgroße Tomaten
1 kleine Salatgurke (etwa 600 g)
6 Pitabrote (je etwa 100 g)
Salz, frisch gemahlener Pfeffer
gerebelter Oregano

Für die Hähnchenfleischfüllung:
600 g Hähnchenbrustfilet
5 EL Sojasauce
frisch gemahlener Pfeffer
Paprikapulver edelsüß
3 EL Speiseöl, z. B. Rapsöl
2 mittelgroße, rote Paprikaschoten
3 rote Zwiebeln
6 Salatblätter
6 Pitabrote (je etwa 100 g)
120 g küchenfertige Sojasprossen

Für die Joghurtsauce:
4 Knoblauchzehen
500 g Joghurt
4 EL Olivenöl

Zubereitungszeit: 60 Minuten, ohne Marinierzeit
Aufbackzeit: 12–16 Minuten

1. Für die Schafkäsefüllung den Käse in Scheiben schneiden. Salatblätter waschen und trocken tupfen. Gemüsezwiebel abziehen, zuerst in dünne Scheiben schneiden, dann in Ringe teilen. Tomaten waschen, abtropfen lassen, halbieren und die Stängelansätze herausschneiden. Tomaten in dünne Scheiben schneiden. Gurke waschen, abtropfen lassen, nach Belieben schälen und in Scheiben schneiden.

2. Den Backofen vorheizen. In die Pitabrote eine Tasche einschneiden, so dass sie am längeren Ende noch zusammenhalten. Die Brote auf ein Backblech oder einen Rost legen und in den vorgeheizten Backofen schieben.

Ober-/Unterhitze: etwa 180 °C
Heißluft: etwa 160 °C
Aufbackzeit: 6–8 Minuten.

3. Zuerst die Salatblätter auf den Broten verteilen, dann Gemüsezwiebelringe, Tomaten- und Gurkenscheiben darauflegen. Zuletzt mit Schafkäsescheiben belegen und mit Salz, Pfeffer und Oregano würzen.

4. Für die Hähnchenfleischfüllung Hähnchenbrustfilet unter fließendem kalten Wasser abspülen, trocken tupfen, in breite Streifen schneiden. Mit Sojasauce, Pfeffer und Paprika mischen, etwa 60 Minuten marinieren.

5. Fleischstreifen aus der Marinade nehmen, gut trocken tupfen. Öl in einer Pfanne erhitzen. Fleischstreifen darin anbraten.

6. Paprikaschoten halbieren, entstielen, entkernen und die weißen Scheidewände entfernen. Schoten waschen, abtropfen lassen und in Streifen schneiden. Zwiebeln abziehen, zuerst in Scheiben schneiden, dann in Ringe teilen. Salatblätter waschen und trocken tupfen.

7. Pitabrote wie unter Punkt 2 beschrieben aufbacken. Die Brote zuerst mit Salatblättern, dann mit Paprika-, Zwiebelringen, Fleisch und Sojasprossen belegen.

8. Für die Sauce Knoblauchzehen abziehen und durch eine Knoblauchpresse drücken oder sehr fein hacken. Joghurt mit Öl und Knoblauch verrühren. Mit Salz und Pfeffer abschmecken. Die Sauce auf den gefüllten Pitabroten verteilen.

Gefüllte Tomaten | Vegetarisch

24 Stück

Pro Stück:
E: 1 g, F: 2 g, Kh: 6 g, kJ: 183, kcal: 44

100 g Langkornreis
24 kleine Tomaten
1 kleine, grüne Paprikaschote
½ Bund Frühlingszwiebeln
1 kleine
Dose Gemüsemais (140 g)
2–3 EL Speiseöl, z. B. Sonnenblumenöl
Salz, frisch gemahlener Pfeffer

Zubereitungszeit: 40 Minuten, ohne Abkühlzeit

1. Reis nach Packungsanleitung garen und erkalten lassen.

2. Tomaten waschen, trocken tupfen und einen Deckel abschneiden. Tomateninneres vorsichtig mit einem Teelöffel aushöhlen.

3. Paprikaschote halbieren, entstielen, entkernen und die weißen Scheidewände entfernen. Schote waschen, abtrocknen, fein würfeln. Frühlingszwiebeln putzen, waschen, abtropfen lassen, in feine Scheiben schneiden.

4. Paprikawürfel, Frühlingszwiebelscheiben und Mais unter den Reis mischen. Öl unterrühren, mit Salz und Pfeffer abschmecken.

5. Die Gemüsemasse in die Tomaten füllen und den Deckel darauflegen.

Abwandlung: 6 Stangen gegarten Spargel in sehr feine Scheiben schneiden. Aus 6 Esslöffeln Olivenöl, 1 Teelöffel Dijon-Senf, 1 Esslöffel Zitronensaft, Salz, Pfeffer und 1 Prise Zucker eine Vinaigrette zubereiten und den Spargel darin marinieren. 2 Esslöffel gehackte, glatte Petersilie unterrühren und die ausgehöhlten Tomaten damit füllen.

Tipp: Sie können die Tomaten auch mit fertigem Fleischsalat füllen, den Sie mit Maiskörnern oder Paprikawürfeln verfeinert haben.

Gefüllte Weinblätter | Gut vorzubereiten

36 Stück

Pro Stück:
E: 3 g, F: 6 g, Kh: 2 g, kJ: 296, kcal: 71

Für die Füllung:

50 g Fadennudeln
Salz
1 EL Speiseöl, z. B. Sonnenblumenöl
350 g Thüringer Mett (gewürztes Schweinegehacktes)
1 Glas eingelegter Kürbis (Abtropfgewicht 200 g)
50 g Sonnenblumenkerne
gemahlener Zimt
gemahlener Kreuzkümmel (Cumin)

36 eingelegte Weinblätter

Für den Dip:

250 g Schmand (Sauerrahm)
2 EL Grenadinesirup (Granatapfelsirup)
1 EL Limettensaft
Salz
frisch gemahlener Pfeffer

Zubereitungszeit: 75 Minuten

1. Für die Füllung Fadennudeln in kochendem Salzwasser etwa 3 Minuten kochen. Die Nudeln in ein Sieb geben, mit heißem Wasser übergießen und abtropfen lassen.

2. Öl in einer Pfanne erhitzen. Thüringer Mett hinzufügen und anbraten. Dabei die Fleischklümpchen mit einer Gabel zerdrücken. Kürbis in einem Sieb abtropfen lassen und fein würfeln. Sonnenblumenkerne in einer Pfanne ohne Fett goldbraun rösten.

3. Nudeln, Mett, Kürbiswürfel und Sonnenblumenkerne in einer Schüssel mischen. Mit Zimt, Kreuzkümmel und Salz würzen. Die Weinblätter evtl. kurz wässern, abtropfen lassen und mit Küchenpapier trocken tupfen.

4. Je 1 Esslöffel von der Füllung auf ein Weinblatt geben und einrollen. Die Blattseiten zur Mitte hin einschlagen, dann fest aufrollen und mit der Nahtseite nach unten auf eine Platte legen.

5. Für den Dip Schmand mit Grenadinesirup und Limettensaft verrühren. Mit Salz und Pfeffer würzen.

Tipp: Die Röllchen können gut bereits am Vortag zubereitet werden.

Gefülltes Partybrot | Für Gäste

12 Stück

Pro Stück:
E: 4 g, F: 4 g, Kh: 8 g, kJ: 131, kcal: 31

1	*kleines Weißbrot vom Vortag (etwa 250 g)*
150 g	*Doppelrahm-Frischkäse*
je 1 EL	*Tomatenmark und Remoulade*
100 g	*magerer, gekochter Schinken*
1	*kleine Frühlingszwiebel*
1 Bund	*Schnittlauch*
1	*kleine Gewürzgurke, Salz*
	frisch gemahlener, weißer Pfeffer
	Paprikapulver edelsüß

Außerdem:

Alufolie

Zubereitungszeit: 40 Minuten, ohne Kühlzeit

1. Von dem Weißbrot ein Viertel abschneiden, beide Teile aushöhlen, so dass ein Rand von etwa 1 1/2 cm stehen bleibt.

2. Frischkäse mit Tomatenmark und Remoulade zu einer glatten Creme verrühren. Schinken in kleine Würfel schneiden. Frühlingszwiebel putzen, waschen, abtropfen lassen und sehr fein schneiden.

3. Schnittlauch abspülen, trocken tupfen und in feine Röllchen schneiden. Gewürzgurke abtropfen lassen, in feine Würfel schneiden.

4. Die vier Zutaten unter die Creme rühren, mit Salz, Pfeffer und Paprikapulver abschmecken. Die Masse in die Brotteile füllen und zu einem Brot zusammensetzen, mit Alufolie umwickeln und etwa 3 Stunden in den Kühlschrank legen. Das Brot vor dem Servieren mit einem scharfen Messer in Scheiben schneiden.

Tipp: Statt einem Weißbrot 2 Baguettes füllen. Dazu Tomatenketchup und Oliven reichen. Nach Belieben das Brotinnere zusätzlich unter die Käsecreme rühren.

Abwandlung: 400 g Thüringer Mett mit 1 Teelöffel Kapern mischen. Je 1/2 gewaschene, trocken getupfte rote und grüne Paprikaschote fein würfeln und untermischen. Die Mettmasse in das Brot füllen und etwa 2 Stunden kühl stellen.

Gegrillte Früchte | Gut vorzubereiten

Pro Portion:
E: 29 g, F: 24 g, Kh: 87 g, kJ: 2947, kcal: 704

12 Backpflaumen (etwa 120 g)
12 ungeschwefelte, getrocknete Aprikosen (etwa 120 g) oder 6 frische, nicht zu reife Aprikosen (etwa 480 g)
12 Feigen (etwa 180 g)
3 nicht zu reife Bananen (etwa 300 g)
48 Scheiben Frühstücksspeck (Bacon)
frisch gemahlener Pfeffer

Außerdem:
8 Holzspieße

Für den Dip:
150 g Mango-Chutney
300 g Joghurt
Salz

Für den Salat:
1 Kopf Eisbergsalat
100 g Joghurt
4 EL Salatmayonnaise
4 EL süße Chilisauce

Zubereitungszeit: 60 Minuten, ohne Einweichzeit
Grillzeit: etwa 10 Minuten

1. Die getrockneten Früchte in kaltem Wasser etwa 1 Stunde einweichen. Anschließend herausnehmen und trocken tupfen. Frische Aprikosen waschen, trocken tupfen, halbieren und entsteinen. Bananen schälen, jede Banane in 4 gleich große Stücke schneiden.

2. Die vorbereiteten Früchte jeweils mit einer Scheibe Speck umwickeln und auf Holzspieße stecken (je Spieß 4 verschiedene Früchte). Die Spieße auf dem heißen Grill etwa 10 Minuten unter gelegentlichem Wenden grillen.

3. Für den Dip Mango-Chutney in eine Schüssel geben. Joghurt unterrühren. Mit Salz und Pfeffer würzen.

4. Für den Salat Eisbergsalat putzen, achteln und den Strunk entfernen. Salat in mundgerechte Stücke schneiden, waschen, gut abtropfen lassen oder trocken schleudern.

5. Joghurt mit Mayonnaise und Chilisauce gut verrühren, mit Salz und Pfeffer würzen. Den Salat mit der Sauce vermischen. Die gegrillten Früchte mit dem Dip und dem Salat servieren.

Beilage: Ofenfrisches Baguette.

Gegrillte Frühlingsrollen | Vegetarisch

12 Stück

Pro Stück:
E: 2 g, F: 10 g, Kh: 9 g, kJ: 638, kcal: 152

- *15 g Mu-err-Pilze*
- *30 g Glasnudeln*
- *100 g Sojasprossen*
- *2 Möhren*
- *1 gelbe Paprikaschote*
- *3 Frühlingszwiebeln*
- *3 EL Sojaöl*
- *1 TL Ingwerwürfel*
- *2–3 EL Sojasauce*
- *frisch gemahlener Pfeffer*
- *24 TK-Frühlingsrollenblätter (21 x 21 cm)*
- *1 Eiweiß (Größe M)*
- *8 EL Speiseöl, z. B. Rapsöl*

Zubereitungszeit: 40 Minuten, ohne Einweichzeit
Grillzeit: etwa 10 Minuten

1. Mu-err-Pilze nach Packungsanleitung einweichen, gut ausdrücken und klein schneiden. Glasnudeln ebenfalls nach Packungsanleitung einweichen.

2. Sprossen verlesen, evtl. abspülen und trocken tupfen. Möhren putzen, schälen, waschen, abtropfen lassen und würfeln oder grob raspeln.

3. Paprikaschote halbieren, entstielen, entkernen und die weißen Scheidewände entfernen. Schoten waschen und in feine Würfel schneiden. Frühlingszwiebeln putzen, waschen, abtropfen lassen und in feine Scheiben schneiden.

4. Sojaöl erhitzen, Möhren- und Paprikawürfel darin andünsten. Frühlingszwiebeln hinzufügen und kurz mitandünsten.

5. Glasnudeln, Sojasprossen und Mu-err-Pilze hinzufügen. Mit Ingwerwürfeln, Sojasauce und Pfeffer abschmecken.

6. Frühlingsrollenblätter evtl. auftauen, jeweils 2 Frühlingsrollenblätter übereinander auf der Arbeitsfläche ausbreiten und die Glasnudel-Gemüse-Masse in der Mitte darauf verteilen. Die Seiten einschlagen und fest aufrollen.

7. Die Seitenränder mit verschlagenem Eiweiß bestreichen und andrücken, damit die Frühlingsrollen zusammenhalten, oder mit einem Zahnstocher feststecken.

8. Die Frühlingsrollen rundum mit Öl bestreichen und unter häufigem Wenden etwa 10 Minuten von allen Seiten grillen. Zwischendurch immer wieder mit Öl bestreichen.

Gemischte Gemüsespieße I

Vegetarisch

Pro Portion:
E: 35 g, F: 15 g, Kh: 95 g, kJ: 2779, kcal: 664

8 kleine, junge Fenchelknollen (etwa 500 g), Salz
8 kleine Tomaten (etwa 500 g)
8 kleine, junge Maiskolben (etwa 500 g)
4 kleine Zucchini (etwa 500 g)
2 EL frische, gemischte Kräuter, z. B. Petersilie, Kerbel, Thymian, oder 1 Pck. TK-Gemischte Kräuter
8 EL Olivenöl

Außerdem:
8 Holz- oder Metallspieße

Für den Kräuter-Knoblauch-Quark:
2 Knoblauchzehen
500 g Speisequark (Magerstufe)
etwas Milch
1 EL frische Kräuter, z. B. Petersilie, Kerbel, Thymian, oder TK-Gemischte Kräuter
frisch gemahlener Pfeffer

1 Baguette (500 g)
50 g weiche Knoblauchbutter

Zubereitungszeit: 45 Minuten, ohne Marinierzeit
Grillzeit: Spieße etwa 10 Minuten, Baguette etwa 3 Minuten

1. Von den Fenchelknollen die Stiele oberhalb der Knollen abschneiden. Braune Stellen und Blätter entfernen, Wurzelenden gerade schneiden. Knollen waschen und abtropfen lassen. Salzwasser in einem Topf zum Kochen bringen. Die Fenchelknollen darin etwa 6 Minuten garen, in ein Sieb geben, mit kaltem Wasser übergießen und abtropfen lassen.

2. Tomaten, Maiskolben und Zucchini waschen und trocken tupfen. Von den Tomaten und den Maiskolben die Stängelansätze entfernen. Von den Zucchini die

Enden abschneiden, die Zucchini je nach Größe halbieren oder vierteln.

3. Das vorbereitete Gemüse auf Holz- oder Metallspieße stecken und in eine flache Schale legen. Spieße mit den Kräutern bestreuen, mit Olivenöl beträufeln und zugedeckt 1–2 Stunden im Kühlschrank marinieren.

4. Für den Kräuter-Knoblauch-Quark Knoblauchzehen abziehen und fein hacken. Quark in eine Schüssel geben und mit etwas Milch glattrühren. Kräuter unterrühren, den Quark mit Salz und Pfeffer würzen.

5. Das Baguette längs halbieren, in Stücke schneiden und mit Knoblauchbutter bestreichen.

6. Die Spieße aus der Marinade nehmen, etwas abtropfen lassen und auf dem heißen Grill etwa 10 Minuten unter gelegentlichem Wenden grillen. Anschließend die Baguettestücke mit der unbestrichenen Seite nach unten auf den Grill legen und etwa 3 Minuten grillen.

7. Die Gemüsespieße mit dem Kräuter-Knoblauch-Quark und den Baguettestücken servieren.

Tipp: Wenn Sie keine kleinen, jungen Fenchelknollen bekommen, können Sie auch 2 größere Fenchelknollen verwenden, diese vor dem Garen in Viertel schneiden.

Gemüse-Baguette | Schnell

2 Portionen

Pro Portion:
E: 6 g, F: 21 g, Kh: 40 g, kJ: 1586, kcal: 379

je 1 rote und gelbe Paprikaschote
4 EL Olivenöl
2 Stängel Thymian
Salz, frisch gemahlener Pfeffer
etwas Balsamico-Essig
2 Baguettebrötchen
1 Knoblauchzehe

Zubereitungszeit: 20 Minuten

1. Paprika halbieren, entstielen, entkernen und die weißen Scheidewände entfernen. Schoten waschen, abtropfen lassen und vierteln. 2 Esslöffel von dem Öl in einer Pfanne erhitzen und die Paprika darin anbraten.

2. Thymian abspülen, trocken tupfen, die Blättchen von den Stängeln zupfen und Blättchen fein hacken. Gehackten Thymian zu der Paprika geben, mit Salz, Pfeffer und etwas Balsamico-Essig abschmecken. Paprika aus der Pfanne nehmen und etwas abkühlen lassen.

3. Nochmals 1 Esslöffel von dem Öl in einer Pfanne erhitzen. Die Brötchen halbieren und die Schnittflächen im Öl goldbraun rösten. Knoblauch abziehen und die noch heißen Schnittflächen der Brötchen mit Knoblauch abreiben.

4. Das Paprikagemüse auf den unteren Brötchenhälften verteilen, das restliche Olivenöl darüberträufeln und danach die obere Brötchenhälfte darauflegen.

Tipp: Nachdem man die unteren Brötchenhälften mit Paprika belegt hat, etwas in Würfel geschnittenen Schafkäse darauf verteilen.

Gemüse-Fisch-Pfanne I

Einfach

400 g	*TK-Fischfilet, z. B. Seelachs, Rotbarsch*
1 Pck. (300 g)	*TK-Pfannengemüse, französische Art*
1 Beutel	*Saucenpulver für Spaghetti Napoli (2–3 Portionen)*
1–2 EL	*Zitronensaft*
	Salz, frisch gemahlener Pfeffer
	Paprikapulver edelsüß

Zubereitungszeit: 35 Minuten, ohne Antauzeit

Pro Portion:
E: 24 g, F: 11 g, Kh: 16 g, kJ: 1203, kcal: 287

1. Fischfilet etwas antauen lassen, trocken tupfen.

2. Pfannengemüse 3–4 Minuten in einer Pfanne unter Rühren braten. 300 ml Wasser hinzugeben. Saucenpulver für Spaghetti Napoli einrühren und aufkochen lassen.

3. Fischfilet in Würfel schneiden, mit Zitronensaft vermischen. Mit Salz, Pfeffer und Paprikapulver würzen, zum Gemüse geben und zugedeckt 6–8 Minuten dünsten lassen.

Tipp: Zusätzlich 1 Päckchen stückige Tomaten mit 2–3 Esslöffeln Weißwein einrühren und erhitzen. Die Fisch-Gemüse-Pfanne nach Belieben mit Cayennepfeffer abschmecken.

Beilage: Baguette.

Gemüse-Geflügelburger | Für Kinder

Pro Portion:
E: 39 g, F: 7 g, Kh: 45 g, kJ: 1703, kcal: 407

2 kleine Möhren (je etwa 70 g)
1 Zwiebel (etwa 80 g)
1 kleine Dose Gemüsemais (Abtropfgewicht 135 g)
500 g Geflügelhackfleisch (Hähnchen oder Pute)
1 Ei (Größe M)
Salz
frisch gemahlener Pfeffer

1 kleiner Kopfsalat (etwa 200 g)
4 Hamburger Brötchen (je etwa 50 g)
2 EL Speiseöl, z. B. Sonnenblumenöl

1 Flasche (180 ml) Hot Chilisauce

Zubereitungszeit: 30 Minuten
Grillzeit: Burger etwa 10 Minuten, Brötchen etwa 5 Minuten

1. Möhren putzen, schälen, waschen, abtropfen lassen und in kleine Würfel schneiden. Zwiebel abziehen und ebenfalls in kleine Würfel schneiden. Gemüsemais in einem Sieb abtropfen lassen.

2. Geflügelhackfleisch in eine Schüssel geben. Möhren-, Zwiebelwürfel, Mais und Ei hinzufügen. Die Zutaten gut vermengen. Mit Salz und Pfeffer würzen. Aus der Hackfleischmasse mit angefeuchteten Händen 4 flache Burger in Größe der Brötchen formen und beiseitelegen.

3. Vom Salat die welken Blätter entfernen. Salatblätter vorsichtig vom Strunk lösen, gründlich waschen, gut abtropfen lassen und trocken tupfen. Brötchen waagerecht halbieren.

4. Die beiseitegelegten Burger mit Öl bestreichen und auf dem heißen Grill unter Wenden etwa 10 Minuten grillen. Die Brötchenhälften mit der Schnittfläche nach unten ebenfalls auf den Grill legen und etwa 5 Minuten grillen.

5. Die unteren Brötchenhälften zuerst mit den Salatblättern, dann mit den Burgern belegen. Jeweils 1 Esslöffel Chilisauce darauf verteilen. Die oberen Brötchenhälften darauflegen und sofort servieren. Restliche Chilisauce dazureichen.

Tipp: Geflügelburger zusätzlich mit dünnen Gurken-, Tomaten- und Käsescheiben belegen. Geflügelhackfleisch kann durch Rindergehacktes ersetzt werden.

Gemüsesalat mit Knoblauchdressing I

Etwas aufwändiger

Pro Portion:
E: 7 g, F: 11 g, Kh: 25 g, kJ: 953, kcal: 229

Für den Gemüsesalat:
- *2 mittelgroße Köpfe Blumenkohl*
- *5–6 Möhren*
- *300 g grüne Bohnen*
- *300 g TK-Erbsen*
- *Salz*
- *3 Zwiebeln*
- *3 rote Paprikaschoten*
- *600 g gekochte Kartoffeln*

Für das Dressing:
- *5–6 Knoblauchzehen*
- *500–600 g leichte Salatcreme*
- *150 g Joghurt*
- *3 EL mittelscharfer Senf*
- *Saft von*
- *1 Zitrone*
- *Salz, frisch gemahlener Pfeffer*
- *1 gestr. TL Zucker*
- *1–2 Msp. Cayennepfeffer*

Zum Bestreuen:
- *2 Bund Petersilie*

Zubereitungszeit: 90 Minuten, ohne Durchziehzeit

1. Für den Gemüsesalat vom Blumenkohl die Blätter und schlechten Stellen entfernen, den Strunk abschneiden. Den Blumenkohl in kleine Röschen teilen, waschen und abtropfen lassen. Möhren putzen, schälen, waschen und abtropfen lassen. Möhren in dünne Scheiben schneiden. Von den Bohnen die Enden abschneiden, die Bohnen evtl. abfädeln, waschen, abtropfen lassen und in Stücke schneiden oder brechen.

2. Das vorbereitete Gemüse und die Erbsen nacheinander in Salzwasser bissfest kochen, mit kaltem Wasser abschrecken, gut abtropfen lassen und in eine große Schüssel geben.

3. Zwiebeln abziehen und fein würfeln. Paprikaschoten halbieren, entstielen, entkernen und die weißen Scheidewände entfernen. Schoten waschen, abtropfen lassen und in feine Würfel schneiden. Kartoffeln ebenfalls würfeln, mit Zwiebel- und Paprikawürfel zum Gemüse geben. Zutaten vorsichtig miteinander vermischen.

4. Für das Dressing Knoblauchzehen abziehen, fein hacken oder durch eine Knoblauchpresse drücken. Knoblauch mit Salatcreme, Joghurt, Senf und Zitronensaft in eine Schüssel geben und mit dem Schneebesen glattrühren. Die Sauce mit Salz, Pfeffer, Zucker und Cayennepfeffer würzen.

5. Den Gemüsesalat mit dem Dressing vermengen und im Kühlschrank etwas durchziehen lassen. Petersilie abspülen, trocken tupfen und die Blättchen von den Stängeln zupfen. Blättchen fein hacken. Den Salat vor dem Servieren mit Petersilie bestreuen.

Gemüsespieße | Vegetarisch

Pro Portion:
E: 9 g, F: 24 g, Kh: 5 g, kJ: 1147, kcal: 273

16 Cocktailtomaten
Salz
frisch gemahlener Pfeffer
gerebelter Thymian
150 g Schafkäse
8 Oliven
1 kleine Aubergine (etwa 250 g)
1 kleine Zucchini (etwa 150 g)
8 EL Olivenöl
gerebelter Oregano
2 TL Zitronensaft
1 kleine Salatgurke (etwa 600 g)
150 g Champignons
30 g Butter
frisch gehackte Minze oder Petersilie

Außerdem:
4–6 Metallspieße
Alufolie

Zubereitungszeit: 30 Minuten
Grillzeit: etwa 10 Minuten

1. Die Cocktailtomaten waschen, abtropfen lassen und jeweils einen Deckel abschneiden. Die Tomaten mit einem Teelöffel aushöhlen, mit Salz, Pfeffer und Thymian bestreuen. Den Schafkäse in Würfel schneiden. Jede Tomate mit einem Schafkäsewürfel füllen.

2. Die Oliven halbieren und die Tomate mit jeweils 1/2 Olive schließen. Aubergine und Zucchini waschen, abtropfen lassen und die Enden abschneiden. Zucchini und Aubergine längs halbieren und in etwa 2 cm große Würfel schneiden.

3. Das Öl mit Salz, Pfeffer, Oregano und Zitronensaft verrühren. Die Auberginen- und Zucchiniwürfel mit dem Öl vermengen, etwas durchziehen lassen. Die Gurke waschen, halbieren und abtrocknen. Gurke in etwa 3 cm dicke Stücke schneiden, mit Salz und Pfeffer bestreuen.

4. Die Champignons putzen, mit Küchenpapier abreiben, evtl. abspülen und trocken tupfen. Größere Champignons evtl. halbieren. Butter zerlassen, die Champignons darin kurz andünsten, mit Salz und Pfeffer würzen, mit Minze oder Petersilie bestreuen. Abwechselnd die Cocktailtomaten, Auberginen, Zucchini, Gurken und Champignons auf Spieße stecken, mit dem restlichen Öl (von den Auberginen und Zucchini) bestreichen, auf dem heißen Grill (mit Alufolie belegt) etwa 10 Minuten grillen, zwischendurch wenden.

Tipp: Dazu passt Fladen- oder Weißbrot und ein griechischer Rotwein.

Gemüsetaler mit Dip | Für Gäste

26 Stück

Pro Stück:
E: 2 g, F: 6 g, Kh: 5 g, kJ: 379, kcal: 91

200 g	*Kartoffeln*
200 g	*Möhren*
200 g	*Sojasprossen*
1	*Zwiebel*
3 Scheiben	*Toastbrot*
1	*Ei (Größe M)*
	Kräutersalz
	frisch gemahlener Pfeffer
	Paprikapulver edelsüß
4 EL	*Semmelbrösel*

Für den Quark-Kräuter-Dip:

250 g	*Speisequark (Magerstufe)*
6 EL	*Schlagsahne*
je 1 EL	*fein gehackter Dill, Schnittlauch und Petersilie*
125 ml (1/8 l)	*Speiseöl, z. B. Sonnenblumenöl*
einige	*Dillzweige*

Zubereitungszeit: 40 Minuten

1. Kartoffeln und Möhren schälen, abspülen, abtropfen lassen und fein raspeln. Sojasprossen verlesen, waschen, gut abtropfen lassen und hacken.

2. Zwiebel abziehen und fein hacken. Toastbrot im Blitzhacker oder Mixer zerkleinern. Das Gemüse und die Toastbrotbrösel mit Ei vermischen, mit Kräutersalz, Pfeffer und Paprikapulver würzen.

3. Die Gemüsemasse zu einer Rolle formen, davon etwa 1 cm dicke Scheiben abschneiden, diese in Semmelbröseln wenden.

4. Für den Dip Quark mit Sahne, Dill, Schnittlauch und Petersilie verrühren. Mit Kräutersalz, Pfeffer und Paprikapulver abschmecken.

5. Die Gemüsetaler in heißem Öl bei schwacher Hitze etwa 10 Minuten braten, anschließend auf Küchenpapier abtropfen lassen. Danach auf jeden Gemüsetaler etwas Dip geben und die Gemüsetaler nach Belieben mit abgespülten und trocken getupften Dillsträußchen garnieren.

Gewürz-Fladenbrote | Gut vorzubereiten

2 Brote (je 450 g)

Insgesamt:
E: 83 g, F: 17 g, Kh: 389 g, kJ: 8640, kcal: 2064

Für den Hefeteig:

450 g Vollkorn-Weizenmehl
150 g Roggenschrot
1 Pck. (42 g) frische Hefe
1 TL Zucker
150 ml lauwarme Buttermilch
200 ml lauwarmes Wasser
1 gestr. TL Salz
je 1/2 TL frisch geriebene Muskatnuss und gemahlene Nelken
2 gestr. TL gemahlener Koriander

Zum Bestäuben:

etwas Vollkorn-Weizenmehl

Zubereitungszeit: 45 Minuten, ohne Teiggehzeit
Backzeit: etwa 20 Minuten je Backblech

1. Für den Teig Mehl und Roggenschrot in eine Rührschüssel geben. In die Mitte eine Vertiefung drücken und die Hefe hineinbröckeln. Zucker und etwas Buttermilch hinzufügen, mit einem kleinen Teil des Mehls mit einer Gabel vorsichtig verrühren und 5–10 Minuten gehen lassen.

2. Restliche Zutaten hinzufügen, mit Handrührgerät mit Knethaken zunächst kurz auf niedrigster, dann auf höchster Stufe in etwa 5 Minuten zu einem glatten Teig verarbeiten. Teig mit Vollkorn-Weizenmehl bestäuben und zugedeckt so lange an einem warmen Ort gehen lassen, bis er sich sichtbar vergrößert hat (etwa 30 Minuten).

3. Den gegangenen Teig mit Mehl bestäuben, aus der Schüssel nehmen, auf einer bemehlten Arbeitsfläche nochmals gut durchkneten. Teig halbieren, je zu einer Kugel formen. Teigkugeln jeweils zu einer runden Platte (⌀ etwa 20 cm) ausrollen und auf Backbleche (mit Backpapier belegt) legen. Die Teigplatten mit einem scharfen Messer rautenförmig einschneiden (nicht drücken).

4. Den Backofen vorheizen. Die Teigplatten nochmals zugedeckt so lange an einem warmen Ort gehen lassen, bis sie sich sichtbar vergrößert haben (etwa 20 Minuten). Die Backbleche nacheinander (bei Heißluft zusammen) in den vorgeheizten Backofen schieben.

Ober-/Unterhitze: etwa 200 °C
Heißluft: etwa 180 °C
Backzeit: etwa 20 Minuten je Backblech.

5. Die Fladenbrote vom Backblech nehmen und auf einem Kuchenrost erkalten lassen.

Glasierte Hähnchenflügel | Einfach

Pro Portion:
E: 20 g, F: 12 g, Kh: 7 g, kJ: 891, kcal: 213

etwa 40 frische oder TK-Hähnchenflügel

Für die Marinade:
4 TL Sojasauce
4 EL flüssiger Honig
1 TL gemahlener Ingwer
2 TL Chili-Pfeffer
Salz, frisch gemahlener Pfeffer
gemahlener Koriander
etwas Weißweinessig oder Zitronensaft

Außerdem:
Alu-Grillschalen

Zubereitungszeit: 30 Minuten, ohne Marinierzeit
Grillzeit: 15–20 Minuten

1. Hähnchenflügel unter fließendem kalten Wasser abspülen, trocken tupfen und in eine flache Schale legen.

2. Für die Marinade Sojasauce, Honig, Ingwer, Chili-Pfeffer, Salz, Pfeffer, Koriander und Essig oder Zitronensaft gut verrühren. Die Hähnchenflügel damit bestreichen und etwas durchziehen lassen.

3. Die Hähnchenflügel in Grillschalen legen und auf dem heißen Grill unter mehrmaligem Wenden 15–20 Minuten grillen. Die Hähnchenflügel während des Grillens häufig mit der Marinade bestreichen.

Gnocchi-Salat | Raffiniert

Pro Portion:
E: 12 g, F: 23 g, Kh: 43 g, kJ: 1824, kcal: 436

1 kg gegarte Gnocchi (aus dem Kühlregal)
600 g Staudensellerie
400 g grüne Weintrauben
200 g Radicchio
150 g Blauschimmel-Käse

Für die Sauce:
400 g Schlagsahne
6 EL Zitronensaft
2 EL Zucker
Salz, frisch gemahlener Pfeffer

100 g Walnusskerne

1. Gnocchi in eine große Schüssel geben. Staudensellerie putzen, die harten Außenfäden abziehen. Sellerie waschen und abtropfen lassen. Stangen und Blätter fein zerschneiden.

2. Weintrauben waschen, abtropfen lassen und entstielen. Radicchio putzen, halbieren, die Blätter vom Strunk lösen und in Stücke zupfen. Radicchio waschen und abtropfen lassen. Blauschimmel-Käse klein schneiden. Die vorbereiteten Salatzutaten zu den Gnocchi in die Schüssel geben.

3. Für die Sauce Sahne, Zitronensaft, Zucker, Salz und Pfeffer verrühren und mit den Salatzutaten vermischen. Salat kurz durchziehen lassen und nochmals abschmecken.

4. Den Salat kurz vor dem Servieren mit halbierten Walnusskernen bestreuen.

Zubereitungszeit: 30 Minuten, ohne Durchziehzeit

Goldbarschfilet „Hongkong" I
Gut vorzubereiten

Pro Portion:
E: 19 g, F: 13 g, Kh: 5 g, kJ: 968, kcal: 231

Für die Marinade:

3 EL Zitronensaft
5 EL Sesamöl
3 EL Sojasauce
1 EL Mango-Chutney
Salz, frisch gemahlener Pfeffer
½ TL frisch geriebene Ingwerwurzel
etwas flüssiger Honig

4 Goldbarschfilets (je etwa 180 g)

Außerdem:

Alu-Grillschale

Zubereitungszeit: 25 Minuten, ohne Marinierzeit
Grillzeit: 6–8 Minuten

1. Für die Marinade Zitronensaft, Sesamöl und Sojasauce verrühren, mit Mango-Chutney, Salz, Pfeffer und Ingwer würzen und mit Honig abschmecken.

2. Die Fischfilets unter fließendem kalten Wasser abspülen, trocken tupfen, mit der Marinade bestreichen und zugedeckt etwa 2 Stunden durchziehen lassen. Die Fischfilets zwischendurch wenden.

3. Die Fischfiletstücke aus der Marinade nehmen, etwas trocken tupfen und in eine Alu-Grillschale legen. Danach die Grillschale auf den heißen Grillrost stellen.

4. Die Fischfilets von jeder Seite 6–8 Minuten grillen und zwischendurch mit der Marinade bestreichen.

Goldbrasse | Für Gäste

Pro Portion:
E: 43 g, F: 25 g, Kh: 5 g, kJ: 1756, kcal: 419

4 kleine küchenfertige Goldbrassen (je 350–400 g)
8 Tomaten (etwa 800 g)
1 große Zwiebel
4 Zweige Thymian
1 kleiner Topf Basilikum
4 EL Olivenöl
Salz
frisch gemahlener Pfeffer
Zitronensaft
etwas Olivenöl

Außerdem:
Rouladennadeln

Zubereitungszeit: 25 Minuten, ohne Abkühl- und Durchziehzeit
Grillzeit: etwa 30 Minuten

1. Von den Goldbrassen die Bauch- und Rückenflossen mit einer Schere abschneiden. Goldbrassen innen und außen unter fließendem kalten Wasser abspülen und trocken tupfen.

2. Tomaten waschen, kreuzweise einschneiden und einige Sekunden in kochendes Wasser legen. Tomaten kurz in kaltes Wasser legen, abtropfen lassen, enthäuten, halbieren, entkernen und die Stängelansätze entfernen. Tomaten vierteln.

3. Zwiebel abziehen und fein würfeln. Thymian und Basilikum abspülen und trocken tupfen. Die Blättchen von den Stängeln zupfen, Blättchen fein hacken.

4. Olivenöl in einem Topf erhitzen. Zwiebelwürfel darin glasig dünsten. Tomatenviertel und Kräuter hinzugeben, etwa 3 Minuten mit andünsten. Mit Salz und Pfeffer würzen, erkalten lassen.

5. Goldbrassen innen und außen mit Salz und Pfeffer einreiben. Mit Zitronensaft beträufeln. Etwas von der Tomaten-Kräuter-Masse in die Bauchhöhlen der Brassen füllen, restliche Masse beiseitestellen. Schnittstellen mit Rouladennadeln feststecken. Goldbrassen in eine flache Schale legen und zugedeckt etwa 2 Stunden im Kühlschrank durchziehen lassen.

6. Die Goldbrassen dünn mit Öl bestreichen und auf dem heißen Grill etwa 30 Minuten grillen, zwischendurch den Fisch vorsichtig wenden.

7. Restliche Tomaten-Kräuter-Masse erwärmen und mit dem Fisch servieren.

Griechische Käsecreme | Schnell

Insgesamt:
E: 25 g, F: 57 g, Kh: 13 g, kJ: 2782, kcal: 663

100 g Schafkäse
200 g Sahne-Dickmilch
1 Knoblauchzehe
10 schwarze Oliven
1 Frühlingszwiebel
Salz, frisch gemahlener Pfeffer

Zubereitungszeit: 15 Minuten

1. Schafkäse mit einer Gabel zerdrücken, mit Dickmilch vermengen, in einen Rührbecher geben und pürieren.

2. Knoblauch abziehen und zerdrücken. Oliven entkernen und fein hacken.

3. Frühlingszwiebel putzen, waschen, abtropfen lassen und in Scheiben schneiden. Knoblauch, Oliven und Frühlingszwiebelscheiben unter die Püreemasse rühren. Mit Salz und Pfeffer würzen und kalt stellen.

Beilage: Gegrilltes Lammfleisch.

Griechischer Bauernsalat

Beliebt

Pro Portion:
E: 2 g, F: 21 g, Kh: 6 g, kJ: 965, kcal: 231

375 g Salatgurken
400 g Tomaten
125 g Gemüsezwiebel
75 g schwarze Oliven
200 g griechischer Schafkäse

Für die Sauce:
2 EL Weißweinessig
Salz, frisch gemahlener Pfeffer
Zucker
5 EL Olivenöl
frische Majoranblättchen

Zubereitungszeit: 20 Minuten

1. Gurken schälen und die Enden abschneiden. Gurken längs halbieren, evtl. die Kerne mit einem Löffel herausschaben. Gurken in dünne Scheiben schneiden. Tomaten abspülen, abtrocknen und die Stängelansätze herausschneiden. Tomaten in Stücke schneiden.

2. Gemüsezwiebel abziehen und in dünne Scheiben schneiden. Oliven in einem Sieb abtropfen lassen. Schafkäse in dünne Scheiben schneiden. Die vorbereiteten Salatzutaten auf einer großen Platte anrichten.

3. Für die Sauce Essig mit Salz, Pfeffer und Zucker verrühren. Öl unterschlagen. Die Sauce über die Salatzutaten geben und mit abgespülten, trocken getupften Majoranblättchen bestreuen.

Tipp: Den griechischen Bauernsalat als kleines Gericht, z. B. mit aufgebackenem Pide (Fladenbrot) servieren.

Grillschnitzel mit Rosinenmarinade | Mit Alkohol

Pro Portion:
E: 41 g, F: 30 g, Kh: 33 g, kJ: 2752, kcal: 656

150 g Tomatenmark
250 ml (1/4 l) Rotwein
1 TL Ahornsirup
2 EL Calvados
100 g Rosinen
Salz
frisch gemahlener Pfeffer
4 Schweineschnitzel
1 säuerlicher Apfel
50 g Rosinen
20 g Butterflöckchen
6 EL Crème fraîche

Außerdem:
Alu-Grillschale

Zubereitungszeit: 30 Minuten, ohne Marinierzeit
Grillzeit: 8–10 Minuten

1. Tomatenmark mit Wein, Sirup und Calvados verrühren. Rosinen hinzufügen. Mit Salz und Pfeffer würzen. Schnitzel unter fließendem kalten Wasser abspülen, trocken tupfen, in die Marinade legen und für 6–8 Stunden mit Frischhaltefolie zugedeckt im Kühlschrank durchziehen lassen, ab und zu wenden.

2. Die Schnitzel aus der Marinade nehmen, trocken tupfen, auf den heißen Grillrost legen und von jeder Seite 4–5 Minuten grillen. Die Marinade durch ein Sieb geben.

3. Apfel schälen, das Kerngehäuse mit einem Apfelausstecher entfernen. Den Apfel in etwa 1 cm dicke Scheiben schneiden, mit den Rosinen in eine Alu-Grillschale legen. Mit Butterflöckchen belegen und 2–3 Minuten mit auf den Grillrost stellen.

4. Die Marinade mit Crème fraîche unter Rühren erhitzen (nicht kochen). Die Schnitzel auf 4 Teller verteilen, mit den gegrillten Apfelscheiben und Rosinen und der heißen Sauce servieren.

Grilltomaten | Vegetarisch

Pro Portion:
E: 2 g, F: 6 g, Kh: 5 g, kJ: 361, kcal: 87

4 mittelgroße Tomaten
(je etwa 150 g)
Salz, frisch gemahlener Pfeffer
1 Knoblauchzehe
2 EL Olivenöl
2 Zweige Thymian
10 Basilikumblättchen

Außerdem:
Alufolie

Zubereitungszeit: 25 Minuten
Grillzeit: etwa 10 Minuten

1. Tomaten waschen, abtrocknen, jeweils an der runden Seite kreuzförmig einschneiden, mit Salz und Pfeffer bestreuen.

2. Knoblauchzehe abziehen, durch eine Knoblauchpresse drücken oder sehr fein hacken, mit Öl verrühren.

3. Kräuter abspülen und trocken tupfen. Thymianblättchen abzupfen, mit Basilikumblättchen fein hacken und mit dem Knoblauchöl verrühren.

4. Den Grillrost mit Alufolie belegen. Die Tomaten mit Knoblauch-Kräuter-Öl bestreichen und auf den heißen Grillrost setzen. Die Tomaten nach etwa 5 Minuten Grillzeit erneut mit dem Knoblauch-Kräuter-Öl bestreichen und weitere etwa 5 Minuten grillen.

Grissini | Gut vorzubereiten

etwa 50 Stück

Pro Stück:
E: 1 g, F: 1 g, Kh: 7 g, kJ: 186, kcal: 44

Für den Hefeteig:
1 Pck. (42 g) frische Hefe
250 ml (1/4 l) lauwarmes Wasser
500 g Weizenmehl (Type 405 oder 550)
40 g Butter oder Margarine
1 TL Salz

Zum Bestreichen:
1 Eigelb (Größe M)
1 EL Milch

Zubereitungszeit: 70 Minuten, ohne Teiggehzeit

1. Für den Teig die Hefe zerbröckeln und in dem Wasser auflösen. Mehl in eine Rührschüssel geben. Butter oder Margarine, Salz und die aufgelöste Hefe zugeben.

2. Die Zutaten mit Handrührgerät mit Knethaken zu einem glatten Teig verarbeiten. Den Teig mit Mehl bestäuben und zugedeckt an einem warmen Ort gehen lassen, bis er sich sichtbar vergrößert hat.

3. Teig mit Mehl bestäuben, aus der Schüssel nehmen und auf einer bemehlten Arbeitsfläche nochmals kurz durchkneten.

4. Den Backofen vorheizen. Den Teig in kleine Stücke teilen und zu etwa 20 cm langen, dünnen Rollen formen. Die Teigröllchen auf ein Backblech (mit Backpapier belegt) legen, nochmals etwa 10 Minuten gehen lassen.

5. Zum Bestreichen Eigelb mit Milch verquirlen, die Teigstangen damit bestreichen. Das Backblech in den vorgeheizten Backofen schieben.

Ober-/Unterhitze: etwa 200 °C
Heißluft: etwa 180 °C
Backzeit: 12–15 Minuten.

6. Nach dem Backen die Grissini vom Backblech nehmen und auf einem Kuchenrost erkalten lassen.

Tipp: Grissini ist eine italienische Brotspezialität, die als kleiner Snack mit hauchdünnen Scheiben Parmaschinken umwickelt angeboten wird.
Grissini vor dem Backen mit Sesam, Mohn, grobem Salz oder Kümmel bestreuen.

Grüner Kartoffelsalat | Raffiniert

Pro Portion:
E: 7 g, F: 7 g, Kh: 40 g, kJ: 1091, kcal: 260

1 kg	*festkochende Kartoffeln*
	Salz
etwa 125 ml	
(1/8 l)	*Weißweinessig*
125 ml (1/8 l)	*Fleischbrühe*
1–2 TL	*Zucker*
	frisch gemahlener Pfeffer
1	*Zwiebel*
1 Bund	*Dill*
1 Bund	*Petersilie*
5	*Salbeiblätter*
1 Zweig	*Zitronenmelisse*
1	*kleine Salatgurke*

Zubereitungszeit: 45 Minuten, ohne Durchziehzeit

1. Die Kartoffeln waschen, evtl. abbürsten, in einem Topf mit Salzwasser zum Kochen bringen und 20–25 Minuten gar kochen. Anschließend abgießen, abdämpfen, heiß pellen, erkalten lassen und in Scheiben schneiden.

2. Essig, Fleischbrühe, Zucker, Salz und Pfeffer zum Kochen bringen. Die Zwiebel abziehen, fein würfeln, hinzufügen und kurz aufkochen lassen. Den Sud über die Kartoffelscheiben gießen und vorsichtig unterheben. Die Flüssigkeit muss von den Kartoffeln vollständig aufgesaugt werden, ab und zu vorsichtig durchheben.

3. Die Kräuter abspülen und trocken tupfen. Die Blättchen von den Stängeln zupfen, Blättchen fein hacken.

4. Die Salatgurke schälen, in kleine Würfel schneiden, mit den Kräutern unter die Kartoffelscheiben heben. Den Salat nochmals mit Salz und Pfeffer abschmecken.

Tipp: Saure Sahne oder Crème fraîche dazureichen. Mit halbierten, hart gekochten Eiern garnieren.

Grünes Kräuterdressing mit Buttermilch | Klassisch

Insgesamt:
E: 5 g, F: 21 g, Kh: 11 g, kJ: 1059, kcal: 257

3 Stängel	*Petersilie*
1/2 Kästchen	*Kresse*
125 ml (1/8 l)	*Buttermilch*
1 TL	*flüssiger Honig*
1 TL	*mittelscharfer Senf*
2 EL	*Olivenöl*
	Salz, frisch gemahlener Pfeffer

Zubereitungszeit: etwa 15 Minuten

1. Petersilie abspülen und trocken tupfen. Die Blättchen von den Stängeln zupfen. Blättchen grob hacken. Kresse abspülen, abschneiden, trocken tupfen und 1 Teelöffel zum Garnieren beiseitelegen.

2. Kräuter, Buttermilch, Honig, Senf und Olivenöl in einen hohen Rührbecher geben und das Ganze pürieren.

3. Dressing mit Salz und Pfeffer abschmecken und mit der beiseitegelegten Kresse garnieren.

Gurkensalat | Schnell

Pro Portion:
E: 1 g, F: 1 g, Kh: 3 g, kJ: 92, kcal: 21

2 mittelgroße Salatgurken (je etwa 400 g)

Für das Dressing:

2 EL Kräuteressig
1 EL gehackte, frische Kräuter, z. B. Petersilie, Dill
Salz
3 EL Speiseöl z. B. Sonnenblumenöl
frisch gemahlener Pfeffer

Zubereitungszeit: 20 Minuten, ohne Durchziehzeit

1. Gurken schälen und die Enden abschneiden. Gurken in dünne Scheiben schneiden oder hobeln.

2. Essig mit Kräutern und etwas Salz verrühren, Öl unterschlagen, mit Pfeffer würzen.

3. Das Dressing zu den Gurkenscheiben geben und gut vermengen. Den Salat evtl. nochmals abschmecken.

Abwandlung: Gurkensalat mit Sauerrahm. Dafür die Gurken wie unter Punkt 1 im Rezept beschrieben vorbereiten. 1 Bund Dill abspülen und und trocken tupfen. Die Spitzen von den Stängeln zupfen. Spitzen klein schneiden. Dill mit 4 Esslöffeln saurer Sahne oder Schmand (Sauerrahm) verrühren. Das Dressing mit Salz und Pfeffer abschmecken und in einer Schüssel mit den Gurkenscheiben vermengen.

Haferstangen mit Joghurt I

Gut vorzubereiten

Insgesamt:
E: 82 g, F: 23 g, Kh: 437 g, kJ: 10127, kcal: 2422

Für den Hefeteig:
450 g Weizenmehl (Type 550)
1 Pck. (42 g) frische Hefe
1 gestr. TL Zucker
200 ml lauwarmes Wasser
2 TL Salz
150 g Joghurt
150 g kernige Haferflocken

Zum Bestäuben und Bestreuen:
etwas Weizenmehl
2 EL grobe Haferflocken

Zubereitungszeit: 50 Minuten, ohne Teiggehzeit
Backzeit: etwa 30 Minuten

1. Für den Teig Mehl in eine Rührschüssel geben. In die Mitte eine Vertiefung drücken. Hefe hineinbröckeln, Zucker und etwas Wasser hinzufügen. Mit einer Gabel vorsichtig verrühren, etwa 10 Minuten gehen lassen.

2. Salz, Joghurt und restliches Wasser hinzufügen, alles mit Handrührgerät mit Knethaken zunächst auf niedrigster, dann auf höchster Stufe in etwa 5 Minuten zu einem glatten Teig verarbeiten. Zum Schluss die Haferflocken unterkneten. Den Teig mit Mehl bestäuben und zugedeckt so lange an einem warmen Ort stehen lassen, bis er sich sichtbar vergrößert hat.

3. Den gegangenen Teig nochmals mit Mehl bestäuben, aus der Schüssel nehmen, auf einer bemehlten Arbeitsfläche nochmals kurz durchkneten.

4. Aus dem Teig 3 Stangen (je etwa 35 cm Länge) formen und auf ein Backblech (mit Backpapier belegt) legen. Die Teigoberfläche mehrmals mit einem Messer tief einschneiden, mit Wasser bestreichen und mit Haferflocken bestreuen. Teigstangen nochmals so lange an einem warmen Ort gehen lassen, bis sie sich sichtbar vergrößert haben. Während der Teiggehzeit den Backofen vorheizen. Das Backblech in den vorgeheizten Backofen schieben.

Ober-/Unterhitze: etwa 200 °C
Heißluft: etwa 180 °C
Backzeit: etwa 30 Minuten.

5. Die Haferstangen vom Backblech nehmen und auf einem Kuchenrost erkalten lassen.

Tipp: Sie können auch Leinsamen, Sonnenblumen- oder Kürbiskerne auf die Teigstangen streuen.

Hähnchenbrust | Gut vorzubereiten

Pro Portion:
E: 40 g, F: 11 g, Kh: 28 g, kJ: 1599, kcal: 382

12 mittelgroße Kartoffeln (etwa 600 g)
Salz

Für die Marinade:
1 Gemüsezwiebel (etwa 300 g)
2 Knoblauchzehen
1 rote und grüne, milde Chilischote (je etwa 75 g)
je 1 Bund glatte Petersilie und Koriander
1 eingelegte Ingwerpflaume (in Sirup eingelegter Ingwer)
4 EL Olivenöl

4 Hähnchenbrustfilets (je etwa 150 g)
frisch gemahlener Pfeffer

Zubereitungszeit: 45 Minuten, ohne Abkühl- und Marinierzeit
Grillzeit: etwa 15 Minuten

1. Kartoffeln waschen, evtl. mit einer Bürste abbürsten. Kartoffeln in einem Topf mit Salzwasser bedeckt zum Kochen bringen und zugedeckt etwa 20 Minuten kochen lassen. Kartoffeln abgießen, abtropfen und erkalten lassen.

2. Für die Marinade Zwiebel und Knoblauchzehen abziehen. Chilischoten abspülen und trocken tupfen. Schote längs halbieren, entkernen und Stängelansätze abschneiden. Petersilie und Koriander abspülen, trocken tupfen und die Blättchen von den Stängeln zupfen (einige Stängel zum Garnieren beiseitelegen). Von den restlichen Stängeln die Blättchen abzupfen. Blättchen klein schneiden.

3. Zwiebel, Knoblauchzehen, Chilischoten und die Ingwerpflaume fein würfeln. Olivenöl in einer Pfanne erhitzen, die Gemüsewürfel darin andünsten. Kräuter unterrühren und die Marinade erkalten lassen.

4. Hähnchenbrustfilets unter fließendem kalten Wasser abspülen und trocken tupfen. Die Filets auf der Oberseite mit einem scharfen Messer mehrmals rautenförmig einschneiden und in eine große, flache Schale legen.

5. Kartoffeln längs halbieren und zu den Filets in die Schale geben. Filets und Kartoffelhälften mit der Hälfte der Marinade bestreichen, etwa 2 Stunden im Kühlschrank marinieren. Restliche Sauce beiseitestellen.

6. Marinade von den Hähnchenbrustfilets und Kartoffeln abstreifen. Filets und Kartoffeln auf dem heißen Grill unter gelegentlichem Wenden etwa 15 Minuten grillen, mit Salz und Pfeffer bestreuen. Nach Belieben mit der beiseitegestellten Marinade und den beiseitegelegten Kräuterstängeln servieren.

Hähnchenbrustfilet in Joghurt-Marinade | Mit Alkohol

Pro Portion:
E: 1 g, F: 1 g, Kh: 2 g, kJ: 86, kcal: 21

8 kleine Hähnchenbrustfilets

Für die Joghurt-Marinade:
150 g Joghurt
Salz
frisch gemahlener Pfeffer
etwas gemahlener Koriander
1 TL Currypulver
2 Knoblauchzehen
2 rote Chilischoten
1 EL Reiswein

Außerdem:
Alu-Grillschale

Zubereitungszeit: 45 Minuten, ohne Marinierzeit
Grillzeit: 15–20 Minuten

1. Hähnchenbrustfilets unter kalten Wasser abspülen, trocken tupfen und in eine flache Schale legen.

2. Für die Marinade Joghurt mit Salz, Pfeffer, Koriander und Curry verrühren. Knoblauch abziehen und durch eine Knoblauchpresse drücken. Chilischoten abspülen, trocken tupfen, halbieren, entstielen, entkernen und in Streifen schneiden. Chilistreifen, Knoblauch und Reiswein unter den Joghurt rühren.

3. Die Hähnchenbrustfilets mit der Marinade bestreichen und zugedeckt über Nacht kalt stellen.

4. Die Hähnchenbrustfilets aus der Schale nehmen und in eine Grillschale legen. Die Grillschale auf den heißen Grillrost stellen. Die Hähnchenbrustfilets unter mehrmaligem Wenden 15–20 Minuten grillen.

Hähnchenbrustfilet, nach mediterraner Art | Gut vorzubereiten

Pro Portion:
E: 47 g, F: 11 g, Kh: 1 g, kJ: 1210, kcal: 289

Für die Marinade:

1 kleiner
Topf frisches Basilikum
1 Glas grüne Oliven, ohne Stein (Abtropfgewicht 90 g)
6 Sardellenfilets
1 kleine, getrocknete Peperoni
6 EL Olivenöl

10 Hähnchenbrustfilets (je 130–150 g)

Zum Bestreuen:
frisch gemahlener, bunter Pfeffer

Zubereitungszeit: 45 Minuten
Grillzeit: 10–15 Minuten

1. Für die Marinade Basilikum abspülen und trocken tupfen. Die Blättchen von den Stängeln zupfen.

2. Oliven in einem Sieb abtropfen lassen. Oliven, Sardellenfilets und Peperoni fein hacken und in eine Schüssel geben. Olivenöl und Basilikumblättchen hinzufügen. Die Zutaten gut verrühren.

3. Hähnchenbrustfilets unter fließendem kalten Wasser abspülen, trocken tupfen und auf dem heißen Grill von beiden Seiten 10–15 Minuten grillen.

4. Die Hähnchenbrustfilets mit Pfeffer bestreuen und mit der Marinade bestreichen.

Tipp: Die Hähnchenbrustfilets können schon am Vortag mariniert werden. Dazu trocken getupfte Filets in eine flache Schale legen, mit buntem Pfeffer bestreuen und mit der Marinade bestreichen. Die Filets mit Klarsichtfolie zugedeckt im Kühlschrank aufbewahren.

Beilage: Salat und Baguettescheiben.

Hähnchenbrustfilets am Zitronengrasspieß | Gut vorzubereiten

Pro Portion:
E: 36 g, F: 3 g, Kh: 7 g, kJ: 856, kcal: 205

600 g Hähnchenbrustfilets
200–240 g frische Ananas (am Stück, vorbereitet gewogen)
4 Stängel Zitronengras

Für die Marinade:
1 kleines Stück eingelegte Ingwerpflaume (in Sirup eingelegter Ingwer) oder etwas gemahlener Ingwer
100 g weiche Butter
½ TL Ingwersirup
frisch gemahlener Pfeffer

Salz

Zubereitungszeit: 40 Minuten, ohne Marinierzeit
Grillzeit: etwa 15 Minuten

1. Hähnchenbrustfilets unter fließendem kalten Wasser abspülen und trocken tupfen. Die Filets jeweils in 3 Stücke schneiden. Ananas in 8 gleich große Stücke schneiden.

2. Je die zwei Hüllen der Zitronengrashalme abziehen und die dünneren Enden mit einem Messer anspitzen.

3. Für die Marinade Ingwerpflaume zuerst klein schneiden, dann fein hacken und in eine Schüssel geben. Butter und Sirup verrühren. Mit Pfeffer würzen.

4. Fleisch- und Ananasstücke evtl. in der Mitte mit Hilfe eines Metallschaschlikspießes durchstechen, dann abwechselnd auf die Zitronengrasspieße stecken (je Spieß 3 Fleisch- und 2 Ananasstücke, darauf achten, dass die Stücke nicht auseinanderbrechen). Die Spieße mit der Marinade bestreichen, in eine flache Schale legen und zugedeckt etwa 2 Stunden im Kühlschrank marinieren.

5. Die Spieße aus der Marinade nehmen und auf dem heißen Grill unter mehrmaligem Wenden etwa 15 Minuten grillen. Mit Salz und Pfeffer würzen.

Hähnchenkeulen, feurige | Pikant

Pro Portion:
E: 33 g, F: 29 g, Kh: 3 g, kJ: 1707, kcal: 408

8 Hähnchenkeulen (je etwa 180 g)

Für die Marinade:
12 EL Thai-Chilisauce, scharf und süß
2 TL Rosmarinnadeln
etwas gemahlener Ingwer

Außerdem:
Alufolie

Zubereitungszeit: 35 Minuten, ohne Marinier- und Ruhezeit
Grillzeit: etwa 30 Minuten

1. Hähnchenkeulen unter fließendem kalten Wasser abspülen, trocken tupfen und in eine flache Schale legen.

2. Für die Marinade Chilisauce mit Rosmarinnadeln und Ingwer verrühren. Die Hähnchenkeulen damit bestreichen. Zugedeckt 2–3 Stunden durchziehen lassen.

3. Jeweils 1 Hähnchenkeule auf je ein Stück Alufolie legen. Hähnchenkeule mit etwas von der Marinade übergießen und in die Alufolie einpacken.

4. Die Hähnchenkeulen-Päckchen auf den heißen Grill legen und unter gelegentlichem Wenden etwa 30 Minuten grillen. Die Hähnchenkeulen in der Alufolie eine Zeit lang ruhen lassen. Dann die Folie öffnen und die Hähnchenkeulen herausnehmen.

Beilage: Fladenbrot und Eisbergsalat.

Hähnchenstücke in Soja und Mango mariniert | Exotisch

Pro Portion:
E: 40 g, F: 10 g, Kh: 4 g, kJ: 1152, kcal: 275

5 Hähnchenkeulen (je etwa 150 g)
6 Hähnchenbrustfilets (je etwa 140 g)

Für die Marinade:
1 kleines Glas Mango-Chutney (Einwaage 80–100 g)
6 EL Nuss- oder Speiseöl
3 EL Sojasauce
1 Bund oder Topf frischer Koriander oder 1 gestr. TL gemahlener Koriander

Zum Bestreuen:
frisch gemahlener Pfeffer

Zubereitungszeit: 75 Minuten, ohne Marinierzeit
Grillzeit: etwa 10 Minuten

1. Hähnchenkeulen und Hähnchenbrustfilets unter fließendem kalten Wasser abspülen und trocken tupfen. Hähnchenkeulen im Gelenk halbieren. Hähnchenbrustfilets mit einem scharfen Messer in 3 etwa gleich große Stücke schneiden. Das Hähnchenfleisch in eine flache Schale legen.

2. Für die Marinade Mango-Chutney, Nuss- oder Speiseöl und Sojasauce gut verrühren. Koriander abspülen, trocken tupfen, fein hacken und unterrühren.

3. Das Hähnchenfleisch mit Pfeffer bestreuen. Die Marinade darauf verteilen. Mit Klarsichtfolie zugedeckt im Kühlschrank über Nacht durchziehen lassen.

4. Das Hähnchenfleisch auf den heißen Grill legen und unter gelegentlichem Wenden etwa 10 Minuten grillen.

Beilage: Servieren Sie das gegrillte Hähnchenfleisch mit einem Gurkensalat in Joghurt-Minze. Dafür 3 Salatgurken waschen, längs halbieren, mit einem Teelöffel das Kerngehäuse entfernen. Die Enden der Gurkenhälften abschneiden und ebenfalls entfernen. Die Gurkenstücke in dickere Scheiben schneiden, mit Salz und frisch gemahlenem Pfeffer würzen.
2 Becher (je 150 g) Joghurt unterrühren. 1 Bund Minze abspülen, trocken tupfen, fein hacken und zum Salat geben. Den Gurkensalat zugedeckt im Kühlschrank etwa 1 Stunde durchziehen lassen.
Die Gurkenstücke können auch auf dem Gemüsehobel zerteilt werden.

Hähnchen-Zwiebel-Spieße

Raffiniert

Pro Portion:
E: 21 g, F: 3 g, Kh: 11 g, kJ: 668, kcal: 159

Zum Vorbereiten:
32 kleine Zwiebeln
1 EL Kurkuma
Salz

4 Hähnchenbrustfilets (je 160 g)

Für die Marinade:
2 EL flüssiger Honig
2 EL Sojasauce
2 EL Orangensaft
1 Pck. Dr. Oetker Finesse Geriebene Orangenschale
etwas Currypulver
2 EL Speiseöl, z. B. Sonnenblumenöl

Außerdem:
8 Holz- oder Metallspieße
Alu-Grillschale

Zubereitungszeit: 55 Minuten, ohne Marinierzeit
Grillzeit: etwa 15 Minuten

1. Zum Vorbereiten Zwiebeln abziehen. Zwiebeln mit Kurkuma in kochendem Salzwasser etwa 20 Minuten kochen lassen, bis sie weich sind.

2. Hähnchenbrustfilets unter fließendem kalten Wasser abspülen, trocken tupfen und in etwa *2 ½* cm große Würfel schneiden.

3. Für die Marinade Honig mit Sojasauce, Orangensaft und -schale, Curry und Öl verrühren.

4. Abwechselnd Hähnchenbrustfiletwürfel und Zwiebeln auf die Spieße stecken. Die Spieße in eine flache Schale legen und mit der Marinade bestreichen. Mit Frischhaltefolie zugedeckt einige Stunden durchziehen lassen.

5. Die Spieße in die Grillschale legen. Die Grillschale auf den heißen Grill stellen. Die Spieße unter mehrmaligem Wenden etwa 15 Minuten grillen. Während des Grillens die Spieße mehrfach mit der Marinade bestreichen.

Halloumi in Fladenbrottaschen I

Schnell

Pro Stück:
E: 19 g, F: 22 g, Kh: 38 g, kJ: 1781, kcal: 425

Für den Tomatensalat:

6 mittelgroße Tomaten
1 Zwiebel
1–2 EL Olivenöl
1 TL Balsamico-Essig
1 Prise Zucker
Salz
frisch gemahlener Pfeffer
1–2 Stängel Basilikum

1 Pck. Halloumi-Käse (250 g, halbfester Schnittkäse aus Zypern)
4 kleinere ovale Fladenbrote

Außerdem:
evtl. Alufolie

Zubereitungszeit: 20 Minuten
Grillzeit: etwa 5 Minuten

1. Für den Tomatensalat Tomaten waschen, abtrocknen, halbieren und die Stängelansätze herausschneiden. Tomaten in Würfel schneiden. Zwiebel abziehen und fein würfeln. Olivenöl mit Essig verrühren, Zwiebelwürfel unterrühren. Tomatenwürfel unterheben. Tomatensalat mit Zucker, Salz und Pfeffer abschmecken.

2. Basilikum abspülen, trocken tupfen und die Blättchen von den Stängeln zupfen. Blättchen unter den Tomatensalat rühren.

3. Hallumi in 8 Scheiben schneiden und auf dem heißen Grillrost (evtl. mit Alufolie belegt und dünn mit Olivenöl bestrichen) von jeder Seite etwa 2 Minuten grillen. Fladenbrote ebenfalls auf den Grill legen und von jeder Seite etwa 2 Minuten grillen.

4. Fladenbrote seitlich etwa zur Hälfte einschneiden, so dass eine Tasche entsteht. Fladenbrote mit den gegrillten Hallumischeiben und dem Tomatensalat füllen und sofort servieren.

Tipp: Statt kleiner, ovaler Fladenbrote können Sie auch Weizenpitas verwenden, die Sie nach Packungsanleitung im Toaster toasten können.

Halloumi-Marinade | Schnell

Pro Portion:
E: 25 g, F: 46 g, Kh: 0 g, kJ: 2157, kcal: 515

500 g Halloumi-Käse (halbfester Schnittkäse aus Zypern)
1 rote Chilischote
1 Knoblauchzehe
2–3 Stängel Thymian
Salz, frisch gemahlener Pfeffer
100 ml Olivenöl

Zubereitungszeit: 10 Minuten, ohne Durchziehzeit

1. Käse in etwa 2 cm dicke Scheiben schneiden und in eine flache Schale legen. Chilischote abspülen, trocken tupfen und entstielen. Chili in feine Ringe schneiden. Knoblauch abziehen und fein würfeln. Thymian abspülen, trocken tupfen und die Blättchen von den Stängeln zupfen. Blättchen grob hacken.

2. Chili, Knoblauch und Thymianblättchen auf die Käsescheiben streuen. Mit Salz und Pfeffer würzen, mit Olivenöl beträufeln. Den Käse mit Frischhaltefolie zugedeckt etwa 1 Stunde im Kühlschrank durchziehen lassen.

Hamburger | Für Kinder

8 Stück

Pro Portion:
E: 20 g, F: 28 g, Kh: 17 g, kJ: 1762, kcal: 421

1 Brötchen (vom Vortag)
1 Zwiebel
800 g Gehacktes (halb Rind-, halb Schweinefleisch)
Salz
frisch gemahlener Pfeffer
3 EL Speiseöl, z. B. Sonnenblumenöl

einige Salatblätter
2 Tomaten

8 Hamburger-Brötchen
Salatmayonnaise

Außerdem:
evtl. Alufolie

Zubereitungszeit: 35 Minuten
Grillzeit: 12–15 Minuten

1. Das Brötchen in kaltem Wasser einweichen. Zwiebel abziehen und fein würfeln.

2. Gehacktes mit dem gut ausgedrückten Brötchen und Zwiebelwürfeln gut vermengen. Mit Salz und Pfeffer würzen.

3. Aus dem Fleischteig mit angefeuchteten Händen 8 Hamburger formen, flachdrücken und mit Öl bestreichen.

4. Die Hamburger auf den heißen Grill (evtl. mit Alufolie belegt) legen und unter gelegentlichem Wenden 12–15 Minuten grillen.

5. Salatblätter waschen und gut trocken tupfen. Tomaten waschen, abtrocknen und die Stängelansätze herausschneiden. Tomaten in Scheiben schneiden.

6. Brötchen halbieren. Brötchenhälften mit den Schnittseiten kurz auf den heißen Grill legen. Die unteren Brötchenhälften mit Mayonnaise bestreichen, mit je 1 Salatblatt und 2 Tomatenscheiben belegen. Dann je einen Hamburger darauflegen. Mit den oberen Brötchenhälften belegen und etwas andrücken.

Hamburger-Donuts mit Ananas

Für Kinder

Pro Portion:
E: 14 g, F: 16 g, Kh: 10 g, kJ: 1075, kcal: 257

2 Brötchen (vom Vortag)
1 kg Gehacktes (halb Rind-, halb Schweinefleisch)
2 Eier (Größe M)
2 mittelgroße Zwiebeln
4 geh. TL Salz
2 Msp. frisch gemahlener Pfeffer
2 TL Tomatenketchup
etwas Worcestersauce

16 Ananasscheiben (aus der Dose)
etwas Speiseöl, z. B. Sonnenblumenöl

Außerdem:
evtl. Alufolie

Zubereitungszeit: 35 Minuten
Grillzeit: 12–16 Minuten

1. Brötchen in kaltem Wasser einweichen und ausdrücken. Gehacktes in eine Rührschüssel geben. Eier und Brötchen gut unterarbeiten.

2. Zwiebeln abziehen, fein würfeln und zu der Fleischmasse geben. Mit Salz, Pfeffer, Ketchup und Worcestersauce pikant abschmecken.

3. Ananasscheiben in einem Sieb gut abtropfen lassen und trocken tupfen. Jede Scheibe mit dem Fleischteig so umhüllen, dass der Ananasring frei bleibt.

4. Die Donuts auf einen mit Alufolie belegten Grillrost legen. Donuts mit Öl bestreichen und von jeder Seite 6–8 Minuten grillen.

Tipp: Dazu Ketchup servieren.

Harissa (scharfe Chilipaste) I

Pikant

(etwa 600 ml)

100 g getrocknete, rote Chilischoten
4 Knoblauchzehen
4 TL Koriandersamen
4 TL Kreuzkümmelsamen (Cumin)
4 TL Kümmelsamen
2 TL Meersalz
12 EL kaltgepresstes Olivenöl

Zubereitungszeit: 35 Minuten, ohne Durchziehzeit

Insgesamt:
E: 18 g, F: 126 g, Kh: 67 g, kJ: 6129, kcal: 1463

1. Chilischoten in eine Schüssel geben, mit heißem Wasser übergießen und etwa 1 Stunde durchziehen lassen. Schoten in ein Sieb geben und gut abtropfen lassen. Knoblauch abziehen.

2. Chilischoten mit Knoblauch, Koriander-, Kümmelsamen und Salz in eine Schale geben und mit einem Mörser zu einer Paste verarbeiten, oder mit einem Mixstab zerkleinern. 10 Esslöffel Olivenöl unter die Paste rühren, in gründlich gereinigte, gespülte Gläser füllen und das restliche Olivenöl darauf verteilen (versiegeln).

3. Die Gläser mit Twist-off-Deckeln® verschließen. Harissa bis zum Öffnen mindestens 1 Tag kalt, dunkel und trocken aufbewahren.

Tipp: Harissa hält gekühlt und dunkel gestellt etwa 4 Monate. Die Paste ist eine vielseitige Würzpaste, die vielen Gerichten das gewisse Etwas gibt. Sie passt gut zu geschmortem Fleisch, Geflügel oder zu Gemüse. Man verwendet sie auch für mit Safran gewürzte Fischsuppen und Eintöpfe oder zum Würzen von Salatsaucen. Etwas Harissa vermischt mit geschälten, entkernten, klein gehackten Tomaten und 1 Prise Salz ergibt eine würzige Sauce für Kebabs.

Hausgemachter Senf (Grundrezept) I Gut vorzubereiten

4 Gläser (je 200 ml)

Insgesamt:
E: 131 g, F: 145 g, Kh: 203 g, kJ: 11670, kcal: 2790

Zum Vorbereiten:

je 250 g weißes und schwarzes Senfmehl
750 ml (3/4 l) Weißweinessig
Saft von
2 Zitronen

1–2 Knoblauchzehen
etwas Meersalz
5 Schalotten oder 3 kleine Zwiebeln, in sehr kleine Würfel geschnitten
1 EL Kräutersalz
1 1/2 EL fein gehackte Estragonblätter
1 TL frisch gemahlener Pfeffer
je 1/4 TL Zimt und Nelken, gemahlen
1 Prise frisch geriebene Muskatnuss
3 EL flüssiger Blütenhonig
1/2 EL frisch geriebener Meerrettich oder 1/2 EL fein gehackte Brennnesselspitzen

Zubereitungszeit: 25 Minuten, ohne Durchziehzeit

1. Zum Vorbereiten Senfmehl mit Essig und Zitronensaft in einer Porzellan- oder Glasschüssel mischen, quellen lassen und je nach gewünschter Schärfe bis zu 7 Stunden handwarm temperieren (nicht zu mild machen, da die Schärfe (Senföl) konservierend wirkt).

2. Knoblauch abziehen und mit Meersalz in einem Mörser zu einer Paste zerstoßen. Schalotten oder Zwiebeln abziehen und in feine Würfel schneiden. Salz, Estragon, Pfeffer, Zimt, Nelken, Muskat, Honig, Knoblauch, Schalotten- oder Zwiebelwürfel und Meerrettich oder Brennnesselspitzen unter die Senfmehlmasse rühren.

3. Senf in gründlich gereinigte, gespülte Gläser füllen und mit Twist-off-Deckeln® verschließen. Senf mindestens 2 Wochen kalt und dunkel gestellt ziehen lassen. Kühl und dunkel aufbewahrt hält der Senf 2–3 Monate.

Tipp: Der Senf schmeckt vorzüglich zu frischem Brot mit Schinken. Oder nehmen Sie dieses Rezept als Grundlage für andere Senfsaucen, z. B. scharfe oder süße Senfsauce. Statt weißes und schwarzes Senfmehl können Sie auch braunes Senfmehl verwenden.

Abwandlung: Scharfe Senfsauce. Hierfür 1 kleine rote Chilischote abspülen, trocken tupfen, halbieren und entkernen. Chilihälften in sehr kleine Würfel schneiden. 6 Esslöffel hausgemachten Senf (siehe Rezept oben) in eine Schüssel geben, mit Chiliwürfeln, 12 Esslöffeln helle Sojasauce (Superior) und 12 Esslöffeln Sake (japanischer Reiswein) gut verrühren. Die Senfsauce in gründlich gereinigte, gespülte Gläser füllen, fest verschließen und einige Stunden durchziehen lassen. Die Sauce vor dem Gebrauch gut schütteln. Gekühlt und dunkel gestellt ist die Sauce etwa 1 Jahr haltbar.

Heilbutt-Auberginen-Rollen I

Mit Alkohol

Pro Portion:
E: 33 g, F: 16 g, Kh: 7 g, kJ: 1420, kcal: 339

4 Heilbuttkoteletts (je etwa 150 g)
1 Aubergine
Salz, frisch gemahlener Pfeffer
Zitronensaft
Schale von
1/2 Bio-Limette (unbehandelt, ungewachst)
3 EL Wermut (Noilly Prat)
2 EL Sojasauce
1 EL Anislikör
4 EL Sesamöl
frisch gemahlener Pfeffer
2 EL Weizenmehl

Außerdem:

Holzstäbchen
Alufolie

Zubereitungszeit: 30 Minuten, ohne Marinierzeit
Grillzeit: etwa 12 Minuten

1. Heilbuttkoteletts unter fließendem kalten Wasser abspülen und trocken tupfen.

2. Aubergine waschen, abtrocknen und die Enden abschneiden. Aubergine längs in dünne Scheiben schneiden, mit Salz bestreuen, etwa 10 Minuten ziehen lassen, trocken tupfen und mit Zitronensaft beträufeln.

3. Limette heiß abwaschen, abtrocknen und die Schale abreiben.

4. Wermut mit Sojasauce, Anislikör, Limettenschale und Sesamöl verrühren, mit Salz und Pfeffer abschmecken.

5. Heilbuttkoteletts einige Stunden in die Marinade legen, zwischendurch wenden, herausnehmen, trocken tupfen, mit den Auberginenscheiben umwickeln, mit Holzstäbchen feststecken und anschließend mit Mehl bestäuben.

6. Röllchen auf den heißen Grill (evtl. mit Alufolie belegt) legen und etwa 12 Minuten grillen. Zwischendurch wenden und mehrmals mit der Marinade bestreichen.

Heilbutt mit Gemüse | Für Gäste

Pro Portion:
E: 52 g, F: 18 g, Kh: 5 g, kJ: 1788, kcal: 426

8 frische Heilbuttfilets (je 250 g)
500 g Möhren
300 g Knollensellerie
2 Stangen Porree (Lauch)
120 g Butter
1 TL Salz
etwas Zitronensaft und -schale von
1 Bio-Zitrone (unbehandelt, ungewachst)
frisch gemahlener Pfeffer

Außerdem:
8 Bögen Alufolie

Zubereitungszeit: 55 Minuten
Grillzeit: etwa 25 Minuten

1. Heilbuttfilets kurz unter fließendem kalten Wasser abspülen und trocken tupfen.

2. Möhren und Sellerie putzen, schälen und in sehr kleine Würfel schneiden. Porree putzen, die Stangen längs halbieren, gründlich waschen, abtropfen lassen und in Streifen schneiden.

3. Butter in einem Topf zerlassen. Möhren-, Selleriewürfel und Porreestreifen darin andünsten. Mit Salz, Zitronensaft und -schale würzen.

4. Jeweils etwas von der Gemüsemasse auf je einen Bogen Alufolie geben. Je ein Stück Heilbuttfilet darauflegen. Mit Salz und Pfeffer bestreuen. Heilbuttfilet und Gemüse in der Alufolie fest verschließen.

5. Die Gemüse-Heilbuttfilet-Päckchen auf den heißen Grill legen und etwa 25 Minuten unter mehrmaligem Wenden grillen.

6. Heilbutt-Päckchen öffnen und in der Folie servieren.

Kalbssteaks mit Limetten und Gemüsespießen | Etwas teurer

Pro Portion:
E: 45 g, F: 12 g, Kh: 4 g, kJ: 1305, kcal: 311

8 kleine Kalbssteaks aus der Keule (je etwa 100 g)
2 Bio-Limetten (unbehandelt, ungewachst)
8 EL Olivenöl

Für die Gemüsespieße:
1 kleine Zucchini (etwa 200 g)
1 kleine Aubergine (etwa 220 g)
12 kleine Cocktailtomaten (etwa 250 g)
1 Pck. Kräuter der Provence
4 EL Olivenöl

Salz
frisch gemahlener Pfeffer

Nach Belieben:
1 EL rosa Pfefferbeeren

Außerdem:
4 kleine Holz- oder Metallspieße

Zubereitungszeit: 40 Minuten, ohne Marinierzeit
Grillzeit: etwa 10 Minuten

1. Kalbssteaks unter fließendem kalten Wasser abspülen und trocken tupfen. Steaks in eine flache Schale legen. Limetten gründlich heiß abwaschen, abtrocknen und in Spalten schneiden. Limettenspalten auf den Kalbssteaks verteilen. Olivenöl daraufträufeln und mit Frischhaltefolie zugedeckt 1–2 Stunden im Kühlschrank marinieren.

2. Für die Spieße Zucchini und Aubergine waschen und abtrocknen. Von der Zucchini die Enden und von der Aubergine den Stängelansatz abschneiden. Zucchini und Aubergine in mundgerechte Stücke schneiden. Tomaten waschen, abtrocknen und die Stängelansätze entfernen. Das vorbereitete Gemüse in bunter Reihenfolge auf Holz- oder Metallspieße stecken und in eine flache Schale legen. Mit Kräutern der Provence betreuen, mit Olivenöl beträufeln und mit Frischhaltefolie zugedeckt ebenfalls 1–2 Stunden marinieren.

3. Die Kalbssteaks und die Spieße auf dem heißen Grill etwa 10 Minuten grillen, dabei gelegentlich wenden. Kalbssteaks und Gemüsespieße mit Salz und Pfeffer würzen. Kalbssteaks nach Belieben mit Pfefferbeeren bestreuen.

Kalte Currysauce | Einfach

6 Portionen

Insgesamt:
E: 10 g, F: 138 g, Kh: 14 g, kJ: 5552, kcal: 1326

1	*Eigelb (Größe M)*
1–2 TL	*Weißweinessig oder Zitronensaft*
	Salz
1/2–1 TL	*mittelscharfer Senf*
125 ml (1/8 l)	*Speiseöl, z. B. Sonnenblumenöl*
1–2 EL	*Currypulver*
1 EL	*heißes Wasser*
150 g	*Joghurt oder Dickmilch*

Zubereitungszeit: 15 Minuten

1. Eigelb mit Essig oder Zitronensaft, Salz und Senf in eine Rührschüssel geben.

2. Die Zutaten mit Handrührgerät mit Rührbesen zu einer dicklichen Masse aufschlagen.

3. Öl in einem dünnen Strahl nach und nach unterschlagen (bei dieser Zubereitung ist es nicht notwendig, das Öl tröpfchenweise hinzugeben, die mit dem Eigelb vermengten Gewürze verhindern die Gerinnung).

4. Currypulver mit heißem Wasser verrühren. Mit Joghurt oder Dickmilch verrühren und unter die Mayonnaise rühren.

Tipp: Für eine süße Currysauce zusätzlich noch 1–2 Esslöffel durch ein Sieb gestrichene Aprikosenkonfitüre unterrühren.

Kalte Minischnitzel mit Salaten I

Gut vorzubereiten

Pro Portion:
E: 42 g, F: 26 g, Kh: 28 g, kJ: 2198, kcal: 525

8 kleine Schweineschnitzel (je etwa 80 g)
Salz, frisch gemahlener Pfeffer
2 Eier (Größe M)
2 EL Weizenmehl
120 g Semmelbrösel
80 g Butter
2 EL Speiseöl, z. B. Sonnenblumenöl

Für die Salate:
1 kleine Salatgurke (etwa 250 g)
2 EL Schlagsahne
1–2 EL Weißweinessig

4 Möhren (etwa 250 g)
1 EL Zitronensaft
1–2 TL Zucker

2 gelbe Paprikaschoten
2 Bund Radieschen
3 EL Weißweinessig
4–5 EL Olivenöl

Zum Garnieren:
1 Kästchen Kresse

Zubereitungszeit: 45 Minuten, ohne Durchziehzeit

1. Schnitzel unter fließendem kalten Wasser abspülen, trocken tupfen und zwischen Frischhaltefolie flach klopfen. Schnitzel aus der Folie nehmen, mit Salz und Pfeffer bestreuen. Eier in einer flachen Schüssel verschlagen.

2. Die Schnitzel zuerst in Mehl (überschüssiges Mehl abklopfen), dann in den verschlagenen Eiern und zuletzt in den Semmelbröseln wenden, Panade fest andrücken.

3. Butter und Öl in einer großen Pfanne erhitzen. Die Schnitzel darin (evtl. in 2 Portionen) von beiden Seiten etwa 10 Minuten braten, dann herausnehmen und erkalten lassen.

4. Für die Salate Gurke waschen, abtrocknen und die Enden abschneiden. Gurke mit Hilfe eines Gemüsehobels dünn hobeln, in eine Schüssel geben, mit Salz und Pfeffer würzen. Sahne mit Essig verrühren und unter die Gurkenscheiben mischen.

5. Möhren putzen, schälen, waschen, abtropfen lassen, grob raspeln. Mit Salz, Pfeffer, Zitronensaft und Zucker abschmecken.

6. Paprikaschoten halbieren, entstielen, entkernen und die weißen Scheidewände entfernen. Schoten waschen, abtrocknen und in dünne Streifen schneiden. Radieschen putzen, waschen, abtropfen lassen und in dünne Scheiben schneiden. Paprikastreifen und Radieschenscheiben getrennt voneinander mit Salz, Pfeffer, Essig und Öl abschmecken. Salate für etwa 1 Stunde mit Frischhaltefolie zugedeckt in den Kühlschrank stellen und durchziehen lassen.

7. Zum Garnieren Kresse abspülen, abschneiden und trocken tupfen. Schnitzel mit den Salaten anrichten und mit der Kresse garniert servieren.

Kaninchenrücken-Spieße mit Pflaumen | Für Gäste

6 Spieße

Pro Stück:
E: 42 g, F: 90 g, Kh: 21 g, kJ: 4694, kcal: 1121

2 kleine Kaninchenrücken
12 Trockenpflaumen ohne Stein
12 Scheiben Frühstücksspeck
1 Zweig Thymian
Salz
frisch gemahlener Pfeffer
3 EL Speiseöl, z. B. Sonnenblumenöl

Außerdem:
6 Holz- oder Metallspieße
evtl. Alufolie

Zubereitungszeit: 30 Minuten
Grillzeit: 10–15 Minuten

1. Aus den Kaninchenrücken die Filets heraustrennen (evtl. vom Metzger heraustrennen lassen). Filets unter fließendem kalten Wasser abspülen, trocken tupfen. Die Filets in etwa 3 cm große Stücke schneiden.

2. Je eine Pflaume mit einer Scheibe Speck umwickeln. 4 Fleischstücke und 2 Pflaumen auf je einen Spieß stecken.

3. Die Spieße mit Thymian, Salz und Pfeffer würzen. Mit Öl bestreichen, auf den heißen Grill (evtl. mit Alufolie belegt) legen und 10–15 Minuten grillen, zwischendurch wenden.

Tipp: Die Kaninchenfilets vor dem Grillen in Kräuteröl marinieren. Dazu je 1 Bund Petersilie, Schnittlauch und Basilikum abspülen, trocken tupfen und fein hacken. 125 ml (1/8 l) Speiseöl mit den Kräutern verrühren, mit Salz und Pfeffer würzen.

Kartoffel-Carpaccio | Einfach

Pro Portion:
E: 5 g, F: 18 g, Kh: 19 g, kJ: 1090, kcal: 260

1,2 kg	*festkochende Kartoffeln*
	Salz
4 Bund	*Radieschen*
24	*große Champignons (etwa 600 g)*
4 Becher	*Kräuter-Crème-fraîche (je 125 g)*
	grob gemahlener, bunter Pfeffer
2 Bund	*Schnittlauch*
2 Kästchen	*Kresse*
6 EL	*Olivenöl*

Zubereitungzeit: 80 Minuten

1. Kartoffeln waschen, schälen, abspülen und in dünne Scheiben hobeln oder schneiden. Kartoffelscheiben in kochendem Salzwasser 5–10 Minuten garen. Kartoffelscheiben in einem Sieb gut abtropfen lassen, evtl. mit Küchenpapier trocken tupfen.

2. Radieschen putzen, waschen und abtropfen lassen. Champignons putzen, mit Küchenpapier abreiben, evtl. abspülen und trocken tupfen. Radieschen und Champignons in dünne Scheiben schneiden.

3. Crème fraîche mit Salz und Pfeffer würzen, auf einer flachen Platte glatt verstreichen und darauf kranzförmig Kartoffel-, Radieschen- und Champignonscheiben anrichten.

4. Schnittlauch abspülen, trocken tupfen und fein schneiden. Kresse abspülen, abschneiden und trocken tupfen. Kartoffel-, Radieschen- und Champignonscheiben mit Schnittlauchröllchen, Kresseblättchen und Pfeffer bestreuen und mit Olivenöl beträufeln.

Kartoffel-Champignon-Salat

Raffiniert

Pro Portion:
E: 10 g, F: 28 g, Kh: 45 g, kJ: 2085, kcal: 497

2 kg Erstlinge (kleine Frühkartoffeln)
Salz
200 g Katenschinkenwürfel
4 EL Speiseöl, z. B. Rapsöl
400 g Champignons
1 rote Paprikaschote
1 Bund Frühlingszwiebeln

Für die Sauce:
1 EL Dijon-Senf
100 ml Sherry-Essig
2 EL Zucker, gemahlener Pfeffer
125 ml (1/8 l) Olivenöl
1 Stängel Rosmarin
2 Stängel Thymian
250 ml (1/4 l) Gemüsebrühe

Zubereitungszeit: 70 Minuten

1. Kartoffeln gründlich waschen, in einem Topf mit Salzwasser zum Kochen bringen, etwa 20 Minuten garen, abgießen, abdämpfen und etwas abkühlen lassen.

2. Inzwischen für die Sauce Senf, Essig, Salz, Zucker und Pfeffer verrühren. Olivenöl unterschlagen. Rosmarin und Thymian abspülen, trocken tupfen, Blättchen von den Stängeln zupfen, fein hacken und mit der Gemüsebrühe zur Sauce geben.

3. Die noch warmen Kartoffeln vierteln (nicht schälen) und vorsichtig mit der Sauce vermengen.

4. Katenschinkenwürfel in einer Pfanne in Öl knusprig braten, herausnehmen und auf Küchenpapier abtropfen lassen.

5. Champignons putzen, mit Küchenpapier abreiben, evtl. kurz abspülen, trocken tupfen und in Scheiben schneiden. In der Pfanne mit dem verbliebenen Bratfett anbraten, mit Salz und Pfeffer würzen, abkühlen lassen.

6. Paprikaschote halbieren, entstielen, entkernen, die weißen Scheidewände entfernen. Schote waschen, abtropfen lassen und in Würfel schneiden. Frühlingszwiebeln putzen, waschen, abtropfen lassen und in feine Scheiben schneiden.

7. Schinkenwürfel, Champignonscheiben, Paprikawürfel und Frühlingszwiebelscheiben unter die Kartoffeln heben. Den Salat nochmals abschmecken und servieren.

Kartoffel-Feta-Puffer vom Grill I

Vegetarisch
8–12 Stück

Pro Portion:
E: 20 g, F: 17 g, Kh: 43 g, kJ: 1717, kcal: 410

750 g mehligkochende Kartoffeln
Salz
2 mittelgroße Möhren
250 g Feta-Käse
3 Frühlingszwiebeln
2 Stängel Dill
2 Eier (Größe M)
Saft und Schale von
½ Bio-Zitrone (unbehandelt, ungewachst)
frisch gemahlener Pfeffer
2 EL Weizenmehl
6 EL Semmelbrösel

Außerdem:
extra starke Alufolie
Olivenöl

Zubereitungszeit: 40 Minuten, ohne Abkühlzeit
Grillzeit: etwa 8 Minuten

1. Kartoffeln waschen, schälen und abspülen. Kartoffeln in einem Topf mit Salzwasser bedeckt zum Kochen bringen und zugedeckt etwa 25 Minuten gar kochen. Kartoffeln abgießen, abdämpfen, sofort durch eine Kartoffelpresse drücken oder mit einem Kartoffelstampfer zerstampfen und in eine Schüssel geben, etwas abkühlen lassen.

2. Möhren putzen, schälen, waschen und abtropfen lassen. Möhren grob raspeln. Feta-Käse in Stücke schneiden und mit Hilfe einer Gabel zerdrücken.

3. Frühlingszwiebeln putzen, waschen, abtropfen lassen und in feine Scheiben schneiden. Dill abspülen, trocken schütteln bzw. tupfen und die Spitzen von den Stängeln zupfen. Spitzen fein hacken.

4. Möhrenraspel, Feta-Käse, Frühlingszwiebelscheiben, Dill, Eier, Zitronensaft und -schale zu der Kartoffelmasse geben und gut vermengen. Kartoffel-Gemüse-Masse mit Salz und Pfeffer abschmecken.

5. Mehl und Semmelbrösel in einer flachen Schale vermischen. Aus der Kartoffel-Gemüse-Masse etwa 2 cm dicke Puffer formen und in der Mehl-Semmelbrösel-Mischung wenden, Panade gut andrücken.

6. Für den Grill ein etwa 20–30 cm großes Stück Alufolie bereitlegen. Die Ränder der Folie etwas hochfalten, so dass eine Schale entsteht. Die Folienschale gut mit Öl ausstreichen und auf den heißen Grill legen. Die Puffer darin von jeder Seite in 3–4 Minuten knusprig grillen. Kartoffel-Feta-Puffer heiß servieren.

Kartoffelfrikadellen | Preiswert

4–6 Personen

Pro Portion:
E: 9 g, F: 18 g, Kh: 35 g, kJ: 1428, kcal: 341

1 kg mehligkochende Kartoffeln
Salz
50 g Kürbiskerne
2 kleine Zwiebeln
1 Knoblauchzehe
5–6 EL Speiseöl, z. B. Rapsöl
1 kleines Bund Petersilie
frisch gemahlener Pfeffer
2 Eier (Größe M)
etwas Mehl
Semmelbrösel

Zubereitungszeit: 30 Minuten, ohne Koch- und Durchziehzeit

1. Kartoffeln waschen, schälen, abspülen und in einem Topf mit Salzwasser in etwa 20 Minuten gar kochen. Inzwischen die Kürbiskerne in einer Pfanne ohne Fett rösten, anschließend Kerne hacken. Zwiebeln und Knoblauchzehe abziehen, in feine Würfel schneiden und in einer Pfanne mit 1 Esslöffel von dem Öl andünsten. Petersilie abspülen, trocken tupfen und die Blättchen von den Stängeln zupfen. Blättchen hacken und mit den Kürbiskernen zu der Zwiebel-Knoblauch-Masse geben.

2. Die Kartoffeln abgießen, kurz abdämpfen und mit einem Kartoffelstampfer zerdrücken. Die Zwiebelmischung mit den Kartoffeln vermengen und mit Salz und Pfeffer kräftig würzen. Etwa 20 Minuten durchziehen lassen.

3. Eier verschlagen. Kartoffelmasse zu kleinen Bällchen formen und flach drücken. Bällchen erst in Mehl, Ei und anschließend in Semmelbröseln wenden. Restliches Öl portionsweise in einer großen Pfanne erhitzen. Die Frikadellen bei mittlerer Hitze in etwa 5 Minuten goldbraun braten.

Kartoffel-Kürbis-Salat I

Raffiniert

Pro Portion:
E: 8 g, F: 11 g, Kh: 34 g, kJ: 1174, kcal: 280

4	*Zwiebeln*
2 kg	*festkochende Kartoffeln*
400 ml	*Gemüsebrühe*
450 g	*TK-Erbsen*
2 Gläser	*eingelegter Kürbis (Abtropfgewicht je 200 g)*
1 Bund	*Dill*
250 g	*Salatmayonnaise (50 % Fett)*
80 g	*körniger Senf*
6 EL	*Kürbisflüssigkeit*
	Salz, frisch gemahlener Pfeffer
150 g	*geräucherter Speck*

Zubereitungszeit: 30 Minuten, ohne Durchziehzeit

1. Zwiebeln abziehen, halbieren und in Streifen schneiden. Kartoffeln waschen, schälen, abspülen und in Scheiben schneiden. Gemüsebrühe zum Kochen bringen. Kartoffelscheiben und Zwiebelstreifen hineingeben, aufkochen lassen und zugedeckt bei schwacher Hitze 10–15 Minuten garen. Die Erbsen unaufgetaut hinzufügen. Die Brühe etwas abkühlen lassen.

2. Kürbis in einem Sieb abtropfen lassen, dabei die Flüssigkeit auffangen und 6 Esslöffel abmessen. Die Kürbisstücke, evtl. etwas kleiner schneiden.

3. Dill abspülen und trocken tupfen. Die Spitzen von den Stängeln zupfen und Spitzen hacken (einige Zweige zum Garnieren beiseitelegen). Mayonnaise mit Senf, Dill und der abgemessenen Kürbisflüssigkeit mischen, mit Salz und Pfeffer würzen. Mit den Kürbisstücken zu den Kartoffeln geben und untermischen. Den Salat etwa 30 Minuten durchziehen lassen.

4. In der Zwischenzeit Speck in Würfel schneiden, in einer Pfanne knusprig braten und auf Küchenpapier abtropfen lassen. Den Salat mit Salz, Pfeffer und evtl. Kürbisflüssigkeit abschmecken, mit den Speckwürfeln bestreuen und mit beiseitegelegten Dillzweigen garnieren.

Kartoffel-Mohn-Hörnchen | Einfach

16 Stück

Insgesamt:
E: 87 g, F: 166 g, Kh: 460 g, kJ: 16087, kcal: 3842

Für den Hefeteig:

500 g Kartoffeln
Salz
125 g Butterschmalz
500 g Weizenmehl
2 Pck. Dr. Oetker Trockenbackhefe
50 g gemahlene Mohnsamen
2 gestr. TL Salz
1 Msp. frisch geriebene Muskatnuss
1 gestr. TL Paprikapulver edelsüß

Zum Bestreichen und Bestreuen:

1 Eigelb (Größe M)
1 EL Milch
1–2 EL Mohnsamen

Zubereitungszeit: 45 Minuten,
ohne Teiggeh- und Abkühlzeit
Backzeit: 20–25 Minuten je Backblech

1. Für den Teig Kartoffeln gründlich waschen, evtl. abbürsten und in einem Topf mit Salzwasser in etwa 25 Minuten gar kochen. Kartoffeln pellen und heiß durch die Kartoffelpresse drücken. Lauwarm abkühlen lassen. Butterschmalz zerlassen und lauwarm abkühlen lassen.

2. Mehl in eine Rührschüssel geben, mit Trockenbackhefe sorgfältig vermischen. Kartoffelmasse, Butterschmalz, Mohnsamen, Salz und Gewürze hinzufügen.

3. Die Zutaten mit Handrührgerät mit Knethaken zunächst kurz auf niedrigster, dann auf höchster Stufe in etwa 5 Minuten zu einem glatten Teig verarbeiten. Sollte er kleben, noch etwas Mehl hinzufügen. Teig mit etwas Mehl bestäuben und zugedeckt so lange an einem warmen Ort stehen lassen, bis er sich sichtbar vergrößert hat.

4. Den Teig leicht mit Mehl bestäuben. Den Teig aus der Schüssel nehmen, auf einer leicht bemehlten Arbeitsfläche nochmals kurz durchkneten und zu 2 Rollen formen. Eine Rolle zudecken.

5. Zweite Rolle in 8 Stücke teilen. Jedes Stück zu einer etwa 20 cm langen Rolle formen, die an den Enden etwas dünner ist. Rollen zu Hörnchen formen und auf ein Backblech (mit Backpapier belegt) legen. Zugedeckt nochmals 20 Minuten an einem warmen Ort gehen lassen. Nach etwa 10 Minuten Teiggehzeit den Backofen vorheizen.

6. Zum Bestreichen Eigelb mit Milch verschlagen. Die Hörnchen damit bestreichen und mit etwas Mohn bestreuen. Das Backblech in den vorgeheizten Backofen schieben.

Ober-/Unterhitze: etwa 200 °C
Heißluft: etwa 180 °C
Backzeit: 20–25 Minuten je Backblech.

7. Hörnchen mit Backpapier auf einen Kuchenrost ziehen und erkalten lassen. Die zweite Teighälfte auf die gleiche Weise verarbeiten.

Kartoffeln „Surprise" | Preiswert

Pro Portion:
E: 46 g, F: 4 g, Kh: 23 g, kJ: 1336, kcal: 319

8 große festkochende Kartoffeln (etwa 1,2 kg)
Salz
1 Bund Frühlingszwiebeln
2 Tomaten
4 Hähnchenbrustfilets (je etwa 180 g)
1 EL Olivenöl
frisch gemahlener Pfeffer
Paprikapulver edelsüß

Zum Garnieren:
einige Kerbelstängel

Zubereitungszeit: 45 Minuten
Grillzeit: etwa 10 Minuten

1. Kartoffeln gründlich waschen, evtl. abbürsten, in einem Topf mit Salzwasser zum Kochen bringen etwa 25 Minuten gar kochen. Kartoffeln abgießen, abtropfen lassen und warm stellen.

2. Frühlingszwiebeln putzen, waschen, abtropfen lassen und in Scheiben schneiden. Tomaten abspülen, abtrocknen, halbieren und die Stängelansätze herausschneiden. Tomaten in Spalten schneiden.

3. Hähnchenbrustfilets unter fließendem kalten Wasser abspülen, trocken tupfen und dünn mit Öl bestreichen. Mit Salz, Pfeffer und Paprikapulver würzen. Die Filets auf den heißen Grill legen und unter mehrmaligem Wenden etwa 10 Minuten grillen. Die Hähnchenbrustfilets in Streifen schneiden.

4. Von den Kartoffeln je einen Deckel abschneiden. Kartoffeln mit Hilfe eines Teelöffels so aushöhlen, dass ein etwa 1 cm breiter Rand stehen bleibt. Frühlingszwiebelscheiben, Tomatenspalten und Hähnchenstreifen in die ausgehöhlten Kartoffeln füllen.

5. Zum Garnieren Kerbelstängel abspülen, trocken tupfen und etwas kleiner zupfen, die gefüllten Kartoffeln damit garnieren und sofort servieren.

Kartoffeln und Zucchini | Vegetarisch

Pro Portion:
E: 6 g, F: 25 g, Kh: 32 g, kJ: 1590, kcal: 379

800 g	*kleine Frühkartoffeln*
	Salz
2	*kleine Zucchini*
125 ml (1/8 l)	*Olivenöl*
einige	
Zweige	*Thymian*
2 Zweige	*Rosmarin*
	grobkörniges Salz, z. B. Meersalz
	frisch gemahlener Pfeffer

Zubereitungszeit: 40 Minuten, ohne Marinierzeit
Grillzeit: etwa 15 Minuten

1. Kartoffeln gründlich unter fließendem kalten Wasser waschen, evtl. abbrüsten. Die Kartoffeln sollten etwa gleich groß sein, damit sie auch die gleiche Garzeit haben. Die Kartoffeln in kochendem Salzwasser etwa 15 Minuten vorgaren.

2. Die vorgegarten Kartoffeln trocken tupfen. Von den Zucchini die Enden abschneiden, Zucchini putzen, waschen, abtrocknen und längs in dicke Scheiben schneiden oder längs halbieren.

3. Das Öl mit Thymianblättchen, Rosmarinnadeln, Salz und Pfeffer in einer Schüssel verrühren, die Kartoffeln und Zucchini mit der Öl-Kräuter-Mischung bestreichen und etwa 1 Stunde marinieren.

4. Die Kartoffeln und Zucchini aus der Marinade nehmen, etwas trocken tupfen und auf den heißen Grill legen. Unter gelegentlichem Wenden etwa 15 Minuten grillen. Mit dem verbliebenen Öl bestreichen.

5. Die Grillkartoffeln mit Salz bestreut servieren.

Tipp: Die Kartoffeln können auch schon am Vortag gegart werden, in der Marinade können sie bis zu 2 Stunden durchziehen.

Kartoffel-Quark-Taler I

Gut vorzubereiten

Pro Portion:
E: 19 g, F: 10 g, Kh: 43 g, kJ: 1515, kcal: 361

1 ½ kg mehligkochende Kartoffeln
1 kg Speisequark (Magerstufe)
3 Eier (Größe L)
Salz
frisch geriebene Muskatnuss
gerebelter Majoran
350 g Weizenmehl
abgezogene, gehackte und gehobelte Mandeln
Sesamsamen
Sonnenblumenkerne
150 g Butterschmalz

Zubereitungszeit: 95 Minuten

1. Kartoffeln gründlich abspülen, in etwa 25 Minuten gar kochen. Kartoffeln abgießen, abdämpfen, heiß pellen, durch die Kartoffelpresse geben, abkühlen lassen.

2. Quark mit Eiern verrühren, mit Salz, Muskat und Majoran würzen, in die Kartoffelmasse geben und verrühren. Mehl unterkneten, aus dem Teig mit bemehlten Händen Bällchen formen. Bällchen in Mandeln, Sesam oder Sonnenblumenkernen wenden. Die Bällchen leicht flach drücken, so dass Taler entstehen.

3. Butterschmalz in einer Pfanne erhitzen, die Taler darin von allen Seiten bei mittlerer Hitze in etwa 8 Minuten goldbraun braten.

Tipp: Die Kartoffel-Quark-Taler einige Tage vorher zubereiten und abgekühlt einfrieren. Vor dem Aufbacken die Taler etwa 30 Minuten antauen lassen und im Backofen bei etwa 180 °C (Heißluft: etwa 160 °C) etwa 12 Minuten aufbacken.

Kartoffelsalat mit Pesto | Raffiniert

Pro Portion:
E: 10 g, F: 19 g, Kh: 50 g, kJ: 1807, kcal: 431

1 kg kleine, neue Kartoffeln
Salz
200 g getrocknete, eingelegte Tomaten (aus dem Glas)
90 g grünes Pesto (aus dem Glas)
Saft von
1–2 Zitronen
frisch gemahlener Pfeffer
2–3 EL Öl von den Tomaten

Zubereitungszeit: etwa 40 Minuten, ohne Durchziehzeit

1. Kartoffeln gründlich waschen, evtl. abbürsten, in einem Topf mit Salzwasser zum Kochen bringen und 25–30 Minuten gar kochen. Kartoffeln abgießen, abdämpfen und ungepellt halbieren.

2. Eingelegte Tomaten in ein Sieb geben und abtropfen lassen. Das Tomatenöl auffangen.

3. Grünes Pesto und Zitronensaft in ein Schüssel geben und gut verrühren. Die Tomaten hinzufügen. Kartoffelhälften unterheben.

4. Den Salat mit Salz, Pfeffer und Tomatenöl abschmecken.

5. Den Salat zugedeckt etwa 1 Stunde durchziehen lassen, nicht kalt stellen.

Kartoffelsalat mit Speck und Zwiebeln | Klassisch

Pro Portion:
E: 5 g, F: 7 g, Kh: 19 g, kJ: 880, kcal: 210

800 g große Kartoffeln (4 Stück)
Salz
2 Zwiebeln oder Schalotten
4 dünne Scheiben durchwachsener Speck (etwa 30 g)
2 EL Speiseöl, z. B. Sonnenblumenöl
2 EL Kräuteressig
frisch gemahlener Pfeffer
Borretschblätter

Zubereitungszeit: 45 Minuten, ohne Abkühlzeit

1. Die Kartoffeln gründlich waschen, evtl. abbürsten, in einem Topf mit Salzwasser zum Kochen bringen und etwa 30 Minuten gar kochen. Kartoffeln abgießen, abdämpfen, erkalten lassen und der Länge nach halbieren.

2. 4 Hälften mit Salz bestreuen, die anderen pellen, längs halbieren und in Scheiben schneiden.

3. Zwiebeln oder Schalotten abziehen und in Würfel schneiden. Die Speckscheiben in Streifen schneiden. Öl in einer Pfanne erhitzen und Schalottenwürfel und Speck darin glasig andünsten.

4. Essig, Salz und Pfeffer dazugeben, mit den Kartoffelscheiben mischen und auf die gesalzenen Kartoffelhälften geben. Mit Borretschblättern garnieren.

Kartoffelsalat „nach Mamas Art“

Einfach

Pro Portion:
E: 8 g, F: 43 g, Kh: 46 g, kJ: 2537, kcal: 609

1 kg	*festkochende Kartoffeln*
	Salz
1	*Zwiebel*
1 Bund	*Frühlingszwiebeln*
1 Bund	*Radieschen*
1 kleines Glas	*Cornichons (kleine Gewürzgurken)*
2 EL	*Schnittlauchröllchen*

Für die Sauce:

6 EL	*Salatmayonnaise*
2 TL	*mittelscharfer Senf*
300 g	*Crème fraîche*
	frisch gemahlener Pfeffer
1 TL	*Zucker oder Honig*
3 EL	*Wasser von den Gurken*

Zubereitungszeit: 50 Minuten, ohne Abkühl- und Durchziehzeit

1. Kartoffeln gründlich waschen, evtl. abbürsten und in einem Topf mit Salzwasser zum Kochen bringen. Kartoffeln in 25–30 Minuten gar kochen. Kartoffeln abgießen, abdämpfen, pellen, lauwarm abkühlen lassen und in Scheiben schneiden.

2. Zwiebel abziehen und fein würfeln. Frühlingszwiebeln putzen, waschen, abtropfen lassen und in Scheiben schneiden.

3. Radieschen putzen, waschen und vierteln. Cornichons in ein Sieb geben und abtropfen lassen. Das Gurkenwasser dabei auffangen. Cornichons in Scheiben schneiden.

4. Für die Sauce Mayonnaise mit Senf und Crème fraîche verrühren. Mit Salz, Pfeffer und Zucker oder Honig würzen.

5. Kartoffeln, Zwiebel, Frühlingszwiebeln, Radieschen und Gurken mit der Mayonnaise vermengen und den Salat mit Frischhaltefolie zugedeckt etwa 30 Minuten im Kühlschrank durchziehen lassen.

6. Vor dem Servieren den Salat nochmals mit Salz, Pfeffer, Zucker oder Honig und Gurkenwasser abschmecken. Mit Schnittlauchröllchen bestreuen.

Tipp: Der Salat wird leichter, wenn Sie Crème fraîche durch Joghurt ersetzen.

Kartoffel-Spitzkohl-Salat mit Kasseler | Für Gäste

6 Portionen

Pro Portion:
E: 18 g, F: 13 g, Kh: 27 g, kJ: 1371, kcal: 328

1 kg festkochende, kleine Kartoffeln
2 TL ganzer Kümmelsamen
1 mittelgroßer Spitzkohl (etwa 600 g)
500 ml (1/2 l) Gemüsebrühe
350 g Kasseler-Aufschnitt

Für die Sauce:
150 ml Gemüsebrühe
150 g Crème fraîche
1 geh. EL Salatmayonnaise
2 EL körniger Senf
etwas Currypulver
Salz, frisch gemahlener Pfeffer
1 Prise Zucker
2 TL ganzer Kümmelsamen

Außerdem:
einige Petersilienblättchen

Zubereitungszeit: 50 Minuten, ohne Abkühlzeit

1. Kartoffeln gründlich waschen, evtl. abbürsten und in einem Topf mit Wasser zum Kochen bringen, Kümmelsamen hinzugeben. Zugedeckt in 20–25 Minuten gar kochen. Kartoffeln abgießen, abdämpfen, sofort pellen und lauwarm abkühlen lassen. Kartoffeln in Scheiben schneiden und beiseitestellen.

2. Spitzkohl putzen, vierteln und den Strunk entfernen. Spitzkohl in feine Streifen schneiden, waschen und abtropfen lassen. Brühe in einem Topf zum Kochen bringen. Kohlstreifen hinzufügen, zum Kochen bringen und 2–5 Minuten kochen. Kohlstreifen in einem Sieb abtropfen und erkalten lassen. Kasseler-Aufschnitt in Streifen schneiden.

3. Für die Sauce Gemüsebrühe mit Crème fraîche, Mayonnaise und Senf verrühren. Mit Curry, Salz, Pfeffer und Zucker abschmecken. Kümmelsamen unterrühren.

4. Abwechselnd Kartoffelscheiben, Spitzkohl-, Kasselerstreifen und Sauce in eine hohe Glasschale schichten, dabei Kartoffelscheiben jeweils mit etwas Salz bestreuen. Mit Petersilienblättchen garnieren.

Kartoffel-Zwiebel-Spieße mit Quark | Preiswert

4–6 Portionen

Pro Portion:
E: 21 g, F: 19 g, KH: 42 g, kJ: 1801, kcal: 430

800 g festkochende, kleine Kartoffeln (etwa 24 Stück)
150 g durchwachsener Speck, in Scheiben
4 Frühlingszwiebeln
6 EL Olivenöl
1 TL gerebelter Rosmarin
Salz
1 TL Kümmelsamen

Für den Quark:
1 Stange Staudensellerie
frisch gemahlener, bunter Pfeffer
125 g Schlagsahne
250 g Speisequark (Magerstufe)

Außerdem:
8 Holzspieße

Zubereitungszeit: 30 Minuten, ohne Abkühlzeit
Grillzeit: etwa 8 Minuten

1. Die Kartoffeln waschen, evtl. abbürsten. Kartoffeln in einem Topf mit Wasser zum Kochen bringen und zugedeckt etwa 10 Minuten kochen, dann abgießen. Kartoffeln abkühlen lassen und in grobe Stücke schneiden.

2. Den Speck in etwa 2 cm große Stücke schneiden. Die Frühlingszwiebeln putzen, waschen und abtropfen lassen. Das Frühlingszwiebelgrün bis auf etwa 15 cm abschneiden, beiseitelegen. Frühlingszwiebeln in je 4 Stücke schneiden und anschließend Kartoffelstücke, Speck und Frühlingszwiebeln auf die Spieße stecken.

3. Vorbereitete Spieße mit Öl bestreichen und auf den heißen Grillrost legen. Unter Wenden etwa 8 Minuten grillen, zwischendurch mit Öl bestreichen. Kurz vor Ende der Grillzeit das restliche Öl mit Rosmarin, Salz und Kümmelsamen verrühren und die Spieße damit bestreichen.

4. Für den Quark Staudensellerie putzen, waschen, abtropfen lassen, die harten Außenfäden abziehen und die Stange in dünne Scheiben schneiden. Beiseitegelegtes Frühlingszwiebelgrün in kleine Stücke schneiden, mit Selleriescheiben, Salz, Pfeffer und Sahne unter den Quark rühren und zu den Spießen servieren.

Käse-Muffins | Für Kinder

12 Muffins

Insgesamt:
E: 125 g, F: 131 g, Kh: 201 g, kJ: 11052, kcal: 2643

250 g ***Weizenmehl***
3 gestr. TL ***Dr. Oetker Backin***
250 g ***geriebener Gouda-Käse***
4 ***Eier (Größe M)***
Salz
Paprikapulver edelsüß
300 g ***saure Sahne***

Zubereitungszeit: 25 Minuten
Backzeit: etwa 25 Minuten

1. Den Backofen vorheizen. Mehl und Backpulver mischen und in eine Rührschüssel geben. Käse, Eier, Salz, Paprikapulver und saure Sahne hinzugeben. Die Zutaten mit Handrührgerät mit Knethaken zunächst kurz auf niedrigster, dann auf höchster Stufe einer glatten Masse verarbeiten.

2. Den Teig in eine Muffinform (für 12 Muffins, gut gefettet) geben und glattstreichen. Die Form auf dem Rost in den vorgeheizten Backofen schieben.

Ober-/Unterhitze: etwa 180 °C
Heißluft: etwa 160 °C
Backzeit: etwa 25 Minuten.

Tipp: Für Waffeln den Teig in nicht zu großen Portionen in ein vorgeheiztes, gefettetes Waffeleisen füllen, die Waffeln goldbraun backen. Einzeln auf einem Kuchenrost etwas erkalten lassen, bis alle Waffeln fertig gebacken sind. Die Waffeln schmecken lauwarm am besten, evtl. im Toaster aufbacken. Kräuterquark oder Kräuter-Crème-fraîche dazu servieren. Zum Fetten des Waffeleisens verwenden Sie Speiseöl. Am besten schmeckt sowohl zu den Waffeln als auch zu den Muffins ein frischer Salat, z. B. Tomatensalat.

Käse-Schnecken | Einfach

Insgesamt:
E: 60 g, F: 140 g, Kh: 116 g, kJ: 8708, kcal: 2080

150 g Weizenmehl
1 gestr. TL Dr. Oetker Backin
100 g geriebener, alter Emmentaler- oder Gouda-Käse
1 Eiweiß (Größe M)
½ Eigelb (Größe M)
100 g kalte Butter oder Margarine
50 g abgezogene, gemahlene Mandeln
½ Eigelb (Größe M)
1 TL Milch
25 g geriebener Parmesan-Käse

Zubereitungszeit: 35 Minuten, ohne Kühlzeit
Backzeit: etwa 12 Minuten

1. Mehl in eine Rührschüssel geben, mit Backpulver vermischen und in die Mitte eine Vertiefung eindrücken. Käse, Eiweiß und Eigelb hineingeben, mit einem Teil des Mehls mit Handrührgerät mit Rührbesen zu einem dicken Brei verarbeiten.

2. Butter in Stücke schneiden, mit den Mandeln auf den Brei geben, mit Mehl bedecken und von der Mitte aus alle Zutaten schnell zu einem glatten Teig verkneten. Sollte der Teig kleben, in Frischhaltefolie gewickelt etwa 30 Minuten kalt stellen. Den Teig in 2 gleich große Stücke teilen, 2 Rechtecke (etwa 24 x 28 cm) daraus ausrollen.

3. Eigelb mit Milch verschlagen, die Teigplatten damit bestreichen. Jede Teigplatte mit der Hälfte des Parmesans bestreuen. Teigplatten von der längeren Seite her fest aufrollen.

4. Den Backofen vorheizen. Die Rollen so lange kalt stellen, bis sie schnittfest sind, in etwa ½ cm dicke Scheiben schneiden, auf ein Backblech (gefettet) legen und in den vorgeheizten Backofen schieben.

Ober-/Unterhitze: 170–200 °C
Heißluft: 150–180 °C
Backzeit: etwa 12 Minuten.

5. Das Backblech aus dem Ofen nehmen und die Käseschnecken auf einem Kuchenrost erkalten lassen.

Kichererbsen-Oliven-Creme I

Fürs Party-Büffet oder Picknick
(etwa 430 g)

Insgesamt:
E: 22 g, F: 56 g, Kh: 50 g, kJ: 3348, kcal: 804

1 Dose	*Kichererbsen (Abtropfgewicht 240 g)*
1	*Knoblauchzehe*
1/2	*kleine, rote Chilischote*
	Saft von
1/2	*Zitrone*
50 ml	*Gemüsebrühe*
75 g	*Crème Fraîche*
	Salz
	frisch gemahlener Pfeffer
75 g	*schwarze Oliven mit Stein*
1 Zweig	*Rosmarin*

Zubereitungszeit: 15 Minuten

1. Die Kichererbsen in ein Sieb geben, mit kaltem Wasser abspülen und abtropfen lassen. Knoblauchzehe abziehen und würfeln. Chilischote abspülen, trocken tupfen, entkernen und entstielen. Chilischote in feine Stücke schneiden.

2. Kichererbsen, Knoblauch, Zitronensaft, Brühe und Chili in einen Rühr- oder Mixbecher geben und fein pürieren. Crème fraîche unterrühren. Püree mit Salz, Pfeffer und evtl. etwas Zitronensaft abschmecken.

3. Oliven entsteinen und sehr fein würfeln. Rosmarin abspülen, trocken tupfen und die Nadeln vom Stängel zupfen. Rosmarinnadeln sehr fein hacken.

4. Oliven und Rosmarin unter das Kichererbsenpüree rühren. Dann die Creme in ein verschließbares Gefäß füllen und kalt stellen. Die Creme ist im Kühlschrank 4–5 Tage haltbar.

Brotempfehlung: Knuspriges Baguette, Fladenbrot oder Pita.

Tipp: Die würzige Kichererbsencreme schmeckt auch köstlich zu knackigen Gemüsestreifen, gegrilltem Gemüse, Röstkartoffeln oder als Wrapfüllung.

Kichererbsensalat | Raffiniert

Pro Portion:
E: 13 g, F: 31 g, Kh: 15 g, kJ: 1726, kcal: 412

2 Dosen Kichererbsen (Abtropfgewicht je 480 g)
3 Dosen Tunfisch in Öl (Abtropfgewicht je 185 g)
1 Bund Frühlingszwiebeln
5–6 Fleischtomaten

Für die Sauce:
3 Knoblauchzehen
2 TL Senf
1 TL Zucker
Salz
frisch gemahlener Pfeffer
6–10 EL Weißweinessig
150 ml Speiseöl, z. B. Rapsöl
100 g Schlagsahne
2 Bund glatte Petersilie

Zubereitungszeit: 30 Minuten

1. Kichererbsen in ein Sieb geben, kalt abspülen und gut abtropfen lassen. Tunfisch ebenfalls abtropfen lassen und etwas klein zupfen. Frühlingszwiebeln putzen, waschen, abtropfen lassen und nur den unteren weißen und zartgrünen Teil in feine Scheiben schneiden.

2. Tomaten abspülen, abtrocknen und die Stängelansätze herausschneiden. Tomaten würfeln.

3. Für die Sauce Knoblauchzehen abziehen, durch eine Knoblauchpresse drücken und mit Senf, Zucker, Salz, Pfeffer und Essig verrühren. Öl und Sahne unterschlagen.

4. Kichererbsen, Frühlingszwiebelscheiben und Tomatenwürfel vermischen, mit dem Tunfisch und der Sauce vermengen.

5. Petersilie abspülen, trocken tupfen und die Blättchen von den Stängeln zupfen. Blättchen grob hacken und den Salat mit der Petersilie bestreuen.

Tipp: Salat auf einigen Blättern Lollo Bionda anrichten.

Klassisch asiatische Marinade

Für je 900 g Rind, Lamm, Schwein, Hähnchen, Ente oder Fisch

Pro Portion (mit Rind):
E: 47 g, F: 11 g, Kh: 5 g, kJ: 1367, kcal: 327

1 walnussgroßes Stück Ingwer
3 Knoblauchzehen
1 Bio-Zitrone (unbehandelt, ungewachst)
1 TL rote Currypaste (Asialaden)
3 EL helle Sojasauce
1 EL Sesamöl
2 EL flüssiger Honig

Zubereitungszeit: 10 Minuten

1. Ingwer schälen und in feine Scheiben schneiden. Knoblauchzehen abziehen und fein würfeln. Zitrone gründlich heiß abwaschen und abtrocknen. Zitronenschale abreiben, Saft auspressen.

2. Ingwer, Knoblauchwürfel, Currypaste, Zitronensaft und -schale, Sojasauce, Sesamöl und Honig verrühren, Saft auspressen.

3. Fleisch oder Fisch unter fließendem kalten Wasser abspülen, trocken tupfen und in eine Flache Schale legen. Die Marinade darüber verteilen und mit Frischhaltefolie zugedeckt im Kühlschrank durchziehen lassen. Fleisch etwa 1 Stunde, Fisch etwa 30 Minuten. Zwischendurch wenden.

Knoblauchbrot | Gut vorzubereiten

Pro Portion:
E: 6 g, F: 14 g, Kh: 40 g, kJ: 1371, kcal: 327

4	*kleine Baguettes*
12	*Knoblauchzehen*
	Salz
200 g	*weiche Butter*
2 EL	*gehackte Petersilie*
	frisch gemahlener Pfeffer

Außerdem:
Alufolie

Zubereitungszeit: 20 Minuten
Backzeit: etwa 20 Minuten

1. Baguettes im Abstand von 2 cm mit einem Messer einschneiden, das Brot jedoch nicht durchschneiden.

2. Knoblauchzehen abziehen, durch eine Knoblauchpresse drücken und mit etwas Salz verrühren. Die Paste mit Butter und Petersilie verkneten, mit Pfeffer würzen und in die Broteinschnitte streichen. Den Backofen vorheizen.

3. Je ein Baguette in einen Bogen Alufolie wickeln und auf ein Backblech legen. Das Backblech in den vorgeheizten Backofen schieben.

Ober-/Unterhitze: 180–200 °C
Heißluft: 160–180 °C
Backzeit: etwa 20 Minuten.

4. Die Brote aus der Folie nehmen und in Scheiben schneiden.

Vorbereitungstipp: Sie können die Baguettes bereits am Vortag so weit vorbereiten, dass sie nur noch aufgebacken werden müssen.

Knoblauch-Dip | Einfach

500 g Speisequark (Magerstufe)
450 g Crème fraîche
etwa 12 Knoblauchzehen
Salz, frisch gemahlener Pfeffer
4 Tomaten
2 Bund Schnittlauch

Zubereitungszeit: 25 Minuten

Pro Portion:
E: 7 g, F: 11 g, Kh: 5 g, kJ: 647, kcal: 155

1. Quark und Crème fraîche in eine Schüssel geben. Knoblauchzehen abziehen und durch eine Knoblauchpresse in die Schüssel drücken. Knoblauch mit Salz und Pfeffer unter die Quark-Masse rühren.

2. Tomaten abspülen, abtrocknen und die Stängelansätze herausschneiden. Tomaten in kleine Würfel schneiden. Schnittlauch abspülen, trocken tupfen und in feine Röllchen schneiden. Jeweils etwas beiseitelegen.

3. Tomatenwürfel und Schnittlauchröllchen unterrühren und den Dip nochmals mit den Gewürzen abschmecken. Mit den beiseitegelegten Tomatenwürfeln und Schnittlauchröllchen garniert servieren.

Tipp: Den Dip gut gekühlt zu Kräckern, Chips, Gemüsesticks oder Blechkartoffeln servieren.

Extra Tipp: Sie können den Dip bereits am Vortag so weit vorbereiten, dass vor dem Verzehr nur noch Tomatenwürfel und Schnittlauchröllchen untergerührt werden müssen.

Knoblauchkartoffeln I

Vegetarisch

Pro Portion:
E: 8 g, F: 31 g, Kh: 17 g, kJ: 1636, kcal: 391

8 große Kartoffeln
1 EL Kümmelsamen

Für die Knoblauchbutter:
3 Knoblauchzehen
125 g weiche Butter
5 EL geriebener Parmesan-Käse
1 EL Crème fraîche
2 EL gehackte Petersilie
frisch gemahlener Pfeffer

Zubereitungszeit: 35 Minuten
Backzeit: 10–15 Minuten

1. Kartoffeln unter fließendem kaltem Wasser abwaschen, evtl. abbürsten. In einem Topf mit Wasser bedeckt zum Kochen bringen. Kümmel hinzufügen, Kartoffeln in 20–25 Minuten gar kochen, abgießen und abdämpfen.

2. Für die Knoblauchbutter Knoblauchzehen abziehen und durch eine Knoblauchpresse drücken. Mit Butter, Parmesan, Crème fraîche und Petersilie verrühren, mit Pfeffer würzen. Den Backofen vorheizen.

3. Kartoffeln längs halbieren, nebeneinander in eine flache Auflaufform (gefettet) setzen und die Schnittflächen mit Knoblauchbutter bestreichen. Die Form auf dem Rost in den vorgeheizten Backofen schieben.

Ober-/Unterhitze: etwa 250 °C
Heißluft: etwa 220 °C
Backzeit: 10–15 Minuten.

Beilage: Grüner Blattsalat mit Dillsahne.

Knusperoliven | Gut vorzubereiten

30 Stück

Pro Stück:
E: 2 g, F: 7 g, Kh: 4 g, kJ: 369, kcal: 88

150 g Weizenmehl (Type 550)
125 g kalte Butter
250 g geriebener Gouda-Käse
Salz, Paprikapulver edelsüß
200 g Oliven (mit Paprika gefüllt)

Außerdem:
evtl. Zahnstocher

Zubereitungszeit: 60 Minuten, ohne Kühlzeit
Backzeit: etwa 20 Minuten

1. Mehl in eine Schüssel geben, mit Butter, Gouda, Salz und Paprikapulver schnell zu einem glatten Teig verkneten und in Frischhaltefolie gewickelt etwa 1 Stunde im Kühlschrank ruhen lassen.

2. Oliven in einem Sieb abtropfen lassen. Den Backofen vorheizen.

3. Teig zu Rollen mit etwa 5 cm Durchmesser formen und etwa 1 cm dicke Scheiben abschneiden. In jede Scheibe 1 Olive eindrücken, Teig darumlegen und zwischen den Handflächen zu einer kirschgroßen Kugel formen. Auf ein Backblech (mit Backpapier belegt) legen. Das Backblech in den vorgeheizten Backofen schieben.

Ober-/Unterhitze: etwa 220 °C
Heißluft: etwa 200 °C
Backzeit: etwa 20 Minuten.

4. Nach Belieben in jede Knusperolive einen Zahnstocher stecken und heiß oder kalt servieren.

Knusprige Grillfische | Raffiniert

Pro Portion:
E: 91 g, F: 60 g, Kh: 1 g, kJ: 4108, kcal: 981

5 küchenfertige Forellen
5 küchenfertige Makrelen
Salz
frisch gemahlener Pfeffer
1 Bio-Zitrone (unbehandelt, ungewachst)
10 Stängel Estragon
10 Stängel Petersilie
10 Lorbeerblätter

Für die Marinade:
4 Knoblauchzehen
3 Lorbeerblätter
200 ml Speiseöl, z. B. Rapsöl
2 TL Kräuter der Provence

Außerdem:
2 Grillkörbe

Zubereitungszeit: 45 Minuten
Grillzeit: 15–20 Minuten

1. Forellen und Makrelen unter fließendem kalten Wasser von innen und außen abspülen, trocken tupfen, innen mit Salz und Pfeffer einreiben.

2. Zitrone gründlich heiß abwaschen, abtrocknen und in 10 dünne Spalten schneiden. Estragon und Petersilie abspülen und trocken tupfen.

3. Die Forellen und Makrelen mit je 1 Zitronenspalte, 1 Stängel Estragon, 1 Stängel Petersilie und 1 Lorbeerblatt füllen.

4. Für die Marinade Knoblauchzehen abziehen und durch eine Knoblauchpresse drücken. Lorbeerblätter fein zerbröseln und mit dem Öl verrühren. Knoblauch hinzufügen und mit Kräutern der Provence würzen. Die Forellen und Makrelen mit der Marinade bestreichen.

5. Forellen und Makrelen in je einen Grillkorb legen. Die Grillkörbe auf den heißen Grill legen. Die Fische unter mehrmaligem Wenden 15–20 Minuten grillen. Während des Grillens mehrfach mit der Marinade bestreichen.

Beilage: Gemischten Salat dazu servieren.

Kokos-Hähnchenfilets im Bananenblatt | Für Gäste

Pro Portion:
E: 46 g, F: 32 g, Kh: 44 g, kJ: 2725, kcal: 652

4	*große Bananenblätter*
	Salz
2	*mittelgroße Zucchini (je etwa 350 g)*
	frisch gemahlener Pfeffer
	Cayennepfeffer
4	*Hähnchenbrustfilets (je etwa 150 g)*
4 EL	*Sojasauce*
2	*Fleischtomaten*
1 Topf	*Zitronenbasilikum oder Basilikum*
100 ml	*ungesüßte Kokosmilch (aus der Dose)*
40 g	*Kokosraspel*
80 g	*Kräuterbutter (8 Scheiben)*
2	*Kräuterbutter-Baguettes (aus dem Kühlregal)*

Außerdem:

kleine Holzspieße
Alufolie

Zubereitungszeit: 60 Minuten
Grillzeit: 20–30 Minuten

1. Bananenblätter abspülen, abtropfen lassen und die dicken Mittelblattrippen herausschneiden. Blätter so halbieren, dass die Hähnchenbrustfilets darin eingewickelt werden können. Salzwasser in einem großen Topf zum Kochen bringen und die Blätter kurz hineinlegen, herausnehmen, mit kaltem Wasser abschrecken und gut abtropfen lassen.

2. Zucchini abwaschen, abtrocknen und die Enden abschneiden. Zucchini in sehr dünne Scheiben schneiden (evtl. mit einer Aufschnittmaschine) und Zucchinischeiben dachziegelartig in die Mitte der Bananenblätter legen. Mit Salz, Pfeffer und Cayennepfeffer bestreuen.

3. Hähnchenbrustfilets unter fließendem kalten Wasser abspülen, trocken tupfen und in Streifen schneiden. Hähnchenstreifen auf die Zucchinischeiben legen und mit Sojasauce beträufeln.

4. Tomaten abspülen, abtropfen lassen, kreuzweise einschneiden und kurz in kochendes Wasser legen. Anschließend mit kaltem Wasser abschrecken, enthäuten, halbieren und die Stängelansätze herausschneiden. Tomaten entkernen und das Fruchtfleisch in feine Würfel schneiden.

5. Basilikum abspülen, trocken tupfen und die Blättchen von den Stängeln zupfen. Einige Blättchen zum Garnieren beiseitelegen. Tomatenwürfel und Basilikumblättchen auf die Hähnchenstreifen geben und je 2 Esslöffel Kokosmilch daraufträufeln. Kokosraspel daraufstreuen und mit je 2 Scheiben Kräuterbutter belegen.

6. Bananenblätter fest zu einem Päckchen zusammenfalten, so dass keine Flüssigkeit auslaufen kann, mit Holzstäbchen feststecken. Auf dem heißen Grill (mit Alufolie belegt) etwa 20–30 Minuten grillen.

7. Die Baguettes in Alufolie wickeln und auf dem Grill unter Wenden 8–10 Minuten grillen. Hähnchenfilets mit den beiseitegelegten Basilikumblättchen garnieren und mit den warmen Baguettes servieren.

Kräuterbutter | Gut vorzubereiten

Pro Portion:
E: 1 g, F: 21 g, Kh: 1 g, kJ: 830, kcal: 198

100 g weiche Butter
2 TL fein gehackte Pimpinelleblättchen
2 TL fein gehackte Basilikumblättchen
1 TL Schalottenwürfel
1 abgezogene, zerdrückte Knoblauchzehe
6 fein gehackte Estragonblättchen
1 TL Zitronensaft
einige Tropfen Worcestersauce
frisch gemahlener, weißer Pfeffer
Salz

Zubereitungszeit: 20 Minuten

1. Butter in eine Rührschüssel geben und mit Handrührgerät mit Rührbesen geschmeidig rühren. Mit Pimpinelle- und Basilikumblättchen, Schalottenwürfeln, Knoblauch, Estragonblättchen und Zitronensaft verrühren.

2. Mit Worcestersauce, weißem Pfeffer und Salz abschmecken.

Tipp: Kräuterbutter mit jeweils nur einem Kraut zubereiten, z. B. Basilikumbutter, Estragonbutter, Salbeibutter, Thymianbutter, und in kleinen Schälchen servieren; einen Zweig des jeweiligen Krautes dazulegen. Passt zu Gemüsen vom Grill und zu knusprig aufgebackenen Baguettes.

Kräutergarnelen | Mit Alkohol

Pro Portion:
E: 74 g, F: 19 g, Kh: 6 g, kJ: 2292, kcal: 546

etwa 40 große TK-Garnelen (je etwa 80 g, ohne Kopf, mit Schale)

Für die Marinade:
100 ml Olivenöl
1–2 EL Cognac
2 EL frische, gehackte Kräuter, z. B. Estragon, Basilikum, Kerbel oder glatte Petersilie
grobes Meersalz
frisch gemahlener Pfeffer
Cayennepfeffer

Außerdem:
Alufolie

Zubereitungszeit: 25 Minuten, ohne Auftau- und Marinierzeit
Grillzeit: 5–6 Minuten

1. Garnelen nach Packungsanleitung auftauen lassen.

2. Von den Garnelen die Schale entfernen, evtl. am Rücken einschneiden und den Darm entfernen. Garnelen abspülen, trocken tupfen und in eine flache Schale legen.

3. Für die Marinade Olivenöl mit Cognac, Kräutern, Meersalz, Pfeffer und Cayennepfeffer verrühren. Die Garnelen damit bestreichen und zugedeckt etwa 1 Stunde durchziehen lassen.

4. Die Garnelen aus der Schale nehmen und auf den heißen Grill (mit Alufolie belegt) legen. Die Garnelen unter gelegentlichem Wenden 5–6 Minuten grillen. Während des Grillens mit der Marinade bestreichen.

Kräuterspieße „Bulgarische Art" I

Gut vorzubereiten

8 Spieße

Pro Portion:

E: 10 g, F: 10 g, Kh: 11 g, kJ: 718, kcal: 172

Für die Hackfleischbällchen:

300 g Gehacktes (halb Lamm-, halb Schweinefleisch)
1 Zwiebel
1 Knoblauchzehe
1 Ei (Größe M)
80 g Semmelbrösel
2 TL Paprikapulver edelsüß
Salz
frisch gemahlener Pfeffer

je 2 grüne und rote Paprikaschoten (je etwa 150 g)
200 g kleine, feste, braune Champignons
1 große Zwiebel

Außerdem:

8 Holz- oder Metallspieße
1–2 EL Maiskeimöl

4 Stängel Kerbel
2 Stängel Thymian

Zubereitungszeit: 40 Minuten
Grillzeit: etwa 12 Minuten

1. Für die Hackfleischbällchen Gehacktes in eine Schüssel geben. Zwiebel und Knoblauchzehe abziehen, in kleine Würfel schneiden. Zwiebel-, Knoblauchwürfel, Ei und Semmelbrösel zum Gehackten geben und gut vermengen. Gehacktesmasse mit Paprikapulver, Salz und Pfeffer würzen. Aus der Gehacktesmasse mit angefeuchteten Händen 24 Bällchen formen.

2. Paprikaschoten halbieren, entstielen entkernen und die weißen Scheidewände entfernen. Schoten waschen, abtropfen lassen und in Achtel schneiden, diese nochmals quer halbieren. Champignons putzen, mit Küchenpapier abreiben, evtl. abspülen und trocken tupfen. Zwiebel abziehen, in Achtel schneiden und diese nochmals quer halbieren.

3. Die Gehacktesbällchen abwechselnd mit den Champignons, Paprika- und Zwiebelstücken auf die Spieße stecken und mit dem Öl bestreichen.

4. Spieße auf den heißen Grill legen und unter mehrmaligem Wenden etwa 12 Minuten grillen.

5. Kräuter abspülen, trocken tupfen und in kleinere Stängel zupfen. Kleine Kräuterstängel nach dem Grillen und die Spieße stecken und die Spieße servieren.

Kräuter-Tomaten-Aufstrich | Einfach

(etwa 350 g)

Insgesamt:
E: 11 g, F: 57 g, Kh: 12 g, kJ: 2540, kcal: 606

2 Tomaten
6 Sardellenfilets
2 EL Kapern
15 grüne Oliven (mit Paprika gefüllt)
75 g Salatmayonnaise
50 g saure Sahne
4 EL gemischte, gehackte Kräuter
Salz
frisch gemahlener Pfeffer

Zubereitungszeit: 15 Minuten

1. Tomaten kreuzweise einschneiden und kurz in kochendes Wasser legen. Anschließend mit kaltem Wasser abschrecken, enthäuten, halbieren, entkernen und die Stängelansätze herausschneiden. Tomatenfruchtfleisch in kleine Würfel schneiden.

2. Sardellenfilets evtl. wässern und trocken tupfen. Kapern und Oliven jeweils in einem Sieb abtropfen lassen. Sardellen, Kapern und Oliven sehr fein hacken.

3. Mayonnaise mit saurer Sahne verrühren, vorbereitete Zutaten und Kräuter unterrühren. Aufstrich mit Salz und Pfeffer abschmecken und in ein verschließbares Gefäß füllen. Kalt gestellt aufbewahren.

Tipp: Der Kräuter-Tomaten-Aufstrich ist im Kühlschrank 3–4 Tage haltbar.

Kräuter-Vinaigrette | Klassisch

4–6 Portionen

Pro Portion:
E: 0 g, F: 20 g, Kh: 1 g, kJ: 760, kcal: 182

½ EL mittelscharfer Senf
2 EL Kräuter- oder Balsamico-Essig
Salz, frisch gemahlener Pfeffer
1 Prise Zucker
100 ml Olivenöl
3 Knoblauchzehen
einige gemischte Kräuterstängel, z. B. Petersilie, Schnittlauch, Basilikum, Kresse

Zubereitungszeit: 15 Minuten

1. Senf mit Essig verrühren, mit Salz, Pfeffer und Zucker abschmecken. Das Öl unterschlagen.

2. Knoblauchzehen abziehen und fein hacken. Die Kräuter abspülen und trocken tupfen. Blättchen von den Stängel zupfen. Blättchen fein hacken. Knoblauch und Kräuter unter die Vinaigrette rühren.

Tipp: Diese Vinaigrette passt gut zu gemischten Salaten aus Blattsalaten und Gemüse, z. B. Eisbergsalat mit Tomate, Gurke und Paprika.

Kürbis-Chutney | Etwas aufwändiger

3 Gläser (je 200 ml)

Insgesamt:
E: 11 g, F: 2 g, Kh: 186 g, kJ: 3555, kcal: 844

350 g	*Kürbis (vorbereitet gewogen)*
150 g	*Ananas (vorbereitet gewogen)*
200 g	*Zwiebeln (vorbereitet gewogen)*
100 g	*rote Paprikaschoten (vorbereitet gewogen)*
50 ml	*Apfelsaft*
2	*Lorbeerblätter*
¼ Pck. (125 g)	*Extra Gelier Zucker*
125 ml (⅛ l)	*Apfelessig*
20 g	*Salz*
1 gestr. TL	*Currypulver*
je ½ gestr. TL	*Cayennepfeffer, weißer Pfeffer, Kreuzkümmel (Cumin), Koriander (alles gemahlen)*

Zubereitungszeit: etwa 90 Minuten

1. Zum Vorbereiten Kürbis schälen, die Kerne entfernen, Kürbis in sehr feine Würfel schneiden und 350 g abwiegen. Von der Ananas Schopf mit Stielansatz und dem obersten Stück Schale abschneiden, Messer kurz abspülen, die Frucht der Länge nach halbieren und vierteln. Von jedem Viertel den inneren weißlichen Strunk entfernen und die Frucht mit einem Messer schälen. Fruchtfleisch fein schneiden und 150 g abwiegen.

2. Zwiebeln abziehen, in feine Würfel schneiden und 200 g abwiegen. Paprikaschoten halbieren, entstielen, entkernen und die weißen Scheidewände entfernen. Schoten waschen, abtropfen lassen, fein schneiden und 100 g abwiegen.

3. Zum Zubereiten Obst, Gemüse, Apfelsaft und Lorbeerblätter in einen Kochtopf geben und 20 Minuten bei schwacher Hitze kochen lassen, dabei gelegentlich umrühren, dann die Lorbeerblätter entfernen. Extra Gelier Zucker und Essig hinzufügen und weitere 8 Minuten sprudelnd kochen lassen, dabei gelegentlich umrühren.

4. Den Topf von der Kochstelle nehmen, Chutney mit Salz und Gewürzen verrühren und sofort randvoll in vorbereitete Gläser füllen. Gläser mit Twist-off-Deckeln® verschließen, umdrehen und etwa 5 Minuten auf dem Deckel stehen lassen.

Tipp: Kürbis-Chutney passt sehr gut zum klassischen Mixed Grill.
Selbst gemachte Chutneys sind ein schönes Geschenk für die Gastgeber, wenn Sie zu einer Grillparty eingeladen sind.

Kürbis-Erdnuss-Kuchen mit Basilikum | Raffiniert

Insgesamt:
E: 87 g, F: 179 g, Kh: 164 g, kJ: 10968, kcal: 2620

100 g Erdnusskerne, gesalzen
400 g Kürbis ohne Kerne (z. B. Hokaido, es werden 250 g Fruchtfleisch benötigt)
1 Bio-Zitrone (unbehandelt, ungewachst)
4 Stängel Basilikum
1 gestr. TL Sambal Oelek
150 g Weizenmehl (Type 1050)
30 g Hartweizengrieß
4 gestr. TL Dr. Oetker Backin
1 gestr. TL Salz
2 Eier (Größe M)
100 g Doppelrahm-Frischkäse
2 TL Basilikum-Pesto
50 ml Olivenöl

Zum Bestreuen:
50 g Erdnusskerne, gesalzen

Außerdem:
1 Kastenform (11 x 25 cm)

Zubereitungszeit: 40 Minuten, ohne Abkühlzeit
Backzeit: etwa 50 Minuten

1. Erdnusskerne in einer Pfanne ohne Öl goldbraun rösten, auf einen Teller geben und erkalten lassen.

2. Kürbis schälen und auf der groben Seite der Haushaltsreibe raspeln, 250 g Kürbisraspel abwiegen. Zitrone gründlich unter heißem Wasser abwaschen und abtrocknen. Die Hälfte der Zitronenschale auf der feinen Seite der Haushaltsreibe abreiben. Die Zitrone auspressen.

3. Basilikum abspülen, trocken tupfen und die Blättchen von den Stängeln zupfen. Blättchen in Streifen schneiden. Kürbisraspel, Zitronenschale, 2 Esslöffel Zitronensaft, Sambal Oelek und Basilikumstreifen mischen.

4. Den Backofen vorheizen.

5. Für den Teig Mehl, Grieß, Backpulver, Salz und geröstete Erdnüsse in eine Rührschüssel geben und mit einem Schneebesen verrühren. Eier, Frischkäse, Pesto und Olivenöl mit Handrührgerät mit Rührbesen unter die Mehlmasse rühren. Kürbis-Basilikum-Masse kurz unterrühren.

6. Den Teig in die Kastenform (gefettet, mit Semmelbröseln ausgestreut) füllen, glattstreichen und mit Erdnusskernen bestreuen. Die Form auf dem Rost in den vorgeheizten Backofen schieben.

Ober-/Unterhitze: etwa 180 °C
Heißluft: etwa 160 °C
Backzeit: etwa 50 Minuten.

7. Die Form auf einen Kuchenrost stellen. Kuchen etwa 10 Minuten in der Form stehen lassen, dann auf einen mit Backpapier belegten Kuchenrost stürzen. Den Kuchen wieder umdrehen und erkalten lassen.

Tipp: Den Kuchen mit Chilipaste, z. B. Sambal Oelek oder Harissa (siehe Seite 112) servieren.

Lachs mit Tatarensauce | Für Gäste

Pro Portion:
E: 33 g, F: 38 g, Kh: 3 g, kJ: 2022, kcal: 485

4 Lachsfilets (je etwa 150 g)
50 g zerlassene, abgekühlte Butter
Salz
frisch gemahlener Pfeffer

Für die Tatarensauce:

2 hart gekochte Eier
3 Knoblauchzehen
150 g Crème fraîche
2 EL Salatmayonnaise
4 EL gehackte Kräuter, z. B. Petersilie, Estragon, Kerbel, Pimpinelle

Außerdem:

Alu-Grillschale
etwas Speiseöl, z. B. Sonnenblumenöl

Zubereitungszeit: 25 Minuten
Grillzeit: etwa 16 Minuten

1. Lachsfilets unter fließendem kalten Wasser abspülen, trocken tupfen. Die Lachsfilets dünn mit der zerlassenen Butter bestreichen, mit Salz und Pfeffer bestreuen.

2. Für die Tatarensauce Eier pellen und in kleine Würfel schneiden. Knoblauchzehen abziehen und durch eine Knoblauchpresse drücken oder sehr fein hacken. Crème fraîche mit der Mayonnaise verrühren, Eierwürfel, Knoblauch und Kräuter unterrühren. Die Sauce mit Salz und Pfeffer abschmecken.

3. Die Grillschale mit Öl bestreichen, die Lachsfilets hineinlegen und auf den heißen Grill legen. Lachsfilets von beiden Seiten etwa 8 Minuten grillen. Zwischendurch mit der restlichen Butter bestreichen. Lachs mit Tartarensauce servieren.

Beilage: Grillkartoffeln und gemischter Salat.

Lachskoteletts vom Grill | Einfach

Pro Portion:
E: 35 g, F: 30 g, Kh: 5 g, kJ: 1795, kcal: 431

4 Lachskoteletts (je etwa 180 g)
Salz
frisch gemahlener Pfeffer
Zitronensaft
6 EL Speiseöl, z. B. Olivenöl

8 mittelgroße Tomaten
100 g Kräuterbutter
½ Kästchen Kresse

Außerdem:
Alufolie

Zubereitungszeit: 25 Minuten
Grillzeit: Lachskoteletts etwa 14 Minuten, Tomaten etwa 10 Minuten

1. Lachskoteletts unter fließendem kalten Wasser abspülen, trocken tupfen. Mit Salz und Pfeffer würzen, mit Zitronensaft beträufeln und mit Speiseöl bestreichen.

2. Die Lachskoteletts auf den heißen Grill legen und von jeder Seite etwa 7 Minuten grillen. Während des Grillens den Lachs mit Öl bestreichen.

3. Tomaten abspülen, trocken tupfen und die Stängelansätze entfernen. Tomaten an der runden Seite kreuzweise einschneiden, mit Salz und Pfeffer würzen. Kräuterbutter in 16 Scheiben schneiden. Die Tomaten auf der eingeschnittenen Seite jeweils mit 1 Scheibe Kräuterbutter belegen, je eine Tomate in einen Bogen Alufolie wickeln und etwa 10 Minuten mitgrillen.

4. Kresse abspülen, abschneiden und trocken tupfen. Die Lachskoteletts mit den restlichen Kräuterbutterscheiben und den ausgewickelten Tomaten servieren. Kresse zum Garnieren darüberstreuen.

Lachsschnitten mit Dill und Gurken-Tomaten-Salat | Für Gäste

Pro Portion:
E: 31 g, F: 11 g, Kh: 4 g, kJ: 1868, kcal: 447

Zum Vorbereiten:
10 Bögen Alufolie
2 EL Speiseöl, z. B. Sonnenblumenöl

5 Pck. TK-Lachsfilet (je 250 g, 2 Filets je Pck.)
Salz
frisch gemahlener Pfeffer
2 Pck. gehackter TK-Dill
1 Bio-Zitrone (unbehandelt, ungewachst)

Für den Gurken-Tomaten-Salat:
5 Tomaten (etwa 700 g)
1 Salatgurke (etwa 800 g)
3–4 EL Kräuteressig
5 EL Speiseöl, z. B. Sonnenblumenöl

Zubereitungszeit: 65 Minuten, ohne Auftau- und Durchziehzeit
Grillzeit: etwa 15 Minuten

1. Zum Vorbereiten Alufolie auf einer Seite mit Öl bestreichen. Lachsfilets auftauen lassen.

2. Lachsfilets unter fließendem kalten Wasser abspülen und trocken tupfen. Lachsfilets mit Salz und Pfeffer bestreuen. Je 1 Stück Lachsfilet auf einen gefetteten Bogen Alufolie legen.

3. Lachsfilets mit zwei Drittel von dem Dill bestreuen. Zitrone gründlich heiß abwaschen, abtrocknen und in Scheiben schneiden. Jedes Lachsfiletstück mit einer Zitronenscheibe belegen und in der Alufolie einpacken.

4. Für den Salat Tomaten abspülen, abtropfen lassen und die Stängelansätze herausschneiden. Tomaten vierteln. Gurke schälen, in dünne Scheiben schneiden oder hobeln. Essig mit Salz und Pfeffer würzen und mit Öl verrühren. Die Gurkenscheiben und Tomatenviertel mit der Marinade vermischen und mit dem restlichen Dill bestreuen. Den Salat mit Frischhaltefolie zugedeckt im Kühlschrank etwa 1 Stunde durchziehen lassen.

5. Die Lachsfilet-Päckchen auf den heißen Grill legen und unter gelegentlichem Wenden etwa 15 Minuten grillen.

Lammchops mit Estragon-Crème-fraîche | Etwas teurer

8 Portionen

Pro Portion:
E: 24 g, F: 27 g, Kh: 2 g, kJ: 1569, kcal: 375

1 kg	*Lammrücken, ohne Knochen, aber mit einem dünnen Fettrand*
150 g	*Frühstücksspeck in Scheiben (Bacon)*
	Salz
	frisch gemahlener Pfeffer
etwas	*Speiseöl, z. B. Sonnenblumenöl*
2–3	*Knoblauchzehen*
250 g	*Crème fraîche*
	fein gehackte Estragonblättchen

Zubereitungszeit: 30 Minuten
Grillzeit: 8–10 Minuten

1. Das Fleisch unter fließendem kalten Wasser abspülen, trocken tupfen, in 3–4 cm dicke Scheiben schneiden, evtl. mit je 1 Speckstreifen umlegen (wenn das Fleisch nicht genügend Fettrand hat). Fleisch mit Küchengarn umwickeln, so dass es eine runde Form hat, salzen, pfeffern und mit Öl bestreichen.

2. Die Lammchops auf den heißen Grillrost legen und von jeder Seite 4–5 Minuten grillen.

3. Knoblauchzehen abziehen und durch eine Knoblauchpresse drücken oder sehr fein hacken. Crème fraîche mit Estragon und Knoblauch würzen und zu den Lammchops reichen.

Tipp: Dazu passen Salat und Ofenkartoffeln.

Lamm-Gemüse-Spieße I

Etwas aufwändiger

Pro Portion:
E: 21 g, F: 22 g, Kh: 10 g, kJ: 1430, kcal: 341

4 Lammkarrees (je etwa 180 g)

800 g Brokkoli
Salz
2 rote oder gelbe Paprikaschoten

Für die Marinade:
8 EL Olivenöl
4 TL flüssiger Honig
etwas Zitronensaft
frisch gemahlener Pfeffer
gerebelter Thymian
etwas Rosmarin

Außerdem:
8 Holz- oder Metallspieße

Zubereitungszeit: 50 Minuten, ohne Durchziehzeit
Grillzeit: etwa 12 Minuten

1. Lammkarrees unter fließendem kalten Wasser abspülen und trocken tupfen. Jeweils 1 Karree in 4 Stücke schneiden. Lammstücke in eine flache Schale legen.

2. Vom Brokkoli die Blätter entfernen. Den Brokkoli in Röschen teilen. Die Röschen waschen und abtropfen lassen. Brokkoliröschen in kochendem Salzwasser etwa 5 Minuten kochen, in ein Sieb geben und abtropfen lassen.

3. Paprikaschoten halbieren, entstielen, entkernen und die weißen Scheidewände entfernen. Schoten waschen, abtrocknen und vierteln. Paprikaviertel in Salzwasser 3–4 Minuten kochen, in ein Sieb geben und abtropfen lassen.

4. Für die Marinade Olivenöl, Honig, Zitronensaft, Salz, Pfeffer, Thymian und Rosmarin gut verrühren.

5. Lammstücke, Brokkoliröschen und Paprikaviertel abwechselnd auf die Spieße stecken. Die Spieße mit der Marinade bestreichen und mit Frischhaltefolie zugedeckt etwa 30 Minuten durchziehen lassen.

6. Die Spieße auf den heißen Grill legen und unter ständigem Wenden etwa 12 Minuten grillen.

Lammkarrees | Etwas teurer

Pro Portion:
E: 14 g, F: 15 g, Kh: 0,2 g, kJ: 869, kcal: 207

4 Lammkarrees (je 150 g)

Für die Marinade:
2 Knoblauchzehen
etwas frischer Thymian
4 EL Olivenöl
Salz
frisch gemahlener Pfeffer

Außerdem:
Alufolie

Zubereitungszeit: 30 Minuten, ohne Marinierzeit
Grillzeit: etwa 10 Minuten

1. Lammkarrees unter fließendem kalten Wasser abspülen, trocken tupfen und in eine flache Schale legen.

2. Für die Marinade Knoblauchzehen abziehen und durch eine Knoblauchpresse drücken. Thymian abspülen und trocken tupfen. Die Blättchen von den Stängeln zupfen. Olivenöl mit Knoblauch, Thymianblättchen, Salz und Pfeffer verrühren. Lammkarrees damit bestreichen und etwas durchziehen lassen.

3. Die Lammkarrees auf den heißen Grill (mit Alufolie belegt) legen und von beiden Seiten unter mehrmaligem Wenden etwa 10 Minuten grillen. Die Lammkarrees während des Grillens mit der Marinade bestreichen.

Beilage: Dazu schmecken gegrillte Tomaten und Fladenbrot.

Lammkoteletts in Zitronenmarinade | Einfach

Pro Portion:
E: 26 g, F: 27 g, Kh: 1 g, kJ: 1559, kcal: 372

16 Lammkoteletts (aus der Krone)

Für die Marinade:
2 Knoblauchzehen
4 EL Olivenöl
2 EL Zitronensaft
Schale von
1 Bio-Zitrone (unbehandelt, ungewachst)
oder 1 Pck. Dr. Oetker Finesse Geriebene Zitronenschale

Außerdem:
Alufolie

Zubereitungszeit: 30 Minuten, ohne Marinierzeit
Grillzeit: etwa 12 Minuten

1. Lammkoteletts unter fließendem kalten Wasser abspülen, trocken tupfen und in eine flache Schale legen.

2. Für die Marinade Knoblauchzehen abziehen und durch eine Knoblauchpresse drücken. Knoblauch mit Olivenöl, Zitronensaft und -schale gut verrühren. Die Lammkoteletts damit bestreichen und mit Frischhaltefolie zugedeckt etwa 30 Minuten durchziehen lassen.

3. Die Koteletts auf den heißen Grill (mit Alufolie belegt) legen und unter gelegentlichem Wenden etwa 12 Minuten grillen.

Beilagen: Tsatsiki, Fladenbrot, gemischter Salat mit Schafkäse.

Lammkoteletts mit Minzebutter I

Gut vorzubereiten

Pro Portion:
E: 22 g, F: 74 g, Kh: 2 g, kJ: 3480, kcal: 832

Für die Minzebutter:
10 Minzeblättchen
80 g weiche Butter
1 EL Zitronensaft
1/2 TL Salz

Für die Marinade:
2–3 Knoblauchzehen
4 EL kalt gepresstes Olivenöl
2–3 EL Zitronensaft

4 doppelte Lammkoteletts
(je 150 g, etwa 2 cm dick)
Salz
frisch gemahlener Pfeffer

Zubereitungszeit: 75 Minuten, ohne Marinierzeit
Grillzeit: etwa 12 Minuten

1. Die Minzeblättchen abspülen, trocken tupfen und fein hacken. Mit Butter, Zitronensaft und Salz verrühren. Die Minzebutter kalt stellen.

2. Für die Marinade Knoblauchzehen abziehen, durch eine Knoblauchpresse drücken, mit Olivenöl und Zitronensaft verrühren.

3. Die Lammkoteletts unter fließendem kalten Wasser abspülen, trocken tupfen, mit Salz und Pfeffer würzen. Lammkoteletts in die Marinade geben und mit Frischhaltefolie zugedeckt etwa 1 Stunde durchziehen lassen, ab und zu wenden.

4. Die Koteletts herausnehmen, trocken tupfen, auf dem heißen Grill von jeder Seite etwa 6 Minuten unter gelegentlichem Wenden grillen.

5. Je 1 Teelöffel der Minzebutter auf den Lammkoteletts anrichten.

Lammsteaks mit Harissa | Feurig

Pro Portion:
E: 18 g, F: 11 g, Kh: 1 g, kJ: 815, kcal: 194

4 Lammsteaks aus der Keule (je etwa 180 g)

Für die Marinade:
4 geh. TL
(90 g) Harissa (afrikanische Gewürzpaste)
4 EL Sesamöl
frisch gemahlener Pfeffer
1 Zweig Thymian

Zubereitungszeit: 35 Minuten, ohne Marinierzeit
Grillzeit: etwa 12 Minuten

1. Lammsteaks unter fließendem kalten Wasser abspülen, trocken tupfen und waagerecht halbieren. Lammsteaks in eine flache Schale legen.

2. Für die Marinade Harissa, Sesamöl und Pfeffer verrühren. Thymian abspülen, trocken tupfen. Die Blättchen von dem Stängel zupfen und Blättchen unterrühren.

3. Die Lammsteaks mit der Marinade bestreichen und zugedeckt einige Stunden, am besten über Nacht im Kühlschrank durchziehen lassen.

4. Die Lammsteaks auf den heißen Grill legen und danach unter mehrmaligem Wenden etwa 12 Minuten grillen.

Beilage: Scharfe Tomatensauce oder Tsatsiki.

Lammtaschen, mit grünem Pfeffer und Rosmarin gefüllte | Raffiniert

Pro Portion:
E: 39 g, F: 25 g, Kh: 1 g, kJ: 1734, kcal: 414

10 Lammsteaks aus der Keule (je etwa 130–150 g)

Für die Marinade:
1 Stängel Rosmarin
1 EL grüne Pfefferkörner in Lake (etwa 20 g)
100 ml Olivenöl
4 Knoblauchzehen
Salz

Außerdem:
10 Rouladennadeln oder Holzstäbchen

Zubereitungszeit: 50 Minuten, ohne Marinierzeit
Grillzeit: 15–20 Minuten

1. Lammsteaks unter fließendem kalten Wasser abspülen und trocken tupfen. Lammsteaks etwas flach klopfen (am besten in einem Gefrierbeutel).

2. Für die Marinade Rosmarin abspülen, trocken tupfen und die Nadeln von dem Stängel zupfen. Rosmarinnadeln mit den Pfefferkörnern fein hacken und mit 2 Esslöffeln Olivenöl vermischen.

3. Die Lammsteaks von einer Seite mit der Marinade bestreichen, zusammenklappen und anschließend mit Rouladennadeln oder Holzstäbchen sorgfältig feststecken.

4. Knoblauchzehen abziehen, durch eine Knoblauchpresse drücken und mit dem restlichen Olivenöl vermengen.

5. Die Lammtaschen in eine flache Schale legen, mit dem Knoblauchöl bestreichen und mit Frischhaltefolie zugedeckt im Kühlschrank über Nacht durchziehen lassen.

6. Die Lammtaschen auf den heißen Grill legen und unter mehrmaligem Wenden 15–20 Minuten grillen. Die Lammtaschen mit Salz bestreuen.

Beilagen: Gegrillte Zucchinischeiben und Knoblauch-Mayonnaise-Dip. Dafür fertige Mayonnaise mit etwas Naturjoghurt vermischen und mit Knoblauch und Salz abschmecken.

Langostinos mit Sherrysauce I

Mit Alkohol

Pro Portion:
E: 89 g, F: 9 g, Kh: 2 g, kJ: 569, kcal: 136

500 g frische Langostinos mit Schale oder 350 g TK-Langostinos
30 g weiche Butter

Für die Sherrysauce:
125 g Schlagsahne
1 geh. TL Dr. Oetker Sahnesteif
2 geh. EL Salatmayonnaise (aus der Tube)
3 EL Sherry
Salz
frisch gemahlener Pfeffer
Zucker
Zitronensaft

Außerdem:
evtl. Alufolie

Zubereitungszeit: 50 Minuten
Grillzeit: etwa 8 Minuten

1. Das Fleisch der frischen Langostinos auslösen (Darm herausziehen), unter fließendem kalten Wasser abspülen und trocken tupfen. TK-Langostinos nach Packungsanleitung auftauen und trocken tupfen.

2. Für die Sauce Sahne mit Sahnesteif steifschlagen. Mayonnaise und Sherry vorsichtig unterschlagen. Die Sauce mit Salz, Pfeffer, Zucker und Zitronensaft würzen.

3. Die Langostinos auf den heißen Grill (evtl. mit Alufolie belegt) legen. Langostinos mit der Hälfte der Butter bestreichen und unter mehrmaligem Wenden etwa 8 Minuten grillen. Die Langostinos nach etwa 2 1/2 Minuten Grillzeit mit der restlichen Butter bestreichen.

4. Die Langostinos mit der Sauce servieren.

Beilage: Baguette.

Linsenpaste | Etwas aufwändiger
(etwa 500 g)

Insgesamt:
E: 38 g, F: 23 g, Kh: 87 g, kJ: 3043, kcal: 727

150 g Linsen, z. B. rote Linsen
300 ml Gemüsebrühe
1 Zwiebel
150 g Mangofruchtfleisch
1 EL Currypulver
2 EL Speiseöl, z. B. Leinöl
Salz, frisch gemahlener Pfeffer

Zubereitungszeit: 30 Minuten, ohne Abkühlzeit

1. Linsen mit der Gemüsebrühe in einen Topf geben und zum Kochen bringen. Linsen zugedeckt bei mittlerer Hitze etwa 12 Minuten köcheln lassen (die Flüssigkeit soll von den Linsen vollständig aufgenommen werden). Linsen erkalten lassen, dabei gelegentlich umrühren und die Linsen mit Hilfe einer Gabel zerdrücken.

2. Zwiebel abziehen, halbieren und in feine Würfel schneiden. Von der Mango das Fruchtfleisch vom Stein schneiden. Mango schälen und das Fruchtfleisch fein würfeln.

3. Linsen mit den Zwiebel- und Mangowürfeln verrühren. Currypulver und Öl unterrühren. Linsenpaste mit Salz und Pfeffer abschmecken.

4. Die Linsenpaste in ein verschließbares Gefäß füllen und kalt stellen.

Brotempfehlung: Vollkornbrot.

Tipp: Die Linsenpaste ist im Kühlschrank 3–4 Tage haltbar.

Makkaronisalat mit Kräutersauce

Schnell

Pro Portion:
E: 17 g, F: 16 g, Kh: 25 g, kJ: 1390, kcal: 332

125 g Makkaroni
1 l Salzwasser
100 g Bratenfleisch (als Aufschnitt)
100 g gekochter Schinken
250 g Tomaten
1 grüne Paprikaschote
2 Gewürzgurken
2 TL abgetropfte Kapern

Für die Kräutersauce:
1 EL Speiseöl, z. B. Sonnenblumenöl
2–3 EL Essig
3 EL Schlagsahne
Salz, frisch gemahlener Pfeffer
1 Prise Zucker
1 EL gehackte Petersilie
1 EL fein geschnittener Schnittlauch

Zubereitungszeit: 40 Minuten

1. Makkaroni in etwa 2 cm lange Stücke brechen, in kochendem Salzwasser nach Packungsanleitung bissfest garen, in ein Sieb abgießen, mit kaltem Wasser übergießen und gut abtropfen lassen.

2. Bratenfleisch und Schinken in Streifen schneiden. Tomaten abspülen, abtrocknen, halbieren, entkernen und die Stängelansätze herausschneiden. Tomaten in Würfel schneiden.

3. Paprika halbieren, entstielen, entkernen und die weißen Scheidewände entfernen. Schote waschen, abtropfen lassen und in sehr dünne Streifen schneiden. Gurken in Würfel schneiden.

4. Für die Kräutersauce Öl mit Essig und Sahne verrühren, mit Salz, Pfeffer und Zucker würzen.

5. Petersilie und Schnittlauch unterrühren, mit den vorbereiteten Salatzutaten und den Kapern vermengen und gut durchziehen lassen.

Makrelen auf Mittelmeerart

Etwas aufwändiger

Pro Portion:
E: 68 g, F: 45 g, Kh: 3 g, kJ: 3147, kcal: 752

8 küchenfertige Makrelen (je 350 g)
Salz
frisch gemahlener Pfeffer

Für die Füllung:
6 Fleischtomaten
30 schwarze, entsteinte Oliven
getrockneter, gerebelter Oregano
2 Bund glatte Petersilie

Außerdem:
Alufolie

Zubereitungszeit: 55 Minuten
Grillzeit: etwa 30 Minuten

1. Makrelen innen und außen unter fließendem kalten Wasser abspülen und trocken tupfen. Makrelen mit Salz und Pfeffer bestreuen.

2. Für die Füllung Tomaten kreuzweise einschneiden und einige Sekunden in kochendes Wasser legen. Anschließend Tomaten mit kaltem Wasser abschrecken, enthäuten, halbieren, entkernen und die Stängelansätze herausschneiden. Fruchtfleisch in Würfel schneiden.

3. Oliven vierteln, mit Oregano zu den Tomatenwürfeln geben. Petersilie abspülen, trocken tupfen und die Blättchen von den Stängeln zupfen. Blättchen fein hacken und untermengen. Jeweils etwas von der Füllung in 1 Makrele geben. Jeweils 1 gefüllte Makrele auf einen Bogen Alufolie legen und fest verschließen.

4. Die Makrelen in der Folie auf den heißen Grill legen und unter gelegentlichem Wenden etwa 30 Minuten grillen.

Mango-Minze-Chutney I

Gut vorzubereiten

Insgesamt:
E: 2 g, F: 2 g, Kh: 175 g, kJ: 3058, kcal: 732

1	*reife Mango (etwa 400 g)*
2–3 Zweige	*Minze*
1 Stängel	*Currykraut*
150 g	*Zucker*
1 TL	*rosa Pfefferbeeren*
	frisch gemahlener Koriander
	Salz
	frisch gemahlener Pfeffer

Zubereitungszeit: 30 Minuten

1. Mango halbieren und den Stein herausnehmen. Mango schälen und das Fruchtfleisch in große Würfel schneiden.

2. Minzezweige und Currykraut abspülen und trocken tupfen. Die Blättchen von den Stängeln zupfen. Blättchen jeweils klein schneiden.

3. Zucker mit 100 ml Wasser in einem Topf zum Kochen bringen. Mangowürfel, Minze und Curry hinzufügen. Mit Pfefferbeeren, Koriander, Salz und Pfeffer würzen.

4. Die Zutaten zum Kochen bringen und etwa 10 Minuten bei mittlerer Hitze kochen lassen.

5. Den Topf von der Kochstelle nehmen. Das Chutney sofort in gründlich gereinigte und gespülte Gläser füllen, mit Twist-off-Deckeln® verschließen, umdrehen und etwa 5 Minuten auf dem Kopf stehen lassen.

Marinierte Lammkoteletts | Für Gäste

Pro Portion:
E: 18 g, F: 20 g, Kh: 0,3 g, kJ: 1168, kcal: 278

8 Lammkoteletts (je 100 g)

Für die Marinade:

2 Knoblauchzehen
4 EL Olivenöl
etwas Chilipulver
etwas gemahlener Kümmelsamen
Salz, frisch gemahlener Pfeffer
1 TL Kräuter, z. B. Rosmarin, Oregano
1 Zweig frischer Rosmarin

Zubereitungszeit: 35 Minuten, ohne Marinierzeit
Grillzeit: etwa 10 Minuten

1. Lammkoteletts unter fließendem kalten Wasser abspülen, trocken tupfen und in eine Schale legen.

2. Für die Marinade Knoblauchzehen abziehen und durch eine Knoblauchpresse drücken. Knoblauch mit Olivenöl, Chili, Kümmel, Salz, Pfeffer und Kräutern gut verrühren. Die Lammkoteletts mit der Marinade bestreichen.

3. Rosmarinzweig abspülen, trocken tupfen. Die Nadeln von den Stängeln zupfen und auf die Lammkoteletts streuen. Zugedeckt am besten über Nacht kalt stellen.

4. Die Koteletts auf den heißen Grillrost legen und unter mehrmaligem Wenden etwa 10 Minuten grillen.

Beilage: Ofenkartoffeln.

Marinierter Spitzkohl mit Champignons | Etwas aufwändiger

Pro Portion:
E: 6 g, F: 26 g, Kh: 16 g, kJ: 1424, kcal: 340

Für den Salat:
1 1/2 kg Spitzkohl
600 g Champignons
Salz

Für die Croûtons:
12 Scheiben Toastbrot
3 Knoblauchzehen
150 g Butter oder Margarine

Für die Marinade:
grob gemahlener bunter Pfeffer
100 ml Apfelessig
150 ml Speiseöl, z. B. Sonnenblumenöl

Zum Anbraten:
3 EL Speiseöl, z. B. Sonnenblumenöl

Zubereitungszeit: 100 Minuten

1. Für den Salat Spitzkohl putzen, waschen und mit einem Gemüsehobel zu Streifen verarbeiten oder mit einem Messer in feine Streifen schneiden.

2. Champignons ebenfalls putzen, mit Küchenpapier abreiben, evtl. kurz abspülen und abtropfen lassen. Champignons in Scheiben schneiden.

3. Für die Croûtons Toastbrot in feine Würfel schneiden, Knoblauchzehen abziehen und klein schneiden. Butter oder Margarine erhitzen, Knoblauch darin anbraten und die Brotwürfel darin goldbraun rösten.

4. Spitzkohlstreifen in Salzwasser etwa 15 Minuten kochen, danach auf einem Sieb abtropfen lassen (200 ml Flüssigkeit auffangen).

5. Für die Marinade Spitzkohl mit Salz und Pfeffer würzen und mit Essig und Öl sowie der aufgefangenen Flüssigkeit vermengen.

6. Champignonscheiben kurz und kräftig in Öl anbraten, salzen und pfeffern und unter den noch lauwarmen Salat mischen. Zum Schluss den Salat mit Croûtons bestreuen und lauwarm servieren.

Marinierter Ziegenkäse I

Für Gäste

Insgesamt:
E: 42 g, F: 291 g, Kh: 37 g, kJ: 13106, kcal: 3129

250 ml (1/4 l) Olivenöl
200 ml Weißwein
3 Knoblauchzehen
10 Champignons
2 Zweige Rosmarin
1 frische rote Pfefferschote
4 kleine Ziegenkäse (je etwa 175 g)
12 grüne Oliven ohne Stein

Zubereitungszeit: 20 Minuten, ohne Durchziehzeit

1. Öl mit Wein verrühren. Knoblauchzehen abziehen und evtl. halbieren. Champignons putzen, mit Küchenpapier abreiben, evtl. kurz abspülen und trocken tupfen.

2. Rosmarinzweige abspülen und trocken tupfen. Pfefferschote senkrecht einschneiden, entkernen und in Ringe schneiden.

3. Ziegenkäse, Oliven, Knoblauch, Champignons, Rosmarinzweige und Pfefferschotenringe in gründlich gereinigte, gespülte Gläser (je 1-Liter-Inhalt) geben, mit der Öl-Wein-Mischung übergießen.

4. Gläser gut verschließen und Ziegenkäse mindestens 24 Stunden durchziehen lassen.

Mariniertes Gemüse | Mit Alkohol

8–10 Portionen

Pro Portion:
E: 4 g, F: 19 g, Kh: 10 g, kJ: 1026, kcal: 245

je 2 rote, gelbe und grüne Paprikaschoten
2 EL Speiseöl, z. B. Sonnenblumenöl
3 dünne Zucchini
2 kleine Auberginen
Salz
2 Köpfe Radicchio
4 Kolben Chicorée
200 g Champignons
125 ml (1/8 l) Olivenöl

Für die Marinade:
4 Schalotten
100 ml Weißwein
100 ml Olivenöl
8 EL Rotweinessig
2 EL Balsamico-Essig
4 Lorbeerblätter
2 TL Salz
2 TL Zucker
frisch gemahlener Pfeffer

Zubereitungszeit: 100 Minuten, ohne Marinierzeit
Backzeit: 10–15 Minuten

1. Den Backofen vorheizen. Paprikaschoten vierteln, entstielen, entkernen, die weißen Scheidewände entfernen und die Schoten waschen. Die Paprikaviertel mit Öl bestreichen und mit der Hautseite nach oben auf ein Backblech (gefettet) legen. Das Backblech in den vorgeheizten Backofen schieben.

Ober-/Unterhitze: etwa 220 °C
Heißluft: etwa 200 °C
Backzeit: 10–15 Minuten.

2. Die Paprikaschoten backen, bis die Haut dunkel wird und Blasen wirft. Das Backblech dann aus dem Backofen nehmen, die Schoten mit einem feuchten Tuch zudecken und etwas abkühlen lassen. Dann die Haut abziehen.

3. Zucchini und Auberginen waschen, abtrocknen, die Enden abschneiden und beide Zutaten in 1 cm dicke Scheiben schneiden. Die Scheiben mit Salz bestreuen, etwa 30 Minuten stehen lassen, dann mit Küchenpapier trocken tupfen.

4. In der Zwischenzeit Radicchio und Chicorée von schlechten Blättern befreien, vierteln und die Strünke herausschneiden.

5. Champignons putzen, mit Küchenpapier abreiben, evtl. abspülen und abtropfen lassen. Größere Pilze in Scheiben schneiden.

6. Öl portionsweise in einer Pfanne erhitzen. Die Zucchini- und Auberginenscheiben darin nach und nach von beiden Seiten anbraten, herausnehmen und auf Küchenpapier abtropfen lassen.

7. Nacheinander ebenfalls Radicchio, Chicorée und Pilze anbraten. Die Zutaten dann in eine flache Form schichten.

8. Für die Marinade Schalotten abziehen, in feine Ringe schneiden und mit Wein, Öl, beiden Essigsorten, Lorbeerblättern, Salz, Zucker und Pfeffer in einem Topf mischen. Alles zum Kochen bringen und einmal aufkochen lassen.

9. Die Marinade über das Gemüse gießen und mindestens 2–3 Stunden darin marinieren.

Mayonnaise | Klassisch

Pro Portion:
E: 1 g, F: 33 g, Kh: 0 g, kJ: 1233, kcal: 295

1	*Eigelb (Größe M)*
1–2 TL	*Weißweinessig oder Zitronensaft*
	Salz
½–1 TL	*mittelscharfer Senf*
125 ml (⅛ l)	*Speiseöl, z. B. Sonnenblumenöl*

Zubereitungszeit: 10 Minuten

1. Eigelb mit Essig oder Zitronensaft, Salz und Senf in eine Rührschüssel geben.

2. Alle Zutaten mit einem Handrührgerät mit Rührbesen zu einer dicklichen Masse aufschlagen.

3. Öl in einem dünnen Strahl nach und nach darunter schlagen (bei dieser Zubereitung ist es nicht notwendig, das Öl tröpfchenweise zuzugeben, die mit dem Eigelb vermengten Gewürze verhindern die Gerinnung.

Verwendung: Die Mayonnaise eignet sich als Grundlage für kalte Saucen und Dips, zu Fondue oder als Brotaufstrich für Sandwiches.

Tipp: Die Zutaten für die Mayonnaise sollten ungefähr die gleiche Temperatur haben, damit sich alle Zutaten gut verbinden. Sollte die Mayonnaise geronnen sein, nochmals ein 1 Eigelb mit Essig oder Zitronensaft verrühren und die geronnene Mayonnaise nach und nach unterrühren.

Hinweis: Nur ganz frische Eier verwenden, die nicht älter als 5 Tage sind (Legedatum beachten!). Die fertige Mayonnaise im Kühlschrank aufbewahren und innerhalb von 24 Stunden verzehren.

Meeräsche, in Folie gegrillt I

Gut vorzubereiten

Pro Portion:
E: 31 g, F: 17 g, Kh: 5 g, kJ: 1241, kcal: 298

4 TK-Filets von der Meeräsche (je etwa 150 g)
Salz, frisch gemahlener Pfeffer

1 Staudensellerie (etwa 500 g)
2 Tomaten (etwa 200 g)
1 kleiner Topf Zitronenmelisse
1 EL (40 g) Kapern
Knoblauchpulver

4 EL Olivenöl
Saft von
1 Limette

Außerdem:
4 Bögen starke Alufolie

Zubereitungszeit: 30 Minuten, ohne Auftau- und Marinierzeit
Grillzeit: etwa 20 Minuten

1. Fischfilets nach Packungsanleitung auftauen lassen. Anschließend unter fließendem kalten Wasser abspülen und trocken tupfen. Mit Salz und Pfeffer bestreuen.

2. Sellerie putzen und die harten Außenfäden abziehen. Sellerie waschen, abtropfen lassen, in dünne Scheiben schneiden und in kochendem Wasser kurz blanchieren. Selleriescheiben in ein Sieb geben, mit kaltem Wasser übergießen und abtropfen lassen. Tomaten waschen, trocken tupfen, vierteln, entkernen und die Stängelansätze herausschneiden. Fruchtfleisch in Würfel schneiden.

3. Zitronenmelisse abspülen, trocken tupfen, die Blättchen von den Stängeln zupfen. Einige Blättchen zum Garnieren beiseitelegen. Restliche Blättchen grob hacken. Selleriescheiben, Tomatenwürfel, Melisseblättchen und Kapern in einer Schüssel gut vermengen. Mit Salz, Pfeffer und Knoblauch würzen.

4. Jeweils 1 Fischfilet auf einen Bogen Alufolie (dünn mit Olivenöl bestrichen) legen. Die Gemüsemischung auf den Filets verteilen. Je 1 Esslöffel Olivenöl darauf träufeln. Die Alufolie so zusammenfalten, dass keine Flüssigkeit auslaufen kann. Die gefüllten Päckchen zum Marinieren etwa 2 Stunden in den Kühlschrank stellen.

5. Die vorbereiteten Päckchen auf dem heißen Grill etwa 20 Minuten grillen. Zum Servieren die Päckchen öffnen, die Filets mit dem Limettensaft beträufeln und mit den beiseitegelegten Zitronenmelisseblättchen garnieren.

Tipp: Statt Meeräsche eignen sich auch Dorsch, Lachs oder Schellfisch.

Mini-Calzone | Raffiniert

15 Stück

Pro Stück:
E: 7 g, F: 5 g, Kh: 15 g, kJ: 589, kcal: 141

Für den Hefeteig:

300 g Weizenmehl
1 Pck. Dr. Oetker Trockenbackhefe
1 TL Zucker
1 TL Salz
1 EL Speiseöl, z. B. Sonnenblumenöl
200 ml lauwarmes Wasser

Für die Füllung:

1 Zwiebel
1 EL Speiseöl, z. B. Sonnenblumenöl
1 Zucchini (200 g)
150 g Mailänder Salami
80 g geraspelter Käse, z. B. Gouda-Käse

Zubereitungszeit: 85 Minuten
Backzeit: etwa 15 Minuten

1. Für den Teig Mehl in eine Rührschüssel geben, mit Trockenbackhefe sorgfältig mischen. Zucker, Salz, Öl und Wasser hinzufügen. Die Zutaten mit Handrührgerät mit Knethaken zunächst auf niedrigster, dann auf höchster Stufe in etwa 5 Minuten zu einem Teig verarbeiten. Den Teig zugedeckt so lange an einem warmen Ort gehen lassen, bis er sich sichtbar vergrößert hat.

2. Für die Füllung Zwiebel abziehen und würfeln. Öl erhitzen, die Zwiebelwürfel darin andünsten.

3. Die Enden der Zucchini abschneiden, Zucchini waschen, trocken tupfen, grob raspeln und mit den Zwiebelwürfeln vermischen. Salami in Würfel schneiden.

4. Den gegangenen Teig leicht mit Mehl bestäuben, aus der Schüssel nehmen, auf der Arbeitsfläche nochmals kurz durchkneten, den Teig dünn ausrollen, runde Platten (Ø etwa 10 cm) ausstechen.

5. Die eine Hälfte jeder Platte mit etwas Zucchinimasse und einigen Salamiwürfeln belegen, die andere Teighälfte darüber klappen. Die Taschen gut an den Rändern andrücken, auf ein Backblech (mit Backpapier belegt) legen (aus dem restlichen Teig längliche Brötchen formen, mit auf das Backblech legen).

6. Die Taschen mit lauwarmem Wasser bestreichen, mit Käse bestreuen und nochmals an einem warmen Ort gehen lassen, bis sie sich sichtbar vergrößert haben. Während der Teiggehzeit den Backofen vorheizen. Das Backblech in den vorgeheizten Backofen schieben.

Ober-/Unterhitze: 200–220 °C
Heißluft: 180–200 °C
Backzeit: etwa 15 Minuten.

Tipp: Statt der Zucchini 150 g gewürfelten Schafkäse mit in die Füllung geben.

Mini-Empanadas | Für Gäste

Pro Portion:
E: 17 g, F: 47 g, Kh: 38 g, kJ: 2715, kcal: 666

Für die Zwiebel-Hackfleisch-Füllung:

1 Zwiebel
1 EL Speiseöl, z. B. Sonnenblumenöl
100 g Gehacktes (halb Rind-, halb Schweinefleisch)
1/2 Pck. Kräuter der Provence
Salz
frisch gemahlener Pfeffer

Für die Tunfisch-Oliven-Füllung:

1 kleine Dose Tunfisch (Abtropfgewicht 80 g)
1 Glas Oliven (mit Paprika gefüllt, Abtropfgewicht 80 g)

Für den Dip:

150 g Crème fraîche
1/2 Pck. Kräuter der Provence
2 EL Tomatenketchup

Für den Teig:

1 Pck. (400 g) Pizzateig (fertig und ausgerollt)
1 Ei (Größe M)

Zubereitungszeit: 65 Minuten, ohne Abkühlzeit
Backzeit: etwa 15 Minuten

1. Für die Zwiebel-Fleisch-Füllung Zwiebel abziehen und in Würfel schneiden. Speiseöl in einer Pfanne erhitzen. Zwiebelwürfel darin andünsten. Gehacktes hinzufügen und anbraten, dabei vorhandene Klümpchen mit einer Gabel zerdrücken. Mit Kräutern, Salz und Pfeffer würzen. Gehacktesmasse abkühlen lassen.

2. Für die Tunfisch-Oliven-Füllung Tunfisch abtropfen lassen. Oliven klein schneiden und mit dem Tunfisch vermengen. Mit Salz und Pfeffer würzen.

3. Für den Dip Crème fraîche mit Kräutern und Ketchup verrühren. Mit Salz und Pfeffer würzen.

4. Den Pizzateig auf einer Arbeitsfläche ausbreiten. Mit einer Ausstechform oder einem Glas (ø etwa 7 cm) 15 Scheiben ausstechen. Teigreste verkneten, ausrollen und weitere 3 Scheiben daraus ausstechen. Ei verschlagen.

5. 9 Scheiben mit je 1 Teelöffel der Gehacktesmasse belegen, den Rand dabei frei lassen. Teigränder mit verschlagenem Ei bestreichen. Die belegten Teigscheiben zusammenklappen, Ränder andrücken. Den Backofen vorheizen.

6. Restliche Teigscheiben (6 Scheiben) mit der Tunfischfüllung belegen und wie zuvor beschrieben zusammenklappen und andrücken.

7. Die gefüllten Teigtaschen auf ein Backblech (mit Backpapier belegt) legen und mit dem restlichen verschlagenem Ei bestreichen. Das Backblech in den vorgeheizten Backofen schieben.

Ober-/Unterhitze: etwa 180 °C
Heißluft: etwa 160 °C
Backzeit: etwa 15 Minuten.

8. Die Empenadas vom Backpapier lösen, auf eine Platte legen und lauwarm oder kalt servieren.

Tipp: Empenadas mit Petersilienblättchen garniert servieren.

Minz-Joghurt-Dressing | Schnell

Pro Portion:
E: 2 g, F: 7 g, Kh: 3 g, kJ: 373, kcal: 89

einige Stängel	*frische Pfefferminze*
1	*Knoblauchzehe*
250 g	*Joghurt*
2 EL	*Olivenöl*
1 Prise	*gemahlener Kreuzkümmel (Cumin)*
	Salz
	frisch gemahlener Pfeffer

Zubereitungszeit: 5 Minuten

1. Pfefferminze abspülen, trocken tupfen und die Blättchen von den Stängeln zupfen. Ein paar Blättchen zum Garnieren beiseitelegen, die restlichen in feine Streifen schneiden. Knoblauch abziehen und durch eine Knoblauchpresse drücken oder sehr fein hacken.

2. Joghurt mit Öl, Kreuzkümmel und Knoblauch verrühren. Dressing mit Salz und Pfeffer abschmecken. Nach Belieben mit beiseitegestellten Pfefferminzblättchen garnieren.

Tipp: Dieses Dressing passt zu Blattsalaten, wie z.B. Römersalat, Eisbergsalat, Chicorée oder Endivie, Gurkensalat und Salaten aus gebratenem Gemüse, wie z.B. Zucchini, Paprika oder Fenchel. Das Dressing hält sich gut verschlossen im Kühlschrank etwa 3 Tage.

Extra Tipp: Die Mischung aus Joghurt und Minze ist herrlich frisch im Geschmack und ideal für heiße Sommertage. Auch zu süßen Salaten mit Obst, Reis oder Grieß schmeckt Joghurt und fein gehackte Minze mit etwas Zucker, Honig oder Frucht-Dicksaft verrührt.

Möhren-Apfel-Salat | Klassisch

Pro Portion:
E: 1 g, F: 3 g, Kh: 12 g, kJ: 374, kcal: 89

500 g Möhren
250 g Äpfel
2–3 EL Zitronensaft
Salz
1 Prise Zucker
1 EL Speiseöl, z. B. Sonnenblumenöl

Zubereitungszeit: 25 Minuten

1. Möhren putzen, schälen, abwaschen und abtropfen lassen. Äpfel schälen, vierteln und entkernen. Beide Zutaten auf einer Reibe grob raspeln.

2. Zitronensaft mit Salz und Zucker verrühren. Öl hinzufügen und unterschlagen. Möhren und Äpfel mit der Sauce in einer Schüssel vermengen.

3. Nach Belieben den Salat mit Salz und Zucker abschmecken und etwas durchziehen lassen.

Tipp: 1–2 Esslöffel gehackte Haselnusskerne oder geröstete Sonnenblumenkerne und Rosinen unter den Salat mengen.
Verwenden Sie eine Apfelsorte mit viel Aroma, z. B. Cox Orange.
Heben Sie zusätzlich 1–2 Esslöffel gehackte frische Petersilie unter den Salat.

Extra Tipp: Dekorativ sieht es aus, wenn Sie den Salat auf grünen Blattsalaten anrichten.

Mozzarella im Schinkenhemd

Einfach

24 Stück

Pro Portion:
E: 10 g, F: 13 g, Kh: 1 g, kJ: 682, kcal: 163

3 Kugeln (je 125 g) Mozzarella
24 Scheiben hauchdünn geschnittener Parmaschinken (etwa 250 g)
24 Schnittlauchhalme
24 Basilikumblättchen

Zubereitungszeit: 35 Minuten

1. Mozzarella abtropfen lassen und achteln. Jedes Achtel mit einer längs doppelt gefalteten Scheibe Schinken umwickeln, so dass oben und unten noch ein Stück Käse sichtbar bleibt.

2. Schnittlauch und Basilikum kalt abspülen und trocken tupfen. Den Schinken mit einem Schnittlauchhalm umwickeln, dabei je ein Basilikumblättchen mit einbinden.

3. Mozzarella-Päckchen auf einer Platte anrichten.

Tipp: Die Mozzarella-Schinken-Päckchen auf Salatblättern anordnen und mit roten Paprikawürfeln garnieren.

Mozzarellaspieße | Vegetarisch

12 Spieße

Pro Stück:
E: 14 g, F: 31 g, Kh: 2 g, kJ: 1399, kcal: 335

je 1 gelbe und rote Paprikaschote
36–48 kleine Mozzarella-Kugeln
24 grüne, Jumbo-Oliven (mit Mandeln gefüllt)

Zum Bestreuen und Beträufeln:
1 Bund Basilikum
1 Bund Thymian
frisch gemahlener Pfeffer
150 ml Olivenöl

Außerdem:
12 dünne Holzspieße

Zubereitungszeit: 50 Minuten

1. Paprikaschoten halbieren, entstielen, entkernen, die weißen Scheidewände entfernen. Schoten waschen, abtropfen lassen und jeweils in 12 mundgerechte Stücke schneiden.

2. Mozzarella-Kugeln, Oliven und Paprikastücke in bunter Reihenfolge auf 12 Holzspieße stecken. Auf jedem Spieß sollten 3–4 Mozzarella-Kugeln, 2 Oliven und 2 Paprikastückchen sein.

3. Kräuter abspülen, trocken tupfen und die Blättchen von den Stängeln zupfen. Spieße in eine flache Schale legen, mit Pfeffer, Basilikum- und Thymianblättchen bestreuen und mit Olivenöl beträufeln.

Tipp: Anstelle von Paprikastücken können auch Zucchinischeiben verwendet werden.

Muffins mit Cabanossi | Pikant

12 Muffins

Insgesamt:
E: 77 g, F: 144 g, Kh: 162 g, kJ: 9414, kcal: 2249

200 g Zwiebeln
50 ml Olivenöl
230 g Cabanossi (Knoblauchwurst)
170 g Vollkorn-Weizenmehl
50 g Hartweizengrieß
3 gestr. TL Dr. Oetker Backin
1 gestr. TL Salz
1 gestr. TL Paprikapulver edelsüß
150 ml Buttermilch
2 Eier (Größe M)

Zubereitungszeit: 45 Minuten, ohne Abkühlzeit
Backzeit: 30–35 Minuten

1. Zwiebeln abziehen und in kleine Würfel schneiden. Olivenöl in einem kleinen Topf erhitzen. Zwiebelwürfel hinzugeben und zugedeckt etwa 8 Minuten bei schwacher Hitze dünsten. Abkühlen lassen.

2. Cabanossi in etwa ½ cm große Würfel schneiden. Den Backofen vorheizen.

3. Für den Teig Mehl, Grieß, Backpulver, Salz und Paprikapulver in eine Rührschüssel geben und mit einem Schneebesen verrühren. Buttermilch, Eier und lauwarme Zwiebelwürfel mit dem Olivenöl dazugeben und mit Handrührgerät mit Rührbesen unterrühren. Drei Viertel der Cabanossiwürfel unterrühren.

4. Den Teig in eine Muffinform für 12 Muffins (gefettet, mit Semmelbröseln ausgestreut) füllen, mit restlichen Cabanossiwürfeln bestreuen. Die Form auf dem Rost in den vorgeheizten Backofen schieben.

Ober-/Unterhitze: etwa 200 °C
Heißluft: etwa 180 °C
Backzeit: 30–35 Minuten.

5. Die Form auf einen Kuchenrost stellen. Die Muffins etwa 10 Minuten in der Form stehen lassen. Dann aus der Form lösen und auf einen Kuchenrost (mit Backpapier belegt) erkalten lassen.

Tipp: Die Cabanossi können Sie durch Mettenden oder Salami ersetzen. Wer es gern scharf mag, verwendet Chorizo oder Kolbasz. Beide Wurstsorten sind mit Paprika gewürzt und auch nach dem Backen noch scharf und würzig.

Muffins mit Crème fraîche | Einfach

12 Muffins

Insgesamt:
E: 63 g, F: 87 g, Kh: 98 g, kJ: 6024, kcal: 1445

- *½ Bund Schnittlauch*
- *170 g festkochende Kartoffeln*
- *80 g Hartweizengrieß*
- *2 gestr. TL Dr. Oetker Backin*
- *2 gestr. TL Salz*
- *frisch gemahlener Pfeffer*
- *150 g Crème fraîche*
- *250 g Speisequark (Magerstufe)*
- *2 Eier (Größe M)*
- *2 EL Olivenöl*

Zubereitungszeit: 45 Minuten, ohne Abkühlzeit
Backzeit: 30–35 Minuten

1. Den Backofen vorheizen. Schnittlauch abspülen, trocken tupfen und in feine Röllchen schneiden. Kartoffeln waschen, schälen, abspülen und auf der groben Seite der Haushaltsreibe raspeln.

2. Für den Teig Grieß, Backpulver, Salz und etwas Pfeffer in eine Rührschüssel geben und mit einem Schneebesen verrühren. Crème fraîche, Quark, Eier und Olivenöl dazugeben und mit Handrührgerät mit Rührbesen unterrühren. Kartoffelraspel und Schnittlauchröllchen kurz unterrühren.

3. Den Teig in eine Muffinform für 12 Muffins (gefettet, mit Semmelbröseln ausgestreut) füllen und glattstreichen. Die Form auf dem Rost in den vorgeheizten Backofen schieben.

Ober-/Unterhitze: etwa 200 °C
Heißluft: etwa 180 °C
Backzeit: 30–35 Minuten.

4. Die Form auf einen Kuchenrost stellen. Muffins etwa 10 Minuten in der Form stehen lassen, dann aus der Form lösen und auf einen Kuchenrost (mit Backpapier belegt) erkalten lassen.

Tipp: Die erkalteten Muffins mit etwas Crème fraîche, Schnittlauch und Forellenkaviar garnieren und anschließend servieren.

Muffins mit Hähnchenfleisch I

Beliebt
12 Muffins

Insgesamt:
E: 116 g, F: 125 g, Kh: 108 g, kJ: 8473, kcal: 2025

1	*kleine rote Paprikaschote*
350 g	*Hähnchenbrust*
½ Bund	*Koriander*
	Salz, frisch gemahlener Pfeffer
100 g	*Weizenmehl (Type 550)*
30 g	*Hartweizengrieß*
3 gestr. TL	*Dr. Oetker Backin*
100 ml	*Buttermilch*
2	*Eier (Größe M)*
100 ml	*Speiseöl, z. B. Sonnenblumenöl*

Zubereitungszeit: 40 Minuten
Backzeit: 30–35 Minuten

1. Paprikaschote vierteln, entstielen, entkernen und die weißen Scheidewände entfernen. Paprikaviertel abspülen, trocken tupfen und in etwa 1 cm große Würfel schneiden.

2. Hähnchenbrust abspülen, trocken tupfen und in etwa 1 cm große Würfel schneiden. Koriander abspülen, trocken tupfen und Blättchen von den Stängeln zupfen. Blättchen in Streifen schneiden.

3. Hähnchenfleisch mit Salz, etwas Pfeffer und Korianderstreifen in einer Schüssel mischen.
Den Backofen vorheizen.

4. Für den Teig Mehl, Grieß, Backpulver und Salz in eine Rührschüssel geben, mit einem Schneebesen verrühren. Buttermilch, Eier und Speiseöl dazugeben und mit Handrührgerät mit Rührbesen unterrühren. Gewürzte Hähnchenbrustwürfel und Paprikawürfel kurz unterrühren.

5. Den Teig in eine Muffinform für 12 Muffins (gefettet, mit Semmelbröseln ausgestreut) füllen und glattstreichen. Die Form auf dem Rost in den vorgeheizten Backofen schieben.

Ober-/Unterhitze: etwa 200 °C
Heißluft: etwa 180 °C
Backzeit: 30–35 Minuten.

6. Die Form auf einen Kuchenrost stellen. Muffins etwa 10 Minuten in der Form stehen lassen, dann aus der Form lösen und auf einen Kuchenrost (mit Backpapier belegt) erkalten lassen.

Tipp: Die Muffins mit Vollmilchjoghurt und Koriander servieren.

Musketier-Spieße | Für Kinder
10 Stück

Pro Stück:
E: 30 g, F: 19 g, Kh: 10 g, kJ: 1501, kcal: 359

je 1 rote, gelbe und grüne Paprikaschote (je 200 g)
40 Nürnberger Würstchen
5 EL Speiseöl, z. B. Sonnenblumenöl
1 Flasche (250 ml) Barbecue-Sauce oder süße Chilisauce

Außerdem:
10 Holz- oder Metallspieße

Zubereitungszeit: 45 Minuten
Grillzeit: etwa 10 Minuten

1. Paprikaschoten halbieren, entstielen, entkernen, die weißen Scheidewände entfernen, die Schoten waschen und jede Hälfte in etwa 8 gleich große Spalten schneiden.

2. Auf 10 Spieße abwechselnd 4 Würstchen und 4–5 verschiedene Paprikaspalten aufreihen. Die Spieße von beiden Seiten mit dem Öl bestreichen.

3. Die Spieße auf den heißen Grill legen und etwa 10 Minuten grillen, dabei ab und zu wenden.

4. Barbecue- oder Chilisauce kalt oder warm dazu reichen.

Abwandlung: Anstelle der Nürnberger Würstchen können Sie auch Cocktailwürstchen verwenden.

Mustard-Relish | Schnell

6 Portionen (etwa 200 ml)

Insgesamt:
E: 28 g, F: 57 g, Kh: 25 g, kJ: 3034, kcal: 724

1–2 EL gelbes Senfpulver
2 EL scharfer Senf oder etwas Weißweinessig
150 g saure Sahne
2 EL Salatmayonnaise
2 hart gekochte Eier
2 Senfgurken
2 Cornichons
2 eingelegte rote Paprikaschoten (Piri-Piri)
1 EL Kapern
2–3 Perlzwiebeln
Salz, frisch gemahlener Pfeffer

Zubereitungszeit: 30 Minuten

1. Senfpulver mit Senf oder Essig verrühren, saure Sahne und Mayonnaise unterrühren.

2. Eier pellen und fein hacken. Gurken, Cornichons, Paprikaschoten, Kapern und Zwiebeln ebenfalls sehr fein hacken und mit der Sahne-Mayonnaise-Creme vermengen. Mit Salz und Pfeffer abschmecken.

Tipp: Das Mustard-Relish ist gekühlt 3–4 Tage haltbar.

Naan-Brote | Einfach

6 Brote (je etwa 110 g)

Insgesamt:
E: 57 g, F: 30 g, Kh: 357 g, kJ: 8277, kcal: 1979

Für den Hefeteig:

450 g Weizenmehl
1 gestr. TL Salz
½ TL Dr. Oetker Backin
1 Pck. Dr. Oetker Trockenbackhefe
150 g Joghurt
125 ml (⅛ l) lauwarmes Wasser
3 EL Milch
2 EL Speiseöl, z. B. Sonnenblumenöl

Zum Bestäuben:

etwas Weizenmehl

Zubereitungszeit: 45 Minuten, ohne Teiggehzeit
Backzeit: 10–15 Minuten je Backblech

1. Für den Teig Mehl mit Salz, Backpulver und Trockenbackhefe in einer Rührschüssel sorgfältig verrühren. Joghurt, Wasser, Milch und Speiseöl hinzufügen. Die Zutaten mit Handrührgerät mit Knethaken zunächst kurz auf niedrigster, dann auf höchster Stufe in etwa 5 Minuten zu einem glatten Teig verarbeiten.

2. Den Teig mit Mehl bestäuben und so lange an einem warmen Ort gehen lassen, bis er sich sichtbar vergrößert hat (etwa 1 Stunde).

3. Den gegangenen Teig leicht mit Mehl bestäuben, aus der Schüssel nehmen, auf einer bemehlten Arbeitsfläche nochmals kurz durchkneten und zu einer Rolle formen. Teigrolle in 6 gleich große Portionen teilen.

4. Die Teigportionen jeweils mit den Händen zu runden, unregelmäßigen Fladen (ø 12–14 cm) ausziehen und mit der Teigrolle glattrollen. Die Teigfladen auf 2 Backblechen (mit Backpapier belegt) verteilen, mit Mehl bestäuben und zugedeckt so lange an einem warmen Ort gehen lassen, bis sie sich sichtbar vergrößert haben (etwa 40 Minuten). Nach etwa 25 Minuten Teiggehzeit den Backofen vorheizen.

5. Die Backbleche nacheinander (bei Heißluft zusammen) in den vorgeheizten Backofen schieben.

Ober-/Unterhitze: etwa 220 °C
Heißluft: etwa 200 °C
Backzeit: 10–15 Minuten je Backblech.

6. Die Brote vom Backpapier lösen und heiß servieren oder auf einem Kuchenrost erkalten lassen.

Nackenkoteletts | Klassisch

Pro Portion:
E: 37 g, F: 20 g, Kh: 1 g, kJ: 1368, kcal: 327

4 dünne Schweinenackenkoteletts (je etwa 180 g)

Für die Marinade:
2 Zwiebeln
1–2 Knoblauchzehen
1–2 EL mittelscharfer Senf
frisch gemahlener Pfeffer
3–4 EL Olivenöl
Salz

Außerdem:
evtl. Alufolie

Zubereitungszeit: 20 Minuten, ohne Marinierzeit
Grillzeit: etwa 10 Minuten

1. Nackenkoteletts unter fließendem kalten Wasser abspülen und trocken tupfen.

2. Für die Marinade Zwiebeln und Knoblauchzehen abziehen. Zwiebeln zuerst in Scheiben schneiden, dann in Ringe teilen. Knoblauch durch eine Knoblauchpresse drücken.

3. Senf mit Knoblauch verrühren und die Koteletts dick von beiden Seiten damit bestreichen, mit Pfeffer bestreuen. Koteletts in eine flache Schale legen und mit Zwiebelringen belegen. Olivenöl auf die Koteletts träufeln. Koteletts mit Frischhaltefolie zugedeckt 1–2 Stunden im Kühlschrank durchziehen lassen.

4. Koteletts aus der Marinade nehmen, die Zwiebeln abstreifen. Koteletts auf dem heißen Grill von beiden Seiten etwa 5 Minuten grillen. Koteletts mit Salz bestreuen. Zwiebeln nach Belieben ebenfalls grillen, den Grillrost dazu mit Alufolie bedecken. Gegrillte Zwiebeln mit den Koteletts servieren.

Nizza-Salat | Raffiniert

Insgesamt:
E: 81 g, F: 117 g, Kh: 43 g, kJ: 6543, kcal: 1561

250 g grüne Bohnen
500 g Tomaten
1 Salatgurke (500 g)
1 rote Paprikaschote (200 g)
2 Schalotten oder 1 rote Zwiebel
4 Eier (Größe M)
4 Sardellenfilets (in Salz eingelegt, etwa 20 g)
100 g schwarze Oliven
1 Dose Tunfisch naturell (Abtropfgewicht 150 g)

Für das Salatdressing:
3–4 EL Weißweinessig
Salz
frisch gemahlener Pfeffer
3 EL Olivenöl

Zubereitungszeit: 45 Minuten, ohne Abkühlzeit

1. Die Bohnen abfädeln und die Stielenden abschneiden. Bohnen abspülen, in kochendes Wasser geben und 8–10 Minuten kochen lassen. Anschließend die Bohnen in ein Sieb geben und mit kaltem Wasser abspülen. Bohnen abtropfen und erkalten lassen.

2. Die Tomaten waschen und abtropfen lassen. Tomaten kreuzweise einschneiden, kurz in kochendes Wasser legen, in kaltem Wasser abschrecken und enthäuten. Stängelansätze entfernen, die Tomaten vierteln und entkernen. Die Salatgurke abspülen, abtropfen lassen, schälen und in Scheiben schneiden.

3. Die Paprika vierteln, entstielen, entkernen und die weißen Scheidenwände entfernen. Schoten abspülen, abtropfen lassen und in dünne Streifen schneiden. Schalotten oder Zwiebel abziehen und in Ringe schneiden.

4. Die Eier hart kochen, mit kaltem Wasser abschrecken, pellen und sechsteln.

5. Die Sardellenfilets unter fließendem kalten Wasser abspülen, trocken tupfen, halbieren und aufrollen. Oliven und Tunfisch in jeweils einem Sieb abtropfen lassen. Die Zutaten portionsweise auf Tellern anrichten.

6. Für die Sauce Essig mit Salz und Pfeffer verrühren, Olivenöl esslöffelweise mit einem Schneebesen unterschlagen. Die Sauce über die angerichteten Zutaten träufeln.

Nudel-Fleischwurst-Salat I

Beliebt

Pro Portion:
E: 17 g, F: 40 g, Kh: 34 g, kJ: 2377, kcal: 567

2 l Wasser
2 gestr. TL Salz
125 g kleine Hörnchennudeln

400 g Fleischwurst
1 große Zwiebel
½ Stange Porree (Lauch)
2 große säuerliche Äpfel
2 Fleischtomaten

Für die Sauce:
3–4 EL Weißweinessig
Salz, frisch gemahlener Pfeffer
1 TL geriebener Meerrettich (aus dem Glas)
6 EL Speiseöl, z. B. Sonnenblumenöl
2 EL fein geschnittene Schnittlauchröllchen

einige vorbereitete Salatblätter
Tomatenachtel
etwas vorbereitete Petersilie

Zubereitungszeit: 35 Minuten, ohne Durchzieh- und Abkühlzeit

1. Wasser in einem großen Topf mit geschlossenem Deckel zu Kochen bringen. Dann Salz und Nudeln zugeben. Die Nudeln im geöffneten Topf bei mittlerer Hitze nach Packungsanleitung kochen lassen, dabei 4–5-mal umrühren.

2. Anschließend die Nudeln in ein Sieb geben, mit heißem Wasser abspülen und abtropfen lassen.

3. Von der Fleischwurst die Haut abziehen. Fleischwurst zuerst in Scheiben, dann in Streifen schneiden. Zwiebel abziehen und in Scheiben schneiden. Porree putzen, waschen, in Scheiben schneiden und gut abtropfen lassen. Äpfel waschen, abtrocknen, nach Belieben schälen, vierteln, entkernen und in kleine Stücke schneiden. Tomaten waschen, abtropfen lassen, vierteln, entkernen und die Stängelansätze entfernen. Tomaten in Würfel schneiden. Die vorbereiteten Salatzutaten in einer Schüssel mischen.

4. Für die Sauce Essig mit Salz, Pfeffer und Meerrettich verrühren. Speiseöl unterschlagen. Die Sauce mit den Salatzutaten vermengen. Schnittlauchröllchen unterrühren. Den Salat kalt stellen und einige Zeit durchziehen lassen. Nochmals mit den Gewürzen abschmecken.

5. Den Salat auf einer großen, mit Salatblättern ausgelegten Platte anrichten. Mit Tomatenachteln und Petersilie garnieren.

Tipp: Sie können den Salat statt mit der Salatsauce auch mit einer Joghurt-Mayonnaise, 3–4 hart gekochten Eiern und 3–4 Radieschen zubereiten. Dafür 2 Esslöffel Salatmayonnaise mit 150 g Joghurt und 1 Teelöffel mittelscharfen Senf verrühren. Mit Salz, Pfeffer und Zucker abschmecken. Eier pellen und zusammen mit den Radieschen in Würfel schneiden. Mit der Joghurt-Mayonnaise unter den Salat heben.

Nudel-Pesto-Salat | Vegetarisch

2 Portionen

Pro Portion:
E: 12 g, F: 28 g, Kh: 56 g, kJ: 2260, kcal: 539

1 ½ l	*Wasser*
1 gestr. TL	*Salz*
150 g	*Farfalle-Nudeln*
etwa 100 g	*Basilikum-Pesto (aus dem Glas)*
3	*Tomaten*
1–2 EL	*Olivenöl*
	Salz, frisch gemahlener Pfeffer

Zubereitungszeit: 20 Minuten, ohne Durchziehzeit

1. Wasser in einem großen, verschlossenen Topf zum Kochen bringen. Dann Salz und Nudeln hinzugeben. Die Nudeln im geöffneten Topf, bei mittlerer Hitze, nach Packungsanleitung gar kochen. Dabei gelegentlich umrühren. Anschließend die Nudeln in ein Sieb geben, mit heißem Wasser abspülen und abtropfen lassen. Die Nudeln sofort mit dem Pesto vermischen.

2. Tomaten waschen, abtropfen lassen und kreuzweise einschneiden. Tomaten kurze Zeit in kochendes Wasser legen. Anschließend mit kaltem Wasser abschrecken, enthäuten, halbieren und die Stängelansätze herausschneiden. Tomatenfruchtfleisch in Streifen schneiden.

3. Die Tomatenstreifen mit Olivenöl unter die Nudel-Pesto-Mischung rühren, mit Salz und Pfeffer würzen und bis zum Servieren etwas durchziehen lassen.

Tipp: Verfeinern Sie den Salat mit schwarzen Oliven, in Streifen geschnittenem gekochten Schinken, Rucola oder Fetakäsewürfel.

Nudelsalat mit Basilikum-Vinaigrette | Für Gäste

8 Portionen

Pro Portion:
E: 19 g, F: 11 g, Kh: 38 g, kJ: 1385, kcal: 330

4 l Wasser
4 gestr. TL Salz
400 g kurze Bandnudeln

2 Dosen Artischockenherzen (je 240 g)
6 Tomaten
400 g braune Champignons
300 g Kochschinken

Für die Vinaigrette:
3 Knoblauchzehen
2 EL Weißweinessig oder Zitronensaft
5 EL Olivenöl
Salz
frisch gemahlener Pfeffer
Zucker
1 Topf Basilikum

Nach Belieben:
30 g Pinienkerne

Zubereitungszeit: 35 Minuten, ohne Durchziehzeit

1. Wasser in einem großen, verschlossenen Topf zum Kochen bringen. Dann Salz und Nudeln zugeben. Die Nudeln im geöffneten Topf, bei mittlerer Hitze nach Packungsanleitung gar kochen. Dabei gelegentlich umrühren.

2. Anschließend die Nudeln in ein Sieb geben, mit heißem Wasser abspülen und abtropfen lassen.

3. Artischockenherzen in einem Sieb abtropfen lassen. Tomaten waschen, kreuzweise einschneiden und kurz in kochendes Wasser legen. Anschließend mit kaltem Wasser abschrecken, enthäuten, halbieren, entkernen und die Stängelansätze entfernen. Tomatenfruchtfleisch in Spalten schneiden.

4. Champignons putzen, mit Küchenpapier abreiben, evtl. kurz abspülen, trocken tupfen und vierteln.

5. Für die Vinaigrette Knoblauch abziehen und durch eine Knoblauchpresse drücken oder sehr fein hacken. Essig oder Zitronensaft mit Knoblauch gut verrühren. Olivenöl unterschlagen. Mit Salz, Pfeffer und Zucker abschmecken. Champignonviertel hinzufügen und etwas durchziehen lassen.

6. Basilikum abspülen und trocken tupfen. Die Blättchen von den Stängeln zupfen. Blättchen in Streifen schneiden. Basilikumstreifen unter die Champignons heben und mit den Nudeln vermischen.

7. Den Salat mit Artischockenherzen, Tomatenspalten und Schinkenstreifen auf einer großen Platte anrichten. Nach Belieben mit Pinienkerne bestreuen.

Obst-Gemüse-Salat mit Zitronenverbene | Raffiniert

Pro Portion:
E: 12 g, F: 30 g, Kh: 75 g, kJ: 2755, kcal: 659

je 2 rote, gelbe und grüne Paprikaschoten (etwa 1,2 kg)
4 Möhren (etwa 400 g)
12–16 Blättchen Zitronenverbene
6 EL Olivenöl
120 g Cashewkerne
2 EL Zucker
Saft von je
1 Orange, Limette und Grapefruit
4 Orangen (Saftorangen)
4 Grapefruits
Salz, frisch gemahlener Pfeffer
2 EL Himbeer- oder Apfelessig

Zubereitungszeit: 40 Minuten, ohne Abkühlzeit

1. Paprika halbieren, entstielen, entkernen und die weißen Scheidewände entfernen. Schoten waschen, trocken tupfen und in mundgerechte Stücke schneiden. Möhren putzen, schälen, waschen, abtropfen lassen und in Scheiben schneiden. Verbeneblättchen abspülen und trocken tupfen.

2. Etwas Olivenöl in einem Topf erhitzen. Paprikastücke, Möhrenscheiben, Verbeneblättchen und Cashewkerne darin portionsweise etwa 5 Minuten unter mehrmaligem Wenden andünsten. Mit Zucker bestreuen und karamellisieren.

3. Fruchtsäfte hinzugeben, zum Kochen bringen und zugedeckt weitere 5 Minuten dünsten. Anschließend erkalten lassen.

4. Orangen und Grapefruits mit einem Messer so schälen, dass die weiße Haut vollständig mitentfernt wird. Die Filets herausschneiden.

5. Gemüse-Cashewkern-Mischung in eine Schüssel geben. Orangen- und Grapefruitfilets unterheben. Den Salat mit Salz, Pfeffer und Essig würzen. Restliches Olivenöl hinzufügen.

Tipp: Der Salat passt sehr gut zu Parmaschinken, gebratenen Garnelen oder Fischfilets. Für Vegetarier den Salat einfach mit verschiedenen Blattsalaten anreichern, z.B. roter oder weißer Chicorée, Römischer Salat.

Ofenkartoffeln mit Gemüse-Quark-Füllung | Einfach

Pro Portion:
E: 23 g, F: 1 g, Kh: 45 g, kJ: 1216, kcal: 290

- 4 *große festkochende Ofenkartoffeln (je etwa 250 g)*
- je 1 *kleine rote, gelbe und grüne Paprikaschote*
- 500 g *Speisequark (Magerstufe)*
- 1 Pck. (50 g) *gehackte TK-Kräuter*
- 1 EL *frisch geriebener Meerrettich*
- *Salz, frisch gemahlener Pfeffer*
- 1 Bund *glatte Petersilie*

Außerdem:
- 4 Bögen *Alufolie*

Zubereitungszeit: 20 Minuten
Backzeit: etwa 60 Minuten

1. Den Backofen vorheizen. Kartoffeln gründlich waschen, evtl. mit einer Bürste abbürsten und trocken tupfen. Jede Kartoffel in einen Bogen Alufolie wickeln und auf ein Backblech legen. Das Backblech in den vorgeheizten Backofen schieben.

Ober-/Unterhitze: 180–200 °C
Heißluft: 160–180 °C
Backzeit: etwa 60 Minuten.

2. Paprikaschoten halbieren, entstielen, entkernen und die weißen Scheidewände entfernen. Schoten waschen, abtropfen lassen und in kleine Würfel schneiden. 1–2 Esslöffel der Paprikawürfel zum Garnieren beiseitelegen.

3. Quark in eine Rührschüssel geben. Paprikawürfel, Kräuter und Meerrettich unterrühren, mit Salz und Pfeffer würzen.

4. Petersilie abspülen und trocken tupfen. Die Blättchen von den Stängeln zupfen.

5. Gegarte Ofenkartoffeln aus der Folie nehmen. Ofenkartoffeln kreuzweise einschneiden, etwas aufdrücken und mit Gemüsequark füllen.

6. Ofenkartoffeln mit beiseitegelegten Paprikawürfeln und Petersilienblättchen garniert servieren.

Tipp: Wenn Sie keine großen Ofenkartoffeln bekommen, können Sie pro Person auch 2 kleinere festkochende Kartoffeln verwenden.

Olivenbrot | Raffiniert

Insgesamt:
E: 93 g, F: 88 g, Kh: 595 g, kJ: 15719, kcal: 3757

Für den Hefeteig:
1 Pck. (42 g) frische Hefe
1 TL Zucker
375 ml (3/8 l) lauwarmes Wasser
800 g Weizenmehl
1 TL Salz
4 EL Olivenöl
250 g schwarze und grüne Oliven ohne Stein

Zubereitungszeit: 35 Minuten, ohne Teiggehzeit
Backzeit: 50–60 Minuten

1. Hefe zerbröckeln, mit Zucker und etwas Wasser vorsichtig verrühren, etwa 10 Minuten gehen lassen.

2. Mehl in eine Schüssel geben. In die Mitte die gegangene Hefe bröseln. Restliches Wasser, Salz und Öl hinzufügen.

3. Die Masse mit einem Handrührgerät mit Knethaken in etwa 5 Minuten zu einem Teig verarbeiten. An einem warmen Ort gehen lassen, bis er sich sichtbar vergrößert hat.

4. Teig nochmals gut durchkneten, Oliven unterkneten. Daraus einen etwa 70 cm langen Strang rollen und zu einer großen, in der Mitte leicht erhöhten Schnecke formen. Auf ein Backblech (mit Backpapier belegt) setzen und nochmals gehen lassen, bis sich das Brot sichtbar vergrößert hat. Während der Teiggehzeit den Backofen vorheizen. Das Backblech in den vorgeheizten Backofen schieben.

Ober-/Unterhitze: 180–200 °C
Heißluft: 160–180 °C
Backzeit: 50–60 Minuten.

5. Das Brot mit dem Backpapier auf einen Kuchenrost ziehen und erkalten lassen.

Olivenbrötchen | Gut vorzubereiten

10 Stück

Insgesamt:
E: 72 g, F: 81 g, Kh: 388 g, kJ: 11372, kcal: 2717

Für den Hefeteig:

500 g Weizenmehl
1 Pck. Dr. Oetker Trockenbackhefe
1 TL Zucker
1 gestr. TL Salz
375 ml (3/8 l) lauwarmes Wasser
100 g schwarze Oliven (trocken konserviert)
100 g Walnusskerne

Zubereitungszeit: 35 Minuten, ohne Teiggehzeit
Backzeit: etwa 30 Minuten

1. Für den Teig Mehl in eine Rührschüssel geben, mit Trockenbackhefe sorgfältig vermischen. Zucker, Salz und Wasser hinzufügen. Die Zutaten mit Handrührgerät mit Knethaken zunächst auf niedrigster, dann auf höchster Stufe in etwa 5 Minuten zu einem Teig verarbeiten. Zugedeckt an einem warmen Ort so lange gehen lassen, bis er sich sichtbar vergrößert hat.

2. Oliven entkernen, vierteln. Walnusskerne grob hacken. Den Teig auf einer bemehlten Arbeitsfläche nochmals kurz durchkneten, dabei die Olivenviertel und Walnusskerne unterkneten.

3. Den Teig zu einer Rolle formen, in 10 Stücke schneiden. Jedes Teigstück zu einem ovalen Brötchen formen und auf ein Backblech (mit Backpapier belegt) legen. Teigbrötchen zugedeckt nochmals so lange an einem warmen Ort gehen lassen, bis sie sich sichtbar vergrößert haben, anschließend mit Wasser bestreichen. Während der Teiggehzeit den Backofen vorheizen. Das Backblech in den vorgeheizten Backofen schieben.

Ober-/Unterhitze: etwa 200 °C
Heißluft: etwa 180 °C
Backzeit: etwa 30 Minuten.

4. Die Brötchen vom Backpapier lösen und auf einem Kuchenrost erkalten lassen.

Olivenpaste | Schnell

(etwa 400 g)

Insgesamt:
E: 7 g, F: 147 g, Kh: 16 g, kJ: 5872, kcal: 1402

200 g schwarze Oliven ohne Stein
2 Knoblauchzehen
1 Schalotte
1 EL Kapern
1–2 Chilischoten
1 große Tomate
etwa 75 ml Olivenöl
frisch gemahlener Pfeffer
gerebelter Thymian

Zubereitungszeit: 20 Minuten

1. Oliven abtropfen lassen und in kleine Stücke schneiden. Knoblauch und Schalotte abziehen und fein würfeln. Kapern abtropfen lassen. Chilischoten waschen, trocken tupfen, längs aufschneiden und entkernen. Schoten in kleine Stücke schneiden.

2. Tomate abspülen, kreuzweise einschneiden und kurz in kochendes Wasser legen. Anschließend mit kaltem Wasser abschrecken, enthäuten, halbieren, entkernen und die Stängelansätze herausschneiden. Tomate in feine Würfel schneiden.

3. Olivenstücke, Knoblauch- und Schalottenwürfel, Kapern, Chilistücke, Tomatenwürfel und Olivenöl in einen hohen Rührbecher geben. Die Zutaten mit einem Stabmixer grob pürieren. Olivenpaste mit Pfeffer und Thymian abschmecken. In ein verschließbares, gründlich gereinigtes, gespültes Gefäß füllen und kalt stellen.

Brotempfehlung: Geröstete Baguette- oder Ciabattascheiben.

Tipp: Die Olivenpaste ist im Kühlschrank 4–5 Tage haltbar.

Oliven-Tomaten-Crostini I

Einfach

Pro Portion:
E: 4 g, F: 13 g, Kh: 14 g, kJ: 836, kcal: 200

2	*Knoblauchzehen*
etwa 120 ml	*Olivenöl*
12 Scheiben	*Sandwich-Toast*
150 g	*schwarze Oliven in Ringen (aus dem Glas)*
600 g	*Tomaten*
1 Bund	*Basilikum*
	Salz
	frisch gemahlener Pfeffer
30 g	*geriebener Parmesan-Käse*

Zubereitungszeit: 35 Minuten
Backzeit: etwa 10 Minuten

1. Den Backofen vorheizen. Knoblauch abziehen, durch eine Knoblauchpresse und zu der Hälfte des Öls geben und verrühren. Brotscheiben vierteln, mit dem Knoblauchöl beträufeln und auf ein Backblech (mit Backpapier belegt) legen. Das Backblech in den vorgeheizten Backofen schieben und das Brot rösten.

Ober-/Unterhitze: etwa 200 °C
Heißluft: etwa 180 °C
Backzeit: etwa 5 Minuten.

2. Oliven in einem Sieb abtropfen lassen. Tomaten waschen, abtrocknen, vierteln, Stängelansätze entfernen, Tomaten entkernen und in kleine Würfel schneiden. Basilikum kalt abspülen, trocken tupfen, die Blättchen von den Stängeln zupfen, ein paar zum Garnieren beiseitelegen. Den Rest in Streifen schneiden. Tomaten, Oliven und Basilikum vermengen und mit Salz und Pfeffer würzen.

3. Die Mischung auf den Brotecken verteilen, mit Parmesan-Käse bestreuen und mit dem restlichen Öl beträufeln. Die Crostini wieder in den Backofen schieben und **weitere etwa 5 Minuten bei gleicher Backofeneinstellung überbacken.**

4. Die Crostini warm oder kalt servieren und mit den beiseitegelegten Basilikumblättern garnieren.

Orientalische Marinade | Schnell

Pro Portion:
E: 3 g, F: 1 g, Kh: 9 g, kJ: 273, kcal: 65

1 Knoblauchzehe
4 EL Sojasauce
2 EL klarer Honig
4 EL Sherry
4 EL kalter, schwarzer Tee
1 TL gemahlener Zimt
frisch gemahlener Pfeffer
½ TL gemahlene Nelken

Zubereitungszeit: 15 Minuten

1. Für die Marinade die Knoblauchzehe abziehen und durch eine Knoblauchpresse drücken oder sehr fein hacken.

2. Knoblauch mit Sojasauce, Honig, Sherry, Tee und den Gewürzen kräftig verrühren.

Tipp: Diese Marinade eignet sich für fast alle Fleischsorten, besonders für Schweinekoteletts, Schweinebauch oder Rindersteaks.
Kleinere Fleischstücke einige Stunden, größere am besten über Nacht marinieren.
Das Fleisch kann auch während des Grillens mit der Marinade bestrichen werden, damit es schön knusprig wird.

Paprika-Käse-Spießchen | Für Gäste

Pro Portion:
E: 26 g, F: 26 g, Kh: 9 g, kJ: 1674, kcal: 399

je 2 gelbe, rote und grüne Paprikaschoten
Salz, frisch gemahlener Pfeffer
150 g Schafkäse
150 g Gorgonzola-Käse (Blauschimmelkäse)
150 g Romadur-Käse (Weichkäse mit Rotschmiere)

Außerdem:
4 Holzspießchen

Zubereitungszeit: 45 Minuten, ohne Abkühlzeit
Backzeit: 10–15 Minuten

1. Den Backofen vorheizen. Paprika vierteln, entstielen, entkernen, die weißen Scheidewände entfernen, die Schoten waschen und abtropfen lassen. Die Paprikaviertel mit der Hautseite nach oben auf ein Backblech (gefettet) legen. Das Backblech in den vorgeheizten Backofen schieben.

Ober-/Unterhitze: etwa 200 °C
Heißluft: etwa 180 °C
Backzeit: 10–15 Minuten.

2. Die Paprika backen, bis die Haut Blasen wirft. Das Backblech aus dem Ofen nehmen, die Schoten mit einem feuchten Tuch bedecken und etwas abkühlen lassen.

3. Die Haut abziehen. Große Paprikaviertel nochmals halbieren und mit Salz und Pfeffer würzen.

4. Die Käsesorten in jeweils 6 Stücke schneiden. Schafkäse auf die gelben, Gorgonzola-Käse auf die grünen und Romadur-Käse auf die roten Paprikastreifen legen, die Paprikastreifen zusammenrollen und abwechselnd auf Holzstäbchen stecken.

Paprikaschoten mit Schafkäse I

Gut vorzubereiten

4 Gläser (je 370 ml)

Insgesamt:
E: 48 g, F: 242 g, Kh: 292 g, kJ: 15454, kcal: 3688

je 4 kleine grüne und rote Paprikaschoten
2 Zwiebeln
2 rote Peperoni
200 g Schafkäse
3 TL rote Pfefferkörner
600 ml Weinessig
250 g Zucker
1 TL Salz
1 TL Oregano
200 ml Olivenöl

Zubereitungszeit: 35 Minuten, ohne Durchziehzeit
Backzeit: etwa 12 Minuten

1. Den Backofen vorheizen. Die Paprika entstielen, entkernen, die weißen Scheidewände entfernen, waschen, abtropfen lassen und auf ein Backblech (gefettet) legen. Das Blech in den vorgeheizten Backofen schieben.

Ober-/Unterhitze: etwa 220 °C
Heißluft: etwa 200 °C
Backzeit: etwa 12 Minuten.

2. Wenn die Paprikaschoten Blasen werfen, sie herausnehmen, mit einem feuchten Tuch abdecken und etwas abkühlen lassen. Die Haut von den Schoten abziehen.

3. Die Zwiebeln abziehen und in Scheiben schneiden, dann in Ringe teilen. Die Peperoni putzen, entkernen, waschen, abtropfen lassen und in Ringe schneiden.

4. Die Paprikaschoten mit dem Schafkäse füllen und mit Zwiebeln, Peperoni und Pfefferkörnern in gründlich gereinigte, mit heißem Wasser ausgespülte und gut abgetropfte Gläsern mit Twist-off-Deckeln® schichten.

5. Den Essig, Zucker und Salz aufkochen, bis sich der Zucker gelöst hat, den Oregano unterrühren. Das Öl hinzufügen und den Sud über die Paprikaschoten gießen. Die Gläser verschließen und kühl aufbewahren.

Tips: Bis zum ersten Verzehr etwa 3 Tage durchziehen lassen. Gut gekühlt sind die Paprikaschoten mit Schafkäse etwa 14 Tage haltbar. Nach Belieben 2–3 abgezogene Knoblauchzehen hinzufügen.

Partybrötchen mit Frischkäse I

Gut vorzubereiten

10 Stück

Insgesamt:

E: 78 g, F: 26 g, Kh: 381 g, kJ: 9119, kcal: 2178

Für den Hefeteig:

500 g Weizenmehl
1 Pck. (42 g) frische Hefe
½ gestr. TL Zucker
125 ml (⅛ l) lauwarmes Wasser
1 gestr. TL Salz
125 ml (⅛ l) lauwarme Milch
150 g Frischkäse

Zum Bestreichen:

Milch

Zubereitungszeit: 40 Minuten, ohne Teiggehzeit
Backzeit: 30–35 Minuten

1. Für den Teig Mehl in eine Schüssel geben, in die Mitte eine Vertiefung drücken. Hefe hineinbröckeln, Zucker und etwas Wasser hinzufügen. Mit einer Gabel vorsichtig verrühren, etwa 10 Minuten gehen lassen.

2. Salz, Milch, Frischkäse und restliches Wasser hinzufügen. Die Zutaten mit Handrührgerät mit Knethaken zunächst auf niedrigster, dann auf höchster Stufe in etwa 5 Minuten zu einem Teig verarbeiten. Den Teig zugedeckt so lange an einem warmen Ort stehen lassen, bis er sich sichtbar vergrößert hat.

3. Teig aus der Schüssel nehmen, auf einer bemehlten Arbeitsfläche nochmals kurz durchkneten, dabei zu einer Rolle formen. Diese in 10 gleich große Portionen teilen, zu Brötchen formen und zu einem Kranz auf einem Backblech (gefettet, mit Backpapier belegt) zusammenlegen. Nochmals so lange an einem warmen Ort gehen lassen, bis sie sich sichtbar vergrößert haben. Während der Teiggehzeit den Backofen vorheizen.

4. Die Teigbrötchen mit Milch bestreichen. Das Backblech in den vorgeheizten Backofen schieben.

Ober-/Unterhitze: 180–200 °C
Heißluft: 160–180 °C
Backzeit: 30–35 Minuten.

5. Die Brötchen vom Backpapier lösen und auf einem Kuchenrost erkalten lassen.

Partyring | Für Gäste

Insgesamt:
E: 80 g, F: 37 g, Kh: 297 g, kJ: 7877, kcal: 1879

Für die Füllung:
1 Dose Champignonscheiben (Abtropfgewicht 230 g)
1 mittelgroße Zwiebel
1 Knoblauchzehe
150 g gewürfelter Bacon (Frühstücksspeck)
1 Pck. (25 g) TK-Italienische Kräuter
70 g Tomatenmark
Salz, frisch gemahlener Pfeffer
Zucker

Für den Hefeteig:
375 g Weizenmehl (Type 550)
1 Pck. Hefeteig Garant
225 ml Wasser
1 EL Olivenöl

1 EL Olivenöl

Zubereitungszeit: 45 Minuten, ohne Abkühl- und Ruhezeit
Backzeit: 30–35 Minuten

1. Für die Füllung Champignons in einem Sieb abtropfen lassen. Zwiebel und Knoblauch abziehen und fein hacken. Bacon in einer Pfanne ohne Fett ausbraten. Zwiebeln und Knoblauch hinzufügen und mit andünsten. Champignons fein hacken, mit Kräutern und Tomatenmark zur Baconmasse geben und unterheben. Die Masse unter Rühren kurz erhitzen. Mit Salz, Pfeffer und Zucker würzen. Abkühlen lassen.

2. Für den Teig Mehl in eine Rührschüssel geben, mit Hefeteig Garant vermischen. Wasser und Olivenöl hinzufügen. Die Zutaten mit Handrührgerät mit Knethaken zunächst kurz auf niedrigster, dann auf höchster Stufe in etwa 2 Minuten zu einem glatten Teig verarbeiten.

3. Den Teig auf einer leicht bemehlten Arbeitsfläche zu einem Rechteck (etwa 30 x 50 cm) ausrollen. Die Champignonmasse darauf verteilen, dabei rundherum einen etwa 2 cm breiten Rand frei lassen. Teigränder mit Wasser bestreichen. Den Teig von der längeren Seite her aufrollen, auf ein Backblech (mit Backpapier belegt) legen, zu einem Ring formen und etwa 15 Minuten ruhen lassen.

4. Den Backofen vorheizen. Den Teigring rundherum in etwa 4 cm dicke Scheiben schneiden, dabei den Ring nicht ganz bis zur Innenkante durchschneiden. Die Teigscheiben nach außen drehen und flach auf das Backpapier legen. (Der Ring bleibt dabei erhalten!) Den Teigring mit Olivenöl bestreichen. Das Backblech in den vorgeheizten Backofen schieben.

Ober-/Unterhitze: etwa 200 °C
Heißluft: etwa 180 °C
Backzeit: 30–35 Minuten.

5. Den Partyring mit dem Backpapier vom Backblech auf einen Kuchenrost ziehen und erkalten lassen.

Hinweis: Das Wasser für den Hefeteig muss nicht erwärmt werden. Der Teig kann sofort verarbeitet werden, man muss ihn nur vor dem Backen etwa 15 Minuten ruhen lassen.

Penne-Brokkoli-Salat | Für Kinder

Pro Portion:
E: 22 g, F: 16 g, Kh: 43 g, kJ: 1764, kcal: 422

750 g frischer Brokkoli oder TK-Brokkoli
Salz
500 g Penne-Nudeln tricolori oder einfarbig
400 g Cocktailtomaten
1 Bund Petersilie
300 g Hähnchenbrustaufschnitt

Für die Sauce:
5 EL Weinessig
1 TL Salz
frisch gemahlener schwarzer Pfeffer
1 EL Zucker
100 ml Walnussöl

150 g fein geriebener Höhlenkäse
30 g Pinienkerne

Zubereitungszeit: 35 Minuten

1. Brokkoli putzen, waschen und in Röschen teilen. In kochendem Salzwasser etwa 5 Minuten garen, kalt abschrecken und abtropfen lassen.

2. Nudeln nach Packungsanleitung im gleichen Kochwasser bissfest garen, kalt abschrecken und abtropfen lassen.

3. Tomaten waschen, evtl. halbieren und in eine große Schüssel geben. Petersilie abspülen, trocken tupfen, Blättchen von den Stängeln zupfen und Blättchen grob hacken. Hähnchenbrustaufschnitt in schmale Streifen schneiden.

4. Für die Sauce Essig, Salz, Pfeffer und Zucker verrühren und Öl unterschlagen.

5. Brokkoli, Nudeln, Hähnchenbrustaufschnitt und Käse in die Schüssel geben. Die Sauce hinzugeben und alles gut verrühren. Pinienkerne darüberstreuen, alles gut vermengen und servieren.

Perlhuhn mit Tomatengemüse I

Für Gäste

6 Portionen

Pro Portion:
E: 57 g, F: 21 g, Kh: 3 g, kJ: 1789, kcal: 427

2 küchenfertige Perlhühner (je etwa 1 kg, ersatzweise Hähnchen)
3 Stängel Rosmarin
3 Stängel Thymian
3 Stängel Salbei
Salz
frisch gemahlener Pfeffer

Für das Tomatengemüse:
600 g Strauchtomaten
2 Schalotten
1 Knoblauchzehe
3 EL Olivenöl
1 Topf Basilikum

Außerdem:
Alu-Grillschalen
Speiseöl, z. B. Olivenöl

Zubereitungszeit: 30 Minuten
Grillzeit: etwa 40 Minuten

1. Die Perlhühner unter fließendem kalten Wasser abspülen, trocken tupfen. Die Perlhühner mit der Brustseite nach unten auf die Arbeitsfläche legen und mit einer Geflügelschere rechts und links am Rückenknochen entlangschneiden, so dass dieser entfernt wird. Perlhühner umdrehen und so weit wie möglich auseinanderklappen, mit der Hand die Brust flach drücken.

2. Rosmarin-, Thymian- und Salbeistängel abspülen und trocken tupfen. Je einen Stängel zum Garnieren beiseitelegen. Blättchen und Nadeln von den restlichen Stängeln zupfen. Blättchen und Nadeln fein schneiden. Die Haut von der Brust leicht anheben. Die Kräuter zwischen Brust und Haut verteilen. Perlhühner anschließend von allen Seiten mit Salz und Pfeffer würzen.

3. Grillschalen mit Öl bestreichen und die Perlhühner hineinlegen. Die Perlhühner bei mäßiger Glut etwa 40 Minuten grillen, ab und zu wenden.

4. Für das Tomatengemüse Tomaten waschen, kreuzweise einschneiden, kurz in heißes Wasser legen, anschließend mit kaltem Wasser abschrecken, enthäuten, vierteln, Kerne und Stängelansätze entfernen.

5. Schalotten und Knoblauch abziehen und fein würfeln. Olivenöl in einer Pfanne erhitzen. Schalotten- und Knoblauchwürfel darin andünsten, Tomatenviertel dazugeben. Unter gelegentlichem Rühren etwa 5 Minuten schmoren lassen, mit Salz und Pfeffer würzen.

6. Basilikum abspülen, trocken tupfen und die Blättchen von den Stängeln zupfen. Blättchen fein schneiden und unter das Tomatengemüse geben.

7. Beiseitegelegte Kräuterstängel etwas kleiner zupfen und die Perlhühner damit garnieren.

Pesto-Dressing | Schnell

Pro Portion:
E: 2 g, F: 3 g, Kh: 4 g, kJ: 254, kcal: 61

1 Knoblauchzehe
75 g saure Sahne
100 g Joghurt (1,5 % Fett)
1–2 TL Pesto (aus dem Glas)
Salz
frisch gemahlener Pfeffer
30 g getrocknete Tomaten in Öl
1 Frühlingszwiebel

Zubereitungszeit: 5 Minuten

1. Knoblauch abziehen und durch eine Knoblauchpresse drücken oder sehr fein hacken. Saure Sahne mit Joghurt, Pesto und Knoblauch verrühren, mit Salz und Pfeffer würzen.

2. Tomaten in ein Sieb geben und abtropfen lassen. Tomaten sehr fein würfeln. Frühlingszwiebel putzen, abspülen, abtropfen lassen und in feine Ringe schneiden. Tomaten und Zwiebelringe (bis auf etwas) unter das Dressing rühren und mit dem Rest garnieren.

Tipp: Das Dressing passt zu kräftigen Blattsalaten, wie z. B. Rauke, Römersalat, Radicchio, Chicorée, Frisée oder Endivie. Aber auch zu Kartoffel- oder Nudelsalaten und gemischten Salaten mit Ei.

Pfefferonen „italienisch“ | Einfach

Pro Portion:
E: 6 g, F: 12 g, Kh: 2 g, kJ: 614, kcal: 147

2 Gläser griechische Pfefferonen „mild-pikant“ (Abtropfgewicht je 170 g)
2 Kugeln Mozzarella (je 125 g)
120 g Parmaschinken
3 Tomaten
1 Bund Basilikum
4 EL Olivenöl
2 EL Balsamico-Essig
Salz
frisch gemahlener Pfeffer

Zubereitungszeit: 35 Minuten

1. Pfefferonen in einem Sieb abtropfen lassen. Mozzarella gut abtropfen lassen. Schinken fein würfeln. Tomaten waschen, abtropfen lassen, vierteln, die Stängelansätze entfernen. Tomaten entkernen und das Fruchtfleisch in kleine Würfel schneiden.

2. Mozzarella ebenfalls würfeln. Basilikum kalt abspülen, trocken tupfen, die Blättchen von den Stängeln zupfen. Einige Blättchen beiseitelegen, die restlichen in Streifen schneiden.

3. Tomaten, Schinken, Mozzarella und Basilikum in eine Schüssel geben. Öl und Essig darüberträufeln und vermengen. Mit Salz und Pfeffer würzen.

4. Die Pfefferonen längs einschneiden, die Kerngehäuse entfernen Die Pfefferonen mit der Tomaten-Mozzarella-Mischung füllen, auf einer Platte anrichten und mit den beiseitegelegten Basilikumblättchen garnieren.

Tipp: Pfefferonen (auch unter Pfefferoni auf dem Markt) sind etwas dicker als Peperoni aus dem Glas und können deshalb besser gefüllt werden.

Pfefferonen „mexikanisch" | Pikant

Pro Portion:
E: 6 g, F: 9 g, Kh: 7 g, kJ: 596, kcal: 142

2 Gläser griechische Pfefferonen „mild-pikant" (Abtropfgewicht je 170 g)
1 Zwiebel
1 Knoblauchzehe
2 EL Olivenöl
200 g Gehacktes (halb Rind-, halb Schweinefleisch)
1 Dose Mais mit Kidneybohnen (Abtropfgewicht 280 g)
100 g Tomaten-Chili-Salsa (Fertigprodukt)
Salz
frisch gemahlener Pfeffer
75 g Cheddar-Käse

Zubereitungszeit: 35 Minuten
Backzeit: 8–10 Minuten

1. Pfefferonen in einem Sieb abtropfen lassen. Zwiebel und Knoblauch abziehen, fein würfeln.

2. Öl in einer Pfanne erhitzen, Zwiebel- und Knoblauchwürfel darin glasig dünsten. Gehacktes hinzufügen und unter Rühren anbraten, dabei die Klümpchen zerdrücken. Mais-Bohnen-Mix und Salsa zugeben, erhitzen, mit Salz und Pfeffer würzen. Den Backofen vorheizen.

3. Käse fein reiben. Die Pfefferonen längs einschneiden und die Kerngehäuse entfernen. Die Pfefferonen mit der Masse füllen, auf ein Backblech (gefettet) legen. Den Käse darauf verteilen. Das Backblech in den vorgeheizten Backofen schieben und die Pfefferonen überbacken.

Ober-/Unterhitze: etwa 200 °C
Heißluft: etwa 180 °C
Backzeit: 8–10 Minuten.

4. Pfefferonen warm oder kalt servieren.

Pikante Herrentorte | Raffiniert

Pro Portion:
E: 25 g, F: 33 g, Kh: 38 g, kJ: 2674, kcal: 639

3 Fladenbrote

Für die Füllung:
750 g Speisequark (Magerstufe)
1,2 kg Doppelrahm-Frischkäse
12 EL Milch
6 Frühlingszwiebeln
450 g Lachsschinken
Salz
frisch gemahlener Pfeffer
Paprikapulver edelsüß
grüne Salatblätter
6 Tomaten, in Scheiben
3 kleine Salatgurken, in Scheiben
3 rote Paprikaschoten, in Ringen
12 Lachsschinkenscheiben

Zubereitungszeit: 45 Minuten

1. Die Fladenbrote einmal waagerecht durchschneiden.

2. Für die Füllung Quark mit Frischkäse und Milch verrühren. Die Frühlingszwiebeln putzen, waschen, abtropfen lassen und in Ringe schneiden. Den Lachsschinken in feine Streifen schneiden.

3. Beide Zutaten unter die Quarkmasse rühren. Mit Salz, Pfeffer und Paprikapulver abschmecken.

4. Je 3 Esslöffel der Füllung auf die unteren Böden der Fladenbrote streichen. Mit Salatblättern, Tomaten-, Gurkenscheiben und Paprikaringen belegen, einige Scheiben und Ringe zum Garnieren zurückbehalten.

5. Die restliche Quarkmasse (9 Esslöffel zum Garnieren zurücklassen) auf dem Gemüse verteilen.

6. Die oberen Böden der Fladenbrote darauflegen und die Torten mit den zurückgelassenen Zutaten und Lachsschinkenscheiben garnieren.

Tipp: 3 hart gekochte, gepellte, in Scheiben geschnittene Eier mit einschichten. Anstatt von Lachsschinken kann auch roher Schinken verwendet werden.

Pikanter Schichtkuchen I

Raffiniert

Insgesamt:
E: 63 g, F: 274 g, Kh: 182 g, kJ: 14770, kcal: 3528

Für die Füllung:

60 g Pinienkerne
80 g grüne Oliven ohne Stein
1 Glas grünes Pesto (Einwaage 90 g)
30 g Semmelbrösel
6 EL Wasser

Für den All-in-Teig:

100 g Mehl
100 g Speisestärke
3 gestr. TL Dr. Oetker Backin
4 Eier (Größe M)
7 EL Milch
200 g weiche Butter oder Margarine

Außerdem:

1 Springform (ø 26 cm)

Zubereitungszeit: etwa 80 Minuten
Backzeit: 16–20 Minuten

1. Für die Füllung Pinienkerne im Zerkleinerer fein hacken, in einer Pfanne ohne Fett goldbraun rösten und auf einem Teller erkalten lassen.

2. Oliven in einem Sieb abtropfen lassen und fein hacken. Gehackte Oliven, Pinienkerne, Pesto, Semmelbrösel und Wasser verrühren. Die Füllung in 3 gleiche Portionen teilen.

3. Für den Teig Mehl, Speisestärke und Backpulver in eine Schüssel geben und mit dem Schneebesen verrühren. Eier, Milch und Butter oder Margarine dazugeben. Den Teig mit Handrührgerät mit Rührbesen in etwa 1 Minute zu einem glatten Teig verarbeiten. Den Teig in 4 gleiche Portionen teilen.

4. Den Grill des Backofens vorheizen. 1 Portion Teig in die Form (Boden gefettet) füllen und mit einer Teigkarte glattstreichen. Die Form auf dem Rost unter den Grill des Backofens schieben. Den Teig in 4–5 Minuten goldbraun backen.

5. Die Form auf einen Kuchenrost stellen. Den vorgebackenen Teig mit 1 Portion der Füllung bestreichen. 1 Portion Teig daraufgeben und glattstreichen. Die Form wieder auf dem Rost unter den Grill des Backofens schieben und den Teig 4–5 Minuten goldbraun backen. Den Vorgang noch zweimal wiederholen, bis der Teig und die Füllung aufgebraucht sind.

6. Die Form auf einen Kuchenrost stellen. Nach 10 Minuten den Springformrand mit einem Messer vorsichtig lösen und entfernen. Den Schichtkuchen warm oder kalt servieren, vorher in kleine Würfel oder Streifen schneiden.

Tipp: Den Kuchen mit Oliven und Sherry servieren, wie Tapas.

Pikantes Himbeer-Dressing I

Fruchtig

Pro Portion:
E: 0 g, F: 6 g, Kh: 2 g, kJ: 294, kcal: 70

100 g Himbeeren
½ TL Zucker
2 EL Balsamico-Essig
1 TL milder Senf
½ EL Dr. Oetker Finesse Geriebene Orangenschale
Salz, frisch gemahlener Pfeffer
2–3 EL Oliven- oder Distelöl

Zubereitungszeit: 10 Minuten

1. Himbeeren verlesen, evtl. abspülen und vorsichtig trocken tupfen. Beeren pürieren oder fein zerdrücken und durch ein feines Sieb streichen.

2. Zucker mit Essig verrühren, so lange rühren, bis der Zucker gelöst ist. Himbeerpüree, Senf und Orangenschale unterrühren, mit Salz und Pfeffer würzen. Öl unterschlagen.

Tipp: Noch aromatischer und feiner wird das Dressing, wenn Sie 1 Esslöffel Himbeergelee statt Zucker verwenden. Das Gelee in einem kleinen Topf kurz erwärmen, Himbeeren untermischen und alles durch ein Sieb streichen.

Pilzkuchen | Vegetarisch

Insgesamt:
E: 53 g, F: 172 g, Kh: 118 g, kJ: 9292, kcal: 2220

10 g	*getrocknete Steinpilze*
250 g	*Champignons*
125 ml (1/8 l)	*Olivenöl*
1 TL	*gerebelter Thymian*
	frisch gemahlener Pfeffer
100 g	*Weizenmehl (Type 550)*
40 g	*Hartweizengrieß*
3 gestr. TL	*Dr. Oetker Backin*
1 gestr. TL	*Salz*
150 g	*saure Sahne*
2	*Eier (Größe M)*
30 g	*Sonnenblumen- oder Kürbiskerne*

Außerdem:

1	*Kastenform (11 x 25 cm)*

Zubereitungszeit: 50 Minuten, ohne Abkühlzeit
Backzeit: 45–55 Minuten

1. Steinpilze in ein Sieb geben, mit kaltem Wasser abbrausen, abtropfen lassen.

2. Champignons putzen, mit Küchenpapier abreiben, evtl. abspülen, abtropfen lassen und in Scheiben schneiden. Steinpilze grob hacken.

3. 3 Esslöffel Olivenöl in einem flachen Topf erhitzen. Champignonscheiben, gehackte Steinpilze und Thymian darin andünsten. Zugedeckt etwa 5 Minuten bei mittlerer Hitze dünsten, mit Pfeffer würzen und abkühlen lassen. Den Backofen vorheizen.

4. Für den Teig Mehl, Grieß, Backpulver und Salz in eine Rührschüssel geben und mit einem Schneebesen verrühren. Saure Sahne, Eier und restliches Öl dazugeben und mit Handrührgerät mit Rührbesen unterrühren. Sonnenblumen- oder Kürbiskerne und Pilzmasse (mit der Flüssigkeit) kurz unterrühren.

5. Den Pilzteig in die Form (gefettet, mit Semmelbröseln ausgestreut) füllen und glattstreichen. Die Form auf dem Rost in den vorgeheizten Backofen schieben.

Ober-/Unterhitze: etwa 180 °C
Heißluft: etwa 160 °C
Backzeit: 45–55 Minuten.

6. Die Form auf einen Kuchenrost stellen. Kuchen etwa 10 Minuten in der Form stehen lassen, dann auf einen Kuchenrost (mit Backpapier belegt) stürzen. Den Kuchen wieder umdrehen und erkalten lassen.

Pizzabrot (Foccacia) | Für Gäste

Insgesamt:
E: 56 g, F: 66 g, Kh: 365 g, kJ: 10032, kcal: 2397

Für den Hefeteig:
500 g Weizenmehl
1/2 Pck.
(21 g) frische Hefe
250 ml (1/4 l) lauwarmes Wasser
1 TL Salz
30 g Butter oder Margarine

Zum Bestreichen:
3 EL Olivenöl

Zum Bestreuen:
gerebelter Oregano
getrockneter Thymian

Zubereitungszeit: etwa 40 Minuten, ohne Teiggehzeit
Backzeit: 15–20 Minuten je Backblech

1. Für den Teig Mehl in eine Rührschüssel geben. In die Mitte eine Vertiefung drücken. Hefe hineinbröckeln und etwas Wasser hinzufügen. Mit einer Gabel vorsichtig verrühren und etwa 10 Minuten gehen lassen.

2. Salz, Butter oder Margarine und restliches Wasser hinzufügen. Die Zutaten mit Handrührgerät mit Knethaken zunächst auf niedrigster, dann auf höchster Stufe in etwa 5 Minuten zu einem Teig verarbeiten. Den Teig zugedeckt so lange an einem warmen Ort gehen lassen, bis er sich sichtbar vergrößert hat.

3. Den Teig mit Mehl bestäuben, aus der Schüssel nehmen, auf einer bemehlten Arbeitsfläche nochmals kurz durchkneten und in 12 Stücke teilen. Diese zu ovalen Fladen ausrollen.

4. Den Backofen vorheizen. Die Fladen auf Backbleche (gefettet, mit Backpapier belegt) legen. Mit einem Löffelstiel Vertiefungen in die Fladen drücken, mit Olivenöl bestreichen und mit den getrockneten Kräutern bestreuen.

5. Die Backbleche nacheinander (bei Heißluft zusammen) in den vorgeheizten Backofen schieben. Die Fladen goldbraun backen.

Ober-/Unterhitze: etwa 220 °C
Heißluft: etwa 200 °C
Backzeit: 15–20 Minuten je Backblech.

6. Die Pizzabrote vom Backpapier lösen und auf einem Kuchenrost erkalten lassen.

Pizzastreifen | Einfach

54 Stück

Pro Stück:
E: 1 g, F: 5 g, Kh: 4 g, kJ: 275, kcal: 66

Für den Teig:
6 Scheiben TK-Pizzateig (450 g)

Für den Belag:
1 Rolle
(125 g) Knoblauchbutter
2 Bund Schnittlauch
54 hauchdünne Scheiben geräucherter Kernschinken (200 g)

Zubereitungszeit: 45 Minuten, ohne Auftau- und Abkühlzeit
Backzeit: etwa 15 Minuten je Backblech

1. Für den Teig TK-Pizzateig-Scheiben nach Packungsanleitung nebeneinander auftauen lassen.

2. Den Backofen vorheizen. Jede Teigscheibe quer in 9 Streifen schneiden und mit einer Gabel mehrmals einstechen. Knoblauchbutter in kleinen Stücken darauf verteilen.

3. Die Teigstreifen auf 2 Backbleche (mit Backpapier belegt) verteilen. Die Backbleche nacheinander (bei Heißluft zusammen) in den vorgeheizten Backofen schieben.

Ober-/Unterhitze: etwa 200 °C
Heißluft: etwa 180 °C
Backzeit: etwa 15 Minuten je Backblech.

4. Die Pizzastreifen vom Backpapier lösen und auf einen Kuchenrost legen und etwas abkühlen lassen.

5. Schnittlauch kalt abspülen und trocken tupfen. Die Pizzastreifen mit einigen Schnittlauchhalmen belegen und mit je 1 Schinkenscheibe umwickeln.

Tipp: Anstelle von TK-Pizzateig können Sie auch eine Packung (2 Beutel) Grundmischung Pizzateig verwenden. Den Teig nach Packungsanleitung zubereiten, zu einem Rechteck von etwa 30 x 40 cm ausrollen und in etwa 10 x 20 cm große Stücke schneiden. Dann weiterarbeiten wie in Punkt 2 beschrieben.

Provenzalische Lammkoteletts mit Paprikaspießchen | Klassisch

Pro Portion:
E: 51 g, F: 60 g, Kh: 12 g, kJ: 3310, kcal: 793

16 Lammkoteletts (je 80 g)

Für die Marinade:
4 Knoblauchzehen
5 EL Olivenöl
2 gestr. TL Kräuter der Provence
grob gemahlener Pfeffer

je 2 kleine gelbe, rote und grüne Paprikaschoten (je etwa 150 g)
Salz

125 g Kräuterbutter

Außerdem:
einige Holzspieße
evtl. Alufolie

Zum Garnieren:
1 Bio-Zitrone (unbehandelt, ungewachst)
einige Zweige Rosmarin

Zubereitungszeit: 30 Minuten, ohne Marinierzeit
Grillzeit: Koteletts etwa 12 Minuten, Spieße etwa 8 Minuten

1. Lammkoteletts unter fließendem kalten Wasser abspülen, trocken tupfen und in eine flache Schale legen.

2. Für die Marinade Knoblauch abziehen und fein würfeln. Knoblauchwürfel mit Olivenöl, Kräutern und Pfeffer verrühren. Die Koteletts mit zwei Drittel der Marinade bestreichen und zugedeckt etwa 1 Stunde durchziehen lassen.

3. Paprikaschoten halbieren und entkernen. Die weißen Scheidewände entfernen, Schoten waschen und in Viertel schneiden. Salzwasser in einem Topf zum Kochen bringen. Paprikaviertel darin je etwa 3 Minuten garen, herausnehmen, mit kaltem Wasser übergießen und in einem Sieb gut abtropfen lassen.

4. Paprikaviertel in bunter Reihenfolge auf die Holzspieße stecken und in eine flache Schale legen. Restliche Marinade über die Paprikaspieße geben und zugedeckt im Kühlschrank etwa 30 Minuten durchziehen lassen.

5. Lammkoteletts und Paprikaspieße aus der Marinade nehmen, abtropfen lassen und auf den heißen Grill (evtl. mit Alufolie belegt) legen. Unter mehrmaligem Wenden die Koteletts etwa 12 Minuten, die Spieße etwa 8 Minuten grillen. Dann mit Salz bestreuen.

6. Knoblauchbutter in Scheiben schneiden, auf die Koteletts legen und schmelzen lassen.

7. Zum Garnieren Zitronen waschen, abtrocknen und in Spalten schneiden. Rosmarin abspülen, trocken tupfen und etwas kleiner zupfen. Lammkoteletts mit Paprikaspießen, Zitronenspalten und Rosmarinzweigen garniert servieren.

Beilage: Fladenbrot.

Putenkeulen | Etwas aufwändiger

Pro Portion:
E: 40 g, F: 18 g, Kh: 2 g, kJ: 1357, kcal: 325

4 Putenkeulen (je 200–250 g)
100 g frische rote Johannisbeeren oder Preiselbeeren aus dem Glas
2–3 Zweige Thymian
10 EL Speiseöl, z. B. Rapsöl
10 Wacholderbeeren
Salz
frisch gemahlener Pfeffer

Für die Champignonspieße:
200 g kleine braune Champignons
40 g weiche Kräuterbutter

Außerdem:
8–10 Holzspieße
evtl. Alufolie

Zubereitungszeit: 40 Minuten, ohne Marinierzeit
Grillzeit: Putenkeulen etwa 20 Minuten, Champignonspieße etwa 10 Minuten

1. Putenkeulen unter fließendem kalten Wasser abspülen und trocken tupfen. Die Knochen herauslösen und die Haut abziehen. Putenkeulen so weit wie möglich auseinanderklappen, dabei mit der Hand flach drücken. Putenkeulen in eine flache Schale legen.

2. Johannisbeeren waschen, abtropfen lassen und von den Rispen streifen. Johannisbeeren in eine Schüssel geben und mit einer Gabel zerdrücken. Thymian abspülen, trocken tupfen und die Blättchen von den Stängeln zupfen. Blättchen fein hacken, mit der Johannisbeermasse oder den Preiselbeeren und dem Öl verrühren, Wacholderbeeren untermischen. Die Mischung auf das Putenfleisch streichen und mit Frischhaltefolie zugedeckt etwa 2 Stunden im Kühlschrank marinieren.

3. Für die Champignonspieße Champignons putzen, mit Küchenpapier abreiben, evtl. kurz abspülen, trocken tupfen und auf die Spieße stecken.

4. Das Fleisch aus der Marinade nehmen und auf den heißen Grill (evtl. mit Alufolie belegt) unter mehrmaligem Wenden etwa 20 Minuten grillen. Während des Grillens das Fleisch mit der Marinade bestreichen. Die Champignonspieße mit auf den Grill legen und ebenfalls unter mehrmaligem Wenden etwa 10 Minuten grillen. Das Fleisch mit Salz und Pfeffer würzen. Champignonspieße mit Kräuterbutter bestreichen.

Tipp: Statt Putenkeulen können auch Perlhuhn- oder Hähnchenkeulen verwendet werden.

Puten-Salbei-Spieße | Preiswert

4 Spieße

Pro Stück:
E: 25 g, F: 26 g, Kh: 5 g, kJ: 1586, kcal: 379

4 flache, dünne Scheiben Putenschnitzel (je 125 g)
Salz
frisch gemahlener Pfeffer
12 dünne Scheiben Frühstücksspeck
1 Bund frischer Salbei
etwas Speiseöl, z. B. Sonnenblumenöl
frisch gemahlener grober Pfeffer

Außerdem:
4 Metallspieße

Zubereitungszeit: 30 Minuten
Grillzeit: etwa 15 Minuten

1. Die Putenschnitzel unter fließendem kalten Wasser abspülen, trocken tupfen, mit wenig Salz und Pfeffer bestreuen und mit je 3 Scheiben Frühstücksspeck belegen.

2. Den Salbei abspülen, trocken tupfen, Blättchen von den Stängeln zupfen, einige beiseitelegen und die restlichen Blättchen auf den Putenschnitzeln verteilen.

3. Die Schnitzel von der langen Seite her aufrollen, jedes Schnitzel schräg in 4 gleich große Stücke schneiden, auf je 1 Metallspieß stecken und mit Öl bestreichen. Die Spieße auf dem heißen Grillrost von jeder Seite etwa 5 Minuten grillen. Mit grobem Pfeffer bestreuen. Mit restlichem Salbei garnieren

Beilage: Nudelsalat, Baguettes, Grilltomaten.

Abwandlung: Die Putenschnitzel mit je 1–2 Esslöffel Pesto (aus dem Glas) bestreichen und mit je 1–2 gehackten, getrockneten, in Öl eingelegten Tomaten (aus dem Glas) bestreuen und aufrollen. Oder die Schnitzel dünn mit mittelscharfem Senf bestreichen und 100 g gewürztes Mett oder feine Bratwurstmasse darauf verteilen und aufrollen.

Putensteaks mit frischer, gegrillter Ananas | Fruchtig

Pro Portion:
E: 47 g, F: 7 g, Kh: 14 g, kJ: 1418, kcal: 339

Für die Marinade:
4 EL Sojasauce
1 EL brauner Zucker oder Streuzucker
4 EL Speiseöl, z. B. Sonnenblumenöl

10 Putensteaks (je etwa 130–150 g)
10 Scheiben frische Ananas (je etwa 80 g)
frisch gemahlener, grober bunter Pfeffer

Zubereitungszeit: 45 Minuten, ohne Marinierzeit
Grillzeit: 10–15 Minuten

1. Für die Marinade Sojasauce mit Zucker und Speiseöl so lange verrühren, bis der Zucker aufgelöst ist.

2. Putensteaks unter fließendem kalten Wasser abspülen und trocken tupfen. Putensteaks und Ananasscheiben in eine flache Schale legen und mit Pfeffer bestreuen. Die Marinade mit einem Pinsel gleichmäßig daraufstreichen. Die Putensteaks und Ananasscheiben mit Frischhaltefolie zugedeckt im Kühlschrank über Nacht durchziehen lassen. Evtl. die Putensteaks und Ananasscheiben nach einigen Stunden wenden.

3. Die Putensteaks und Ananasscheiben auf den heißen Grill legen und unter mehrmaligem Wenden 10–15 Minuten grillen.

Tipp: Zu diesem Gericht passt ein Reissalat, mit Curry-Mayonnaise, Salz und Pfeffer gewürzt und mit Rosinen angereichert.

Radicchio im Speckmantel | Schnell

Pro Portion:
E: 8 g, F: 8 g, Kh: 8 g, kJ: 585, kcal: 171

4	*mittelgroße, längliche Radicchio-Köpfe*
8 EL	*fertiges Salat-Dressing (z. B. French-Dressing)*
	frisch gemahlener Pfeffer
16 Scheiben	*Frühstücksspeck (Bacon)*

Außerdem:
kleine Holzspieße

Zubereitungszeit: 20 Minuten
Grillzeit: 5–7 Minuten

1. Von dem Radicchio die welken Blätter entfernen. Radicchio abspülen und gut abtropfen lassen. Anschließend Radicchioköpfe der Länge nach halbieren.

2. Je 1 Esslöffel Salat-Dressing auf die Blätter träufeln, etwas einziehen lassen. Radicchiohälften mit Pfeffer bestreuen und mit je 2 Frühstücksspeckscheiben fest umwickeln. Diese mit Holzspießen feststecken.

3. Vorbereiteten Radicchio in einer Grillschale (dünn gefettet) auf dem heißen Grillrost unter vorsichtigem Wenden 5–7 Minuten grillen, bis der Speck knusprig ist.

Tipp: Auch Chicorée können Sie auf diese Art grillen.

Radieschen-Kartoffel-Salat

Vegetarisch

Pro Portion:
E: 13 g, F: 10 g, Kh: 33 g, kJ: 1183, kcal: 282

800 g festkochende Kartoffeln
Salz
1 Zwiebel
2 TL Speiseöl, z. B. Sonnenblumenöl
frisch gemahlener Pfeffer
125 ml (1/8 l) Gemüsebrühe
2 EL Essig
200 g Essiggurken
1 Bund Radieschen
2 EL frisch gehackte Kräuter, z. B. Kerbel, Petersilie, Schnittlauch
4 hart gekochte Eier

Zubereitungszeit: 20 Minuten, ohne Durchziehzeit

1. Kartoffeln gründlich waschen, evtl. abbürsten und abtropfen lassen. Kartoffen in Salzwasser zum Kochen bringen und in 25–30 Minuten gar kochen. Kartoffeln abgießen, abschrecken und pellen. Kartoffeln in Scheiben schneiden. Zwiebel abziehen und fein würfeln.

2. Öl in einer Pfanne erhitzen, Zwiebel darin andünsten. Pfeffer, Brühe und Essig hinzufügen, unter Rühren kurz aufkochen lassen.

3. Die Brühe heiß über die Kartoffelscheiben gießen, vorsichtig umrühren und mindestens 1 Stunde durchziehen lassen. Gurken grob würfeln. Radieschen putzen, waschen, abtrocknen und in Scheiben schneiden.

4. Vor dem Servieren gewürfelte Gurken und in Scheiben geschnittene Radieschen untermischen. Alles nochmals abschmecken und mit Kräutern bestreuen. Eier in Scheiben schneiden und mit dem Salat servieren.

Ratatouille-Basilikum-Aufstrich I

Gut vorzubereiten – mediterran

(etwa 400 g)

Insgesamt:

E: 9 g, F: 32 g, Kh: 25 g, kJ: 1789, kcal: 426

1 kleine Aubergine
1 kleine Zucchini
1 gelbe Paprikaschote
1 Tomate
1 kleine Zwiebel
1 Knoblauchzehe
3 EL Olivenöl
Salz
frisch gemahlener Pfeffer
1 Prise Zucker
1 Msp. Sambal Oelek
1 EL grob gehackte Basilikumblättchen

Zubereitungszeit: 30 Minuten, ohne Abkühlzeit

1. Aubergine und Zucchini abspülen, abtropfen lassen und die Enden abschneiden. Aubergine und Zucchini in erbsengroße Würfel schneiden.

2. Paprika halbieren, entstielen, entkernen, die weißen Scheidewände entfernen. Paprika und Tomate abspülen, abtropfen lassen. Tomate vierteln, entkernen, Stielansatz herausschneiden. Paprika und Tomate in erbsengroße Würfel schneiden.

3. Zwiebel und Knoblauch abziehen und sehr fein würfeln.

4. Öl in einer Pfanne erhitzen. Zwiebel- und Knoblauchwürfel darin kurz andünsten, dann die restlichen Gemüsewürfel hinzufügen. Gemüse unter gelegentlichem Rühren etwa 10 Minuten braten, mit Salz, Pfeffer, Zucker und Sambal Oelek abschmecken, erkalten lassen.

5. Basilikum unter das Gemüse rühren. Den Aufstrich in ein verschließbares Gefäß füllen und kalt stellen. Im Kühlschrank ist der Aufstrich etwa 2 Tage haltbar.

Brotempfehlung: Fladenbrot oder Crostini.

Tipp: Wem der Aufstrich zu grob ist, kann ihn vor dem Unterrühren des Basilikums noch etwas feiner pürieren.

Reissalat „Balkan" | Klassisch

Pro Portion:
E: 10 g, F: 14 g, Kh: 43 g, kJ: 1385, kcal: 330

Für den Salat:

1 l Gemüsebrühe
500 g Reismischung (85 % Parboiled Langkorn, 15 % Wildreis)
1 Dose Gemüsemais (Abtropfgewicht 285 g)
1 Dose Erbsen (Abtropfgewicht 280 g)
2 rote Paprikaschoten (je etwa 160 g)
4 Frühlingszwiebeln

Für das Dressing:

2 gestr. TL Sambal Oelek
2 gestr. TL Salz
2 gestr. TL Paprikapulver edelsüß
4 EL Weißweinessig
6 EL Olivenöl
100 g Tomatenmark
125 g Schlagsahne

250 g Schafkäse

Zubereitungszeit: 40 Minuten, ohne Durchziehzeit

1. Für den Salat Gemüsebrühe in einem Topf zum Kochen bringen und die Reismischung darin etwa 20 Minuten garen. Auf ein Sieb geben und mit kaltem Wasser abschrecken. Den Reis gut abtropfen lassen und in eine große Schüssel geben.

2. Mais und Erbsen auf einem Sieb abtropfen lassen und zum Reis geben. Paprikaschoten halbieren, entstielen, entkernen, die weißen Scheidewände entfernen, Schoten waschen, abtrocknen, in Würfel schneiden.

3. Frühlingszwiebeln putzen, waschen, abtropfen lassen und in feine Ringe schneiden. Gemüse zum Reis geben und vermengen.

4. Für das Dressing Sambal Oelek, Salz, Paprikapulver und Essig verrühren. Öl, Tomatenmark und Sahne unterrühren. Den Salat mit dem Dressing verrühren, evtl. nochmals abschmecken und einige Stunden gut durchziehen lassen.

5. Schafkäse würfeln oder in kleine Stücke brechen, teilweise unter den Salat heben und den Rest darauf verteilen.

Tipp: Es können auch 300 g TK-Erbsen verwendet werden. TK-Erbsen in Salzwasser etwa 1 Minute kochen und abtropfen lassen.

Relish provençale | Mediterran

4 Gläser (je 200 ml)

Insgesamt:
E: 6 g, F: 6 g, Kh: 35 g, kJ: 855, kcal: 203

je 100 g	*rote, grüne und gelbe Paprikaschoten (vorbereitet gewogen)*
300 g	*Tomaten (vorbereitet gewogen)*
200 g	*Auberginen (vorbereitet gewogen)*
200 g	*Zucchini (vorbereitet gewogen)*
3	*Knoblauchzehen*
1 EL	*Tomatenmark*
250 ml (1/4 l)	*Weißwein*
50 ml	*Weißweinessig*
1/4 Pck. (125 g)	*Extra Gelier Zucker*
1/2 Msp.	*Einmachhilfe*
	Salz
1 Msp.	*Cayennepfeffer*
	gerebelter Thymian

Zubereitungszeit: 45 Minuten

1. Rote, grüne und gelbe Paprikaschoten halbieren, entstielen, entkernen, die weißen Scheidewände entfernen, die Schoten waschen, abtropfen lassen, fein würfeln und abwiegen (je 100 g). Tomaten waschen, kreuzweise einschneiden und kurz in kochendes Wasser legen. Anschließend Tomaten mit kaltem Wasser abschrecken und enthäuten, die Stängelansätze herausschneiden, Tomaten würfeln und abwiegen (300 g).

2. Auberginen waschen, abtropfen lassen, die Enden abschneiden in feine Würfel schneiden und abwiegen (200 g). Zucchini waschen, abtropfen lassen, die Enden abschneiden, fein würfeln und abwiegen (200 g). Knoblauchzehen abziehen und durch eine Knoblauchpresse drücken oder sehr fein würfeln.

3. Die vorbereiteten Zutaten mit Tomatenmark, Weißwein, Weißweinessig und Extra Gelier Zucker in einen Kochtopf geben. Alles unter Rühren zum Kochen bringen und etwa 5 Minuten kochen lassen, dabei ab und zu umrühren. Topf von der Kochstelle nehmen und die Einmachhilfe unterrühren.

4. Das Relish mit Salz, Cayennepfeffer und Thymian abschmecken, sofort randvoll in gründlich gereinigte, gespülte Gläser füllen, mit Twist-off-Deckeln® verschließen, umdrehen und etwa 5 Minuten auf dem Deckel stehen lassen.

Remouladensauce | Klassisch

6 Portionen

Insgesamt:
E: 25 g, F: 145 g, Kh: 9 g, kJ: 5332, kcal: 1416

1	*Eigelb (Größe M)*
1–2 TL	*Weißweinessig oder Zitronensaft*
	Salz
1/2–1 TL	*mittelscharfer Senf*
125 ml (1/8 l)	*Speiseöl, z. B. Sonnenblumenöl*
2	*hart gekochte Eier*
1	*mittelgroße, fein gewürfelte Gewürzgurke*
2 EL	*fein gehackte Kräuter z. B. Petersilie, Schnittlauch, Dill, Kerbel, Kresse*
1 EL	*abgetropfte, gehackte Kapern*
evtl. 2	*in Salz eingelegte Sardellenfilets*
	frisch gemahlener Pfeffer
	Zucker
2 EL	*Schnittlauchröllchen*

Zubereitungszeit: 20 Minuten

1. Eigelb mit Essig oder Zitronensaft, Salz und Senf in eine Rührschüssel geben, mit einem Handrührgerät mit Rührbesen zu einer dicklichen Masse aufschlagen.

2. Öl in einem dünnen Strahl nach und nach darunterschlagen (bei dieser Zubereitung ist es nicht notwendig, das Öl tröpfchenweise zuzugeben, die mit dem Eigelb vermengten Gewürze verhindern die Gerinnung).

3. Eier pellen, mit einem Eierschneider in Scheiben schneiden und anschließend hacken. Gewürzgurke, Kräuter, Kapern und die gehackten Eier mit der Mayonnaise vermengen. Nach Belieben Sardellenfilets unter fließendem kalten Wasser abspülen, trocken tupfen, hacken und ebenfalls unterheben.

4. Die Remouladensauce mit Salz, Pfeffer und Zucker abschmecken und mit den Schnittlauchröllchen garnieren.

Rhabarberketchup mit Sultaninen

| Gut vorzubereiten

(etwa 3 ³/₄ l)

Insgesamt:
E: 23 g, F: 5 g, Kh: 263 g, kJ: 13377, kcal: 3196

1 kg frischer Rhabarber
4 rote Zwiebeln
400 g Sultaninen
175 ml frisch gepresster Orangensaft
1 l Rotweinessig
400 g brauner Zucker (Rohrzucker)
1 TL Pimentkörner
1 TL schwarze und braune Senfkörner
Salz
frisch gemahlener Pfeffer

Zubereitungszeit: 50 Minuten, ohne Kochzeit

1. Rhabarber putzen, evtl. abziehen, abspülen, abtropfen lassen und in etwa 2 cm lange Stücke schneiden. Zwiebel abziehen und in kleine Würfel schneiden.

2. Rhabarber mit Zwiebelwürfeln, Sultaninen, Orangensaft, Essig, Zucker, Pimentkörnern, Senfkörnern, Salz und Pfeffer unter Rühren bei schwacher Hitze zum Kochen bringen, zugedeckt bei schwacher Hitze 90 Minuten kochen lassen, dabei ab und zu umrühren (Masse soll musig sein).

3. Anschließend die Masse durch ein feines Sieb streichen oder durch eine Flotte Lotte geben. Ketchup mit Salz und Pfeffer abschmecken und heiß in gründlich gereinigte, gespülte Gläser füllen.

4. Gläser mit Twist-off-Deckeln® verschließen und kalt gestellt etwa 4 Wochen durchziehen lassen. Gekühlt ist der Ketchup etwa 6 Wochen haltbar.

Tipp: Rhabarberketchup passt gut zu über Holzkohle gegrilltem Fleisch oder als Würzsauce in pfannengerührten Speisen oder Reisgerichte.

Riesengarnelen mit Teufelssauce

Feurig

Pro Portion:
E: 7 g, F: 8 g, Kh: 19 g, kJ: 743, kcal: 177

etwa 20 TK-Riesengarnelen (roh, mit Schale)
8 Knoblauchzehen
5 EL Olivenöl

Für die Teufelssauce:
2 Knoblauchzehen
1 Zwiebel
1 rote Chilischote
2 EL Olivenöl
2 EL Tomatenmark
2 EL brauner Zucker (Rohrzucker)
2 EL Weißweinessig
150 g Tomatenketchup

Außerdem:
Alu-Grillschale
Olivenöl

Zubereitungszeit: 30 Minuten, ohne Auftau- und Marinierzeit
Grillzeit: etwa 10 Minuten

1. Die Garnelen nach Packungsanleitung auftauen lassen, evtl. längs einschneiden und den Darm entfernen. Die Garnelen kalt abspülen und trocken tupfen.

2. Knoblauch abziehen, durch eine Knoblauchpresse drücken oder sehr fein hacken und mit dem Olivenöl verrühren. Garnelen in eine Schale legen, mit dem Knoblauchöl beträufeln und zugedeckt 2–3 Stunden im Kühlschrank durchziehen lassen.

3. Für die Teufelssauce Knoblauch und Zwiebel abziehen, in feine Würfel schneiden. Chilischote waschen, trocken tupfen und längs halbieren. Schote entstielen, entkernen und in kleine Stücke schneiden.

4. Olivenöl in einer Pfanne erhitzen. Knoblauch- und Zwiebelwürfel darin andünsten. Chilistücke dazugeben und kurz andünsten. Tomatenmark, Zucker, Essig und Ketchup unterrühren und die Sauce kurz aufkochen lassen, beiseitestellen.

5. Grillschale dünn mit Olivenöl ausstreichen und auf den heißen Grill legen. Garnelen in der Grillschale unter Wenden etwa 10 Minuten grillen, die Schale der Garnelen soll sich dabei rot verfärben.

6. Riesengarnelen mit der beiseitegestellten Teufelssauce servieren.

Riesengarnelenspieße | Schnell

4 Spieße

Pro Stück:
E: 46 g, F: 19 g, Kh: 11 g, kJ: 1813, kcal: 432

16 TK-Riesengarnelen (ohne Kopf, mit Schale)
200 g Cocktailtomaten
1 gelbe Paprikaschote
Salz
6 Knoblauchzehen
12 kleine Champignons
4 EL Speiseöl, z. B. Sonnenblumenöl
1 EL Zitronensaft
1 Prise Zucker

Außerdem:
4 Holz- oder Metallspieße
evtl. Alufolie

Zubereitungszeit: 20 Minuten, ohne Auftauzeit
Grillzeit: etwa 8 Minuten

1. Die Riesengarnelen nach Packungsanleitung auftauen lassen. Die Cocktailtomaten abspülen, trocken tupfen, halbieren und die Stängelansätze herausschneiden.

2. Die Paprikaschote halbieren, entstielen, entkernen und die weißen Scheidewände entfernen. Die Schote waschen, in größere Stücke schneiden, in Salzwasser 3–4 Minuten kochen lassen, zum Abtropfen auf ein Sieb geben und enthäuten.

3. Vier Knoblauchzehen abziehen und halbieren. Die Champignons putzen, mit Küchenpapier abreiben, evtl. abspülen und trocken tupfen.

4. Alle Zutaten abwechselnd auf Holz- oder Metallspieße stecken. Die restlichen Knoblauchzehen abziehen und durch eine Knoblauchpresse drücken. Das Öl mit dem Knoblauchmus, Zitronensaft, Salz und Zucker verrühren und die Spieße damit bestreichen.

5. Die Spieße (evtl. auf Alufolie legen) und auf den heißen Grillrost legen, etwa 4 Minuten von beiden Seiten grillen, zwischendurch mit dem Knoblauchöl bestreichen.

Tipp: Geröstetes Fladenbrot oder Ciabatta dazureichen.

Rinderkebabs | Gut vorzubereiten

Pro Portion:
E: 34 g, F: 7 g, Kh: 3 g, kJ: 898 g, kcal: 214

4 Hüft- oder Rumpsteaks (je etwa 150 g)
4 rote Zwiebeln (etwa 200 g)
Salz

Für die Joghurtmarinade:
150 g Joghurt
2 EL (30 g) körniger Senf
1 EL (20 g) frisch geriebener Meerrettich
1 EL (30 g) brauner Zucker (Rohrzucker)
frisch gemahlener Pfeffer

Außerdem:
4 Holzspieße

Zubereitungszeit: 35 Minuten, ohne Marinierzeit
Grillzeit: etwa 15 Minuten

1. Steaks unter fließendem kalten Wasser abspülen und trocken tupfen. Jedes Steak in 4–5 Stücke schneiden.

2. Zwiebeln abziehen und vierteln. Salzwasser in einem Topf zum Kochen bringen. Zwiebelviertel etwa 5 Minuten darin garen, in ein Sieb geben, mit kaltem Wasser übergießen und abtropfen lassen.

3. Für die Marinade Joghurt mit Senf, Meerrettich und Zucker verrühren, mit Salz und Pfeffer würzen.

4. Die Fleischstücke und Zwiebelwürfel abwechselnd auf Holzspieße stecken, in eine flache Schale legen, dick mit der Joghurtmarinade bestreichen und zugedeckt über Nacht kalt stellen.

5. Die Spieße aus der Marinade nehmen und die Marinade etwas abstreifen bzw. abtropfen lassen. Die Spieße auf den heißen Grill legen und bei schwacher Hitze etwa 15 Minuten grillen. Spieße mehrmals wenden.

Rindersteaks mit Sardellen I

Mit Alkohol

Pro Portion:
E: 59 g, F: 17 g, Kh: 6 g, kJ: 1714, kcal: 408

2 Knoblauchzehen
20 kleine Schalotten (350–400 g)
4 EL Olivenöl
300 ml Rotwein
8 kleine Rindersteaks, aus der Hüfte oder Rumpsteaks (je etwa 120 g)
6 Sardellenfilets
Salz
frisch gemahlener bunter Pfeffer

Für den Salat:
1 kleiner Radicchio
100 g Rucola (Rauke)
einige grüne Salatblätter, z. B. Frisée
2 Tomaten
1 EL Weißweinessig
1 Prise Zucker
2 EL Speiseöl, z. B. Sonnenblumenöl

Außerdem:
4 kleine Holz- oder Metallspieße

Zubereitungszeit: 30 Minuten, ohne Marinierzeit
Grillzeit: Steaks etwa 10 Minuten, Spieße etwa 5 Minuten

1. Knoblauch und Schalotten abziehen. Knoblauch in dünne Scheiben schneiden. Olivenöl in einem Topf erhitzen. Knoblauchscheiben und Schalotten hinzufügen und unter mehrmaligem Wenden leicht anbraten. Rotwein hinzugießen, zum Kochen bringen und etwa 10 Minuten kochen, dann erkalten lassen.

2. Rindersteaks unter fließendem kalten Wasser abspülen und trocken tupfen. Sardellenfilets evtl. wässern und abtropfen lassen. Sardellenfilets zuerst in kleine Stücke schneiden, dann sehr fein hacken.

3. Sardellenpaste auf den Steaks verteilen, dabei etwas einmassieren. Steaks in eine flache Schale legen und mit dem Schalotten-Rotwein übergießen. Mit Frischhaltefolie zugedeckt über Nacht im Kühlschrank marinieren.

4. Für den Salat von dem Radicchio die welken Blätter entfernen. Radicchio, Rucola und Salatblätter waschen und trocken tupfen bzw. schleudern und in Streifen schneiden. Tomaten waschen, abtrocknen, halbieren und die Stängelansätze herausschneiden. Tomaten in Stücke schneiden und mit den Salatstreifen vermengen. Essig mit Zucker verrühren, mit Salz und Pfeffer abschmecken, Öl unterschlagen und über den gemischten Salat gießen.

5. Steaks und Schalotten aus der Marinade nehmen und trocken tupfen. Schalotten auf 4 Spieße stecken. Die Steaks auf dem heißen Grill etwa 10 Minuten, die Spieße etwa 5 Minuten grillen, dabei gelegentlich wenden. Steaks und Spieße mit Salz und Pfeffer würzen.

Beilage: Backkartoffel oder Brot.

Tipp: Statt Rind können Sie auch Schweine- oder Straußenfleisch verwenden.

Rollenbrötchen | Sehr aufwändig

Insgesamt:
E: 52 g, F: 213 g, Kh: 313 g, kJ: 14710, kcal: 3516

Für den Hefeteig:
370 g Weizenmehl (Type 550)
1/2 Pck.
(21 g) frische Hefe
1 TL Zucker
200 ml lauwarmes Wasser
1 gestr. TL Salz
50 g weiche Butter oder Margarine

Für die Füllung:
200 g Butter
50 g Weizenmehl (Type 550)
4 TL Schwarzkümmel (Reformhaus)
2 TL Paprikapulver edelsüß
1/2 TL Paprikapulver rosenscharf

Zubereitungszeit: 60 Minuten, ohne Teiggeh- und Kühlzeit
Backzeit: 25–30 Minuten

1. Für den Teig Mehl in eine Schüssel geben. In die Mitte eine Vertiefung drücken. Hefe hineinbröckeln, Zucker und etwas von dem Wasser hinzufügen. Mit einer Gabel vorsichtig verrühren und etwa 10 Minuten gehen lassen.

2. Salz, Butter oder Margarine und restliches Wasser hinzufügen. Die Zutaten mit Handrührgerät mit Knethaken zunächst auf niedrigster, dann auf höchster Stufe in etwa 5 Minuten zu einem Teig verarbeiten. Den Teig zugedeckt so lange an einem warmen Ort stehen lassen, bis er sich sichtbar vergrößert hat.

3. Für die Füllung Butter mit Mehl, Kümmel und Paprika auf einer bemehlten Arbeitsfläche verkneten, zu einem Rechteck (etwa 15 x 18 cm) ausrollen und kalt stellen.

4. Den gegangenen Teig aus der Schüssel nehmen, auf einer bemehlten Arbeitsfläche nochmals kurz durchkneten, zu einem Rechteck (etwa 16 x 38 cm) ausrollen. Füllung daraufgeben und einschlagen, Teigränder andrücken. Teig wieder zu einem Rechteck (etwa 16 x 38 cm) ausrollen. Die beiden kurzen Seiten nacheinander auf die Teigmitte legen, so dass 3 Schichten übereinanderliegen. Teig wieder zu einem Rechteck (etwa 16 x 38 cm) ausrollen, kurze Seiten wieder auf die Teigmitte legen, zugedeckt etwa 15 Minuten kalt stellen.

5. Teig zu einem Rechteck (etwa 20 x 40 cm) ausrollen, von der Längsseite her aufrollen. Rolle in 8 Teile schneiden. Jedes Teil in der Mitte mit einem Kochlöffelstiel leicht eindrücken. Teigbrötchen auf ein Backblech (gefettet, mit Backpapier belegt) setzen, mit einem 2. Backblech abdecken und an einem warmen Ort etwa 20 Minuten gehen lassen. Nach etwa 5 Minuten Teiggehzeit den Backofen vorheizen. Das Backblech in den vorgeheizten Backofen schieben.

Ober-/Unterhitze: etwa 200 °C
Heißluft: etwa 180 °C
Backzeit: 25–30 Minuten.

6. Die Brötchen mit dem Backpapier vom Backblech ziehen und auf einem Kuchenrost erkalten lassen.

Rote-Bohnen-Schafkäse-Salat I

Einfach

Pro Portion:
E: 23 g, F: 20 g, Kh: 33 g, kJ: 1794, kcal: 429

3 große Dosen rote Bohnen (Abtropfgewicht je 285 g)
500 g Schafkäse
3–4 Zwiebeln
3–4 Knoblauchzehen

Für die Salatsauce:
125 ml (1/8 l) Olivenöl
5–7 EL Essig
3 TL körniger Senf
Salz
frisch gemahlener Pfeffer

2–3 EL Schnittlauchröllchen

Zubereitungszeit: 25 Minuten

1. Bohnen in ein Sieb gießen, abspülen und gut abtropfen lassen. Schafkäse in Würfel schneiden.

2. Zwiebeln und Knoblauch abziehen, Zwiebeln in feine Würfel schneiden, Knoblauch durch eine Knoblauchpresse drücken. Alle Zutaten vermischen.

3. Für die Salatsauce Öl, Essig, Senf, Salz und Pfeffer verrühren, über die Salatzutaten geben, gut durchziehen lassen.

4. Mit Schnittlauch bestreuen.

Beilage: Warmes Fladenbrot.

Tipp: Nach Belieben geputzten und abgespülten Feldsalat unter die Salatzutaten mischen.

Rouille | Pikant

Insgesamt:
E: 8 g, F: 217 g, Kh: 28 g, kJ: 8669, kcal: 2070

1 rote Paprikaschote
1 EL Olivenöl
2 kleine Chilischoten
1 Knoblauchzehe, Salz
1 EL Paniermehl
250 g Delikatesse-Mayonnaise

Zubereitungszeit: 30 Minuten

1. Paprikaschote abspülen und trocken tupfen. Schote halbieren, entstielen, entkernen und die weißen Scheidewände entfernen. Schote in Würfel schneiden. Paprikawürfel in einer Pfanne mit Öl 2–3 Minuten weich dünsten.

2. Chilischoten abspülen, trocken tupfen und halbieren. Die Stängelansätze und Kerne entfernen und die Chilis in Stücke schneiden. Knoblauch abziehen. Paprika, Chili, Salz und Knoblauch mit einem Mixstab zu einer Paste pürieren. Paste zusammen mit dem Paniermehl unter die Mayonnaise rühren.

Tipp: Passt zu gegrilltem Fleisch oder Fisch.
Anstelle der Chilischoten können Sie scharfe rote Chilipaste verwenden.
Rouille immer frisch zubereiten. Bei längerer Aufbewahrung verändert sie durch den Knoblauch ihren Geschmack.

Rucola mit Parmesan | Etwas teurer

Pro Portion:
E: 6 g, F: 19 g, Kh: 3 g, kJ: 852, kcal: 203

30 g Pinienkerne
125 g Rucola (Rauke)
200 g Cocktailtomaten
30 g Parmesan-Käse

Für die Sauce:
2–3 EL Balsamico-Essig
1/2 TL flüssiger Honig
Salz
frisch gemahlener Pfeffer
5 EL Olivenöl

Zubereitungszeit: 25 Minuten, ohne Abkühlzeit

1. Pinienkerne in einer Pfanne ohne Fett goldbraun rösten und erkalten lassen.

2. Rucola verlesen, dicke Stängel abschneiden, Rucola waschen, trocken schleudern und größere Blätter einmal durchschneiden. Cocktailtomaten waschen, abtrocknen und halbieren oder vierteln. Parmesan hobeln.

3. Für die Sauce Essig mit Honig, Salz und Pfeffer verrühren. Öl mit einem Schneebesen unterschlagen. Rucola auf einer Platte anrichten, Tomaten darauf verteilen. Mit der Salatsauce beträufeln und Pinienkerne und Parmesan darüberstreuen.

Tipp: Den Salat als Vorspeise, als Beilage zu Grillgerichten, zu kurz gebratenem Fleisch servieren. Anstelle der Pinienkerne können Sie auch abgezogene, gestiftelte Mandeln oder grob gehackte Walnusskerne verwenden.

Rucola-Nuss-Aufstrich | Raffiniert

(etwa 375 g)

Insgesamt:
E: 31 g, F: 106 g, Kh: 12 g, kJ: 4659, kcal: 1113

125 g Rucola (Rauke)
2 EL Olivenöl
200 g Doppelrahm-Frischkäse
Salz
frisch gemahlener Pfeffer
1 Prise Zucker
1 EL geröstete, gehackte Walnusskerne
1 EL frisch geriebener Parmesan-Käse
1–2 EL schwarze Oliven

Zubereitungszeit: 10 Minuten

1. Rucola verlesen und dicke Stängel abschneiden. Rucola abspülen, gut abtropfen lassen oder trocken schleudern und etwas kleiner zupfen.

2. Rucola mit Olivenöl in einem Mixer oder Universalzerkleinerer zu einer Paste verarbeiten. Die Paste mit Frischkäse verrühren und mit Salz, Pfeffer und Zucker abschmecken. Walnusskerne und Parmesan unterrühren.

3. Oliven entsteinen, grob hacken und ebenfalls unterrühren. Den Aufstrich in ein verschließbares Gefäß füllen und kalt stellen. Im Kühlschrank ist der Aufstrich 2–3 Tage haltbar.

Brotempfehlung: Mehrkorn- oder Roggenmischbrot, Stangenweißbrot oder Bagels.

Tipp: Die Brotscheiben in einer Pfanne mit etwas Olivenöl von beiden Seiten anrösten und mit einer abgezogenen Knoblauchzehe abreiben.

Extra Tipp: Zum Servieren den Aufstrich mit Rucola und Nusskernen garnieren. Kleine frische Tomatenwürfel unter den Aufstrich mischen.

Rucola-Sauce mit getrockneten Tomaten | Vegetarisch

Pro Portion:
E: 5 g, F: 21 g, Kh: 5 g, kJ: 945, kcal: 226

200 g Rucola (Rauke)
125 g getrocknete Tomaten in Öl
2 Zwiebeln
2 Knoblauchzehen
60 g Butter
40 g Pinienkerne
1 Bund glatte Petersilie
Salz
frisch gemahlener Pfeffer

Zubereitungszeit: 30 Minuten

1. Rucola putzen, die unteren Stiele abschneiden, Blätter waschen und abtropfen lassen. Tomaten in einem Sieb etwas abtropfen lassen und anschließend in Streifen schneiden. Zwiebeln und Knoblauch abziehen und in feine Würfel schneiden.

2. Butter in einer Pfanne zerlassen und die Zwiebel- und Knoblauchwürfel darin andünsten. Pinienkerne hinzugeben und mitbräunen lassen. Tomatenstreifen ebenfalls in die Pfanne geben.

3. Petersilie abspülen, trocken tupfen und die Blättchen von den Stängeln zupfen. Rucola in Stücke zupfen und mit den Petersilienblättchen kurz in der Pfanne erwärmen. Die Sauce mit Salz und Pfeffer abschmecken.

Beilage: Servieren Sie die Sauce vermischt mit Tagliatelle (Bandnudeln). Reichen Sie frisch geriebenen Parmesan-Käse dazu.

Rumpsteak mit gegrillten Frühlingszwiebeln und Gorgonzola-Butter | Für Gäste

Pro Portion:
E: 59 g, F: 35 g, Kh: 14 g, kJ: 2550, kcal: 609

4 Rumpsteaks (je 250 g)

Für die Steakmarinade:
3 Zwiebeln
2 Knoblauchzehen
125 ml (1/8 l) Rotwein
5 EL Rotweinessig
8–10 EL Olivenöl
1 TL bunte Pfefferkörner
1 TL gerebelter Oregano
1 TL gerebelter Thymian

24 Frühlingszwiebeln

Für die Frühlingszwiebelmarinade:
6 EL Olivenöl
2 TL gezupfter Thymian

Für die Gorgonzola-Butter:
20 g Gorgonzola-Käse
80 g weiche Butter
Salz, frisch gemahlener Pfeffer

Außerdem:
2 EL gehackte Petersilie
Alufolie

Zubereitungszeit: 30 Minuten, ohne Marinierzeit
Grillzeit: Steaks etwa 16 Minuten, Zwiebeln etwa 6 Minuten

1. Steaks unter fließendem kalten Wasser abspülen, trocken tupfen und in eine flache Schale legen.

2. Für die Steakmarinade Zwiebeln und Knoblauch abziehen und in feine Würfel schneiden. Rotwein mit Essig und Öl verrühren, mit Pfefferkörner, Oregano und Thymian würzen. Steaks mit der Marinade begießen und mit Frischhaltefolie zugedeckt über Nacht im Kühlschrank marinieren.

3. Frühlingszwiebeln putzen, waschen, abtropfen lassen, längs halbieren und in eine Schale legen.

4. Für die Frühlingszwiebelmarinade Olivenöl mit Thymian verrühren. Die Zwiebelhälften damit bestreichen und zugedeckt etwa 10 Minuten marinieren.

5. Für die Gorgonzola-Butter Gorgonzola mit einer Gabel zerdrücken und mit Butter verrühren. Mit Salz und Pfeffer würzen.

6. Steaks aus der Marinade nehmen, trocken tupfen und auf dem heißen Grill von jeder Seite 6–8 Minuten grillen. Zwiebelhälften ebenfalls auf den heißen Grill (mit Alufolie belegt) legen und unter gelegentlichem Wenden etwa 6 Minuten grillen. Die Zwiebeln während des Grillens mit der Marinade bestreichen. Mit Salz und Pfeffer würzen.

7. Die Frühlingszwiebelhälften zu Nestern formen, mit einem kleinen Stück Gorgonzola-Butter belegen, mit Petersilie bestreuen und zusammen mit den Steaks servieren.

Salat „Dolma" | Für Gäste

Pro Portion:
E: 7 g, F: 15 g, Kh: 7 g, kJ: 838, kcal: 200

1 ½ kg türkische Paprikaschoten (Dolma biber)
3 Zwiebeln
300 g Schafkäse
150 g schwarze Oliven

Für die Sauce:
200 ml Zitronensaft
Salz
Kreuzkümmel (Cumin)
Pul Biber (in türkischen Läden)
1 gestr. TL Zucker
75 ml Olivenöl
6 EL Sesamsamen
2 Bund glatte Petersilie

Zubereitungszeit: 50 Minuten

1. Paprikaschoten entstielen, entkernen, die weißen Scheidewände entfernen, Schoten waschen, abtrocknen und von der Spitze her in dünne Ringe schneiden. Evtl. Reste der weißen Scheidewände aus den Ringen herausschneiden und Kerne entfernen.

2. Zwiebeln abziehen und in feine Würfel schneiden. Schafkäse ebenfalls würfeln. Die vorbereiteten Zutaten mit den Oliven in eine Schüssel geben.

3. Für die Sauce Zitronensaft mit Salz, Kreuzkümmel, Pul Biber und Zucker verrühren, Öl und Sesam unterrühren. Die Sauce mit den Salatzutaten vermischen.

4. Petersilie abspülen, trocken tupfen, die Blättchen von den Stängeln zupfen, fein schneiden und unter den Salat mischen.

Tipp: Wer keinen Pul Biber bekommt, kann ersatzweise auch geschrotete Pfefferschoten verwenden.

Salat Méditerranée mit Oregano I

Einfach

Pro Portion:
E: 10 g, F: 52 g, Kh: 11 g, kJ: 2331, kcal: 556

je 170 g	*schwarze und grüne Oliven ohne Stein*
110 g	*Kapernäpfel*
400 g	*Zucchini*
400 g	*rote und gelbe Cocktailtomaten*
2	*Knoblauchzehen*
5 Zweige	*Oregano*
4 EL	*Olivenöl*
80 g	*Pinienkerne*
	Salz
	frisch gemahlener Pfeffer
4 EL	*Crema di Balsamico*

Außerdem:

1	*Chicorée rot (etwa 100 g)*
1	*Chicorée gelb (etwa 100 g)*
1	*Römischer Salat (etwa 300 g)*

Zum Beträufeln:

4 EL	*Olivenöl*

Zubereitungszeit: 40 Minuten

1. Oliven und Kapernäpfel in einem Sieb abtropfen lassen. Zucchini waschen, abtrocknen und die Enden abschneiden. Zucchini in Scheiben schneiden. Tomaten waschen, trocken tupfen und halbieren, Stängelansätze entfernen. Knoblauch abziehen und durch eine Knoblauchpresse drücken oder in sehr kleine Würfel schneiden.

2. Oregano abspülen und trocken tupfen. Etwas beiseite legen. Die Blättchen von den Stängeln zupfen. Blättchen klein schneiden.

3. Olivenöl in einer großen Pfanne erhitzen. Beide Olivensorten, Kapernäpfel, Zucchinischeiben, Pinienkerne und Tomatenhälften darin leicht andünsten. Mit Oregano, Salz, Pfeffer, Knoblauch und Crema den Balsamico würzen.

4. Vom Chicorée und Römischen Salat die schlechten Blätter entfernen. Die bitteren Strünke der Chicorées keilförmig herausschneiden. Die Blätter vom Römischen Salat im Wurzelbereich abschneiden. Salatblätter vorsichtig waschen, trocken tupfen und auf einer Platte anrichten. Angebratene Salatzutaten darauf verteilen. Mit Olivenöl beträufeln und mit dem beiseitegelegten Oregano garnieren.

Tipp: Dazu geröstetes Knoblauchbrot reichen.

Salat von Champignons, Zuckerschoten und Lachs | Einfach

8 Portionen

Pro Portion:
E: 10 g, F: 11 g, Kh: 5 g, kJ: 657, kcal: 157

250 g Champignons
250 g Zuckerschoten, Salz
300 g Räucherlachs
150 g Crème fraîche
Saft von
1 Zitrone
frisch gemahlener Pfeffer

Zum Garnieren:
einige Kerbelblättchen
1 TL rosa Pfefferbeeren

Zubereitungszeit: 40 Minuten

1. Champignons putzen, mit Küchenpapier abreiben, evtl. kurz abspülen und trocken tupfen. Champignons in Scheiben schneiden.

2. Zuckerschoten putzen, die Enden abschneiden, evtl. halbieren. Anschließend in kochendes Salzwasser geben, wieder zum Kochen bringen. Etwa 1 Minute kochen lassen, in ein Sieb abgießen. Zuckerschoten in kaltes Wasser tauchen (damit sie ihre Farbe behalten), zum Abtropfen in ein Sieb legen und anschließend halbieren. Räucherlachs würfeln.

3. Crème fraîche mit Zitronensaft, Salz und Pfeffer würzen und als Spiegel auf den Tellern verteilen. Restliche Salatzutaten darauf anrichten und mit Kerbelblättchen und rosa Pfeffer garnieren.

Salat von frischen Wildkräutern I

Vegetarisch

Pro Portion:
E: 7 g, F: 23 g, Kh: 7 g, kJ: 1118, kcal: 267

200 g Rucola (Rauke)
2 Kopfsalate (etwa 300 g, nur die gelblich grünen Herzen)
100 g Vogelmiere, weiß blühend
1 Bund Wasserkresse (etwa 200 g)
1 kleines Bund Kapuzinerkresse (etwa 40 g)
100 g Taubnessel
500 g weißer oder grüner Spargel
Salz
2–3 Cocktailtomaten

Für die Salatsauce:
2 Knoblauchzehen
1 Bund Kerbel
5 EL weißer Balsamico-Essig
1 TL mittelscharfer Senf
frisch gemahlener, bunter Pfeffer
8–10 EL Olivenöl
1 Pck. gemischte Kräuterblüten, z. B. Stiefmütterchen, Gänseblumen, Kapuzinerkresse

Zubereitungszeit: 60 Minuten, ohne Durchziehzeit

1. Rucola und Kopfsalat putzen. Von den Kopfsalaten die äußeren Blätter entfernen. Salate waschen, trocken tupfen und grob zerkleinern. Vogelmiere, Kresse und Taubnessel putzen (bei der Vogelmiere zusätzlich die Fäden von den Stängeln entfernen), waschen, trocken tupfen und ebenfalls grob zerkleinern.

2. Den weißen Spargel von oben nach unten schälen. Darauf achten, dass die Schalen vollständig entfernt, die Köpfe aber nicht verletzt werden. Die unteren Enden abschneiden (holzige Stellen vollkommen entfernen). Von dem grünen Spargel das untere Drittel schälen und die unteren Enden abschneiden.

3. Spargelstangen in mundgerechte Stücke schneiden, waschen und in kochendem Salzwasser 8–10 Minuten garen. Spargelstücke in einem Sieb abtropfen lassen. Tomaten waschen, abtrocknen, halbieren und evtl. die Stängelansätze entfernen.

4. Für die Sauce Knoblauch abziehen, in kleine Würfel schneiden oder durch eine Knoblauchpresse drücken. Kerbel abspülen und trocken tupfen. Die Blättchen von den Stängeln zupfen. Blättchen grob zerschneiden (etwas Kerbel zum Garnieren beiseitelegen).

5. Essig mit Senf, Knoblauch, Salz und Pfeffer verrühren, Olivenöl unterschlagen. Die Marinade mit den vorbereiteten Salatzutaten mischen und einige Minuten durchziehen lassen. Salat nochmals mischen und anrichten.

6. Kräuterblüten abspülen und trocken tupfen. Den Salat mit Kräuterblüten und dem beiseitegestellten Kerbel garnieren.

Tipp: Der Salat kann zusätzlich mit gehobeltem Parmesan-Käse, gebratenem Hähnchenbrustfilet oder Fischfilet, z. B. Pangasiusfilet, serviert werden.

Salat von Spiralnudeln in Gorgonzola-Creme | Raffiniert

4–6 Portionen

Pro Portion:
E: 22 g, F: 36 g, Kh: 64 g, kJ: 2782, kcal: 667

5 l Wasser
5 gestr. TL Salz
500 g Spiralnudeln

500 g Staudensellerie
500 g grüner Spargel
Salz
200 g Cocktailtomaten

70 g Pinienkerne

Für die Gorgonzola-Creme:
150 g Gorgonzola-Käse
300 g Crème fraîche
2 EL Salatmayonnaise
frisch gemahlener Pfeffer

1 kleiner Topf Basilikum

Zubereitungszeit: 60 Minuten, ohne Abkühlzeit

1. Wasser in einem großen Topf mit geschlossenem Deckel zum Kochen bringen. Dann Salz und Nudeln zugeben. Die Nudeln im geöffneten Topf bei mittlerer Hitze nach Packungsanleitung bissfest garen, dabei 4–5-mal umrühren.

2. Anschließend die Nudeln in ein Sieb geben, mit heißem Wasser abspülen und abtropfen lassen.

3. Sellerie putzen, die harten Außenfäden abziehen. Sellerie waschen, abtropfen lassen und in dünne Scheiben schneiden. Von dem Spargel nur das untere Drittel schälen und die Enden abschneiden. Spargel waschen, abtropfen lassen und ebenfalls in dünne Scheiben schneiden. Sellerie- und Spargelscheiben in kochendem Salzwasser etwa 2 Minuten blanchieren. Anschließend in ein Sieb geben, mit kaltem Wasser übergießen und abtropfen lassen. Tomaten waschen, trocken tupfen, halbieren und evtl. die Stängelansätze herausschneiden. Die Salatzutaten in eine Schüssel geben und mischen.

4. Pinienkerne in einer beschichteten Pfanne ohne Fett unter mehrmaligem Wenden hellbraun rösten und auf einem Teller erkalten lassen.

5. Für die Creme Gorgonzola-Käse durch ein feines Sieb streichen, mit Crème fraîche und Mayonnaise verrühren. Mit Salz und Pfeffer würzen. Die Creme unter die Salatzutaten heben und den Salat abschmecken.

6. Basilikum abspülen und trocken tupfen. Die Blättchen von den Stängeln zupfen.

7. Den Salat mit Pinienkernen und Basilikumblättchen bestreut servieren.

Tipp: Statt Gorgonzola-Käse können Sie auch Roquefort-Käse verwenden.

Salatsauce mit frischen Kräutern

I Einfach

Insgesamt:
E: 3 g, F: 499 g, Kh: 10 g, kJ: 18701, kcal: 4466

1 Bund	*Petersilie*
1 Bund	*Schnittlauch*
3 Zweige	*Estragon*
je 1/4	*rote, gelbe und grüne Paprikaschote*
500 ml (1/2 l)	*Olivenöl*
1 TL	*Kümmel*
1 TL	*grob gemahlener, schwarzer Pfeffer*

Zubereitungszeit: 20 Minuten

1. Petersilie, Schnittlauch und Estragon abspülen und trocken tupfen. Von der Petersilie und dem Estragon die Blättchen von den Stängeln zupfen und klein schneiden. Schnittlauch in kleine Röllchen schneiden.

2. Paprika entstielen, entkernen und die weißen Scheidewände entfernen. Schotenviertel waschen, trocken tupfen und in feine Würfel schneiden.

3. Die vorbereiteten Kräuter und Paprikawürfel mit Olivenöl verrühren, mit Kümmel und Pfeffer würzen. Die Sauce in eine gut verschließbare Flasche geben, verschließen, kräftig durchschütteln, einige Tage stehen lassen.

Tipp: Für Salate 6 Esslöffel von der Kräuter-Öl-Mischung mit 2–3 Esslöffeln Weißweinessig verrühren.

Salatteller mit Sprossen | Vegetarisch

Pro Portion:
E: 5 g, F: 21 g, Kh: 4 g, kJ: 969, kcal: 231

250 g Feldsalat
1 Kopf Lollo Bionda
200 g Radieschensprossen
375 g frische Champignons
350 g kleine Tomaten

Für die Sauce:
6–8 EL Estragonessig
2–3 TL körniger Senf
Salz
frisch gemahlener Pfeffer
150 ml Weizenkeim- oder Sonnenblumenöl

Zum Bestreuen:
2 EL Estragonblätter
60 g Pinienkerne

Zubereitungszeit: 60 Minuten

1. Salate verlesen, putzen, waschen und gut abtropfen lassen. Lollo bionda in mundgerechte Stücke zupfen.

2. Radieschensprossen waschen und abtropfen lassen. Champignons putzen, mit Küchenpapier abreiben, evtl. abspülen, trocken tupfen und in dünne Scheiben schneiden. Tomaten waschen, abtropfen lassen, halbieren oder vierteln und Stängelansätze herausschneiden.

3. Für die Sauce Essig und Senf verrühren, mit Salz und Pfeffer würzen und Öl unterrühren.

4. Die Salatzutaten auf einer großen Platte anrichten und die Sauce darüber verteilen.

5. Zum Bestreuen Estragonblätter abspülen und trocken tupfen. Pinienkerne in einer Pfanne ohne Fett leicht anrösten. Beide Zutaten über den Salat streuen.

Salat-Wraps | Einfach

Pro Portion:
E: 11 g, F: 12 g, Kh: 34 g, kJ: 1287, kcal: 307

2 Pck. weiche Tortillas, rot und weiß (je 8 Stück)
1 Kopf Eisbergsalat

Für die Balkansalatfüllung:
1 Dose Gemüsemais (Abtropfgewicht 285 g)
2 rote Zwiebeln
1 rote Paprikaschote
3 Schalen Balkansalat (je 200 g)

Für die Geflügelsalatfüllung:
2 Birnen
1 Mango
3 Schalen Geflügelsalat (je 200 g)
Currypulver

Zubereitungszeit: 50 Minuten

1. Tortillas nacheinander in einer heißen Pfanne ohne Fett beidseitig kurz erwärmen. Eisbergsalat putzen, halbieren, abspülen, abtropfen lassen und in Streifen schneiden.

2. Für die Balkansalatfüllung Mais abtropfen lassen, Zwiebeln abziehen und fein würfeln. Paprika halbieren, entstielen, entkernen, die weißen Scheidewände entfernen, Schote waschen, in Streifen schneiden. Salat mit Mais und Zwiebeln mischen.

3. Für die Geflügelsalatfüllung Birnen waschen, schälen, vierteln, entkernen und in dünne Spalten schneiden. Mango schälen, das Fruchtfleisch um den Stein abschneiden und ebenfalls in dünne Spalten schneiden.

4. Eine Hälfte der Tortillas mit etwas Eisbergsalat belegen, darauf den Balkansalat und die Paprikastreifen legen und eng aufrollen. Restliche Tortillas mit etwas Eisbergsalat, Geflügelsalat, Mango- und Birnenstreifen belegen, mit Curry bestreuen und aufrollen. Die Rollen evtl. schräg halbieren und servieren.

Sandwiches mit Selleriecreme

Einfach

16 Stück

Pro Stück:

E: 2 g, F: 3 g, Kh: 6 g, kJ: 264, kcal: 63

125 ml (1/8 l) Gemüsebrühe
500 g Knollensellerie
3 mittelgroße Tomaten
1 Bund Rucola (Rauke)
1 Bund Schnittlauch
8 Scheiben Kastenweißbrot oder Sandwichbrot
100 g Mascarpone (Ital. Frischkäse)
Salz
frisch gemahlener Pfeffer

Zubereitungszeit: 45 Minuten, ohne Abkühl- und Durchziehzeit

1. Gemüsebrühe in einem Topf zum Kochen bringen. Sellerie putzen, schälen, waschen und in grobe Würfel schneiden. Die Selleriewürfel in der Brühe zugedeckt bei schwacher Hitze etwa 15 Minuten garen. Sellerie mit der Brühe noch heiß pürieren und die Masse erkalten lassen.

2. Tomaten waschen, abtrocknen, die Stängelansätze herausschneiden und Tomaten in Scheiben schneiden. Rucola putzen, waschen und gut abtropfen lassen oder trocken schleudern. Schnittlauch kalt abspülen, trocken tupfen und in Röllchen schneiden. Von den Brotscheiben die Rinde abschneiden. Die Rinde von 4 Scheiben fein würfeln.

3. Mascarpone unter das kalte Selleriepüree rühren. Schnittlauchröllchen und Brotwürfel unterheben und die Masse salzen und pfeffern.

4. Die Hälfte der Brotscheiben dünn mit der Selleriecreme bestreichen und als Deckel beiseitelegen. Die andere Hälfte der Brotscheiben mit Rucola belegen und mit Selleriecreme bestreichen. Tomatenscheiben darauf verteilen und mit Salz und Pfeffer bestreuen.

5. Die beiseitegestellten Brotscheiben mit der bestrichenen Seite darauflegen und andrücken. Die Brotscheiben diagonal halbieren, fest in Frischhaltefolie einwickeln und etwas durchziehen lassen.

Sardinenspießchen | Raffiniert

4 Spieße

Pro Stück:
E: 6 g, F: 32 g, Kh: 4 g, kJ: 1446, kcal: 346

16 Sardinen

Für die Marinade:
1 Stängel Rosmarin
125 ml (1/8 l) Olivenöl
3 EL Zitronensaft
1 TL Salz
frisch gemahlener Pfeffer
4 Knoblauchzehen
1 rote Chilischote
2 EL frische, gemischte Kräuter, z. B. Petersilie, Thymian, Schnittlauch
1 Bio-Zitrone (unbehandelt, ungewachst)

Außerdem:
4 Metallspieße
Alufolie

Zubereitungszeit: 35 Minuten, ohne Marinierzeit
Grillzeit: etwa 4 Minuten

1. Sardinen evtl. schuppen, Köpfe abschneiden, dann den Bauch vom Schwanz bis zum Kopf aufschneiden. Die Innereien entfernen.

2. Die Sardinen aufklappen und mit einem breiten Messer flach drücken. Die Mittelgräte und einzelne Gräten entfernen. Die Fische unter fließendem kalten Wasser abspülen, trocken tupfen und der Länge nach teilen, so dass 2 Filets pro Fisch entstehen.

3. Für die Marinade Rosmarin abspülen, trocken tupfen und die Nadeln vom Stängel zupfen. Öl, Zitronensaft, Salz, Pfeffer und Rosmarinnadeln verrühren. Knoblauch abziehen, durch eine Knoblauchpresse drücken oder sehr fein hacken, in die Marinade geben.

4. Chilischote halbieren, entkernen, abspülen und fein würfeln. Chiliwürfel mit den Kräutern in die Marinade rühren, die Sardinenfilets etwa 1 Stunde darin marinieren, evtl. wenden.

5. Die Sardinenfilets aus der Marinade nehmen, trocken tupfen und jeweils 8 Filets auf einen Metallspieß stecken.

6. Die Spießchen auf den heißen Grillrost (evtl. mit Alufolie belegt) legen, nach etwa 2 Minuten wenden.

7. Zitrone unter heißem Wasser gründlich waschen, abtrocknen und vierteln. Die Sardinenspieße mit Zitronenvierteln servieren.

Tipp: Für Sardinenröllchen am Spieß 2–3 grüne Chilischoten oder 1 in feine Streifen geschnittene Zucchini mit den Sardinen marinieren. Die Gemüsestreifen auf die Innenseite der Sardellenfilets legen, die Filets mit der Hautseite nach außen aufrollen und die Sardinenröllchen auf die Spieße stecken.

Sauce Tatare | Klassisch

Pro Portion:
E: 1 g, F: 3 g, Kh: 6 g, kJ: 244, kcal: 58

4 Schalotten oder 2 Zwiebeln
2 TL Kapern
2 EL gehackte Kräuter, z. B. Petersilie, Dill, Kerbel
2–3 EL Mayonnaise
Salz

Zubereitungszeit: 15 Minuten

1. Schalotten oder Zwiebeln abziehen und fein würfeln. Kapern sehr fein hacken.

2. Kräuter, Kapern und Zwiebelwürfel mit Mayonnaise verrühren und mit Salz würzen.

Tipp: Zu gegrilltem Fleisch oder Fisch reichen oder als Salatsauce verwenden. Sauce Tatare passt auch zu kaltem Braten und hart gekochten Eiern.

Schafkäse und Chili in Olivenöl I

Gut vorzubereiten

2 Gläser (je etwa 500 ml)

Insgesamt:
E: 70 g, F: 474 g, Kh: 8 g, kJ: 18870, kcal: 4505

etwa 400 g Schafkäse
3 kleine getrocknete Chilischoten
3 Stängel Thymian
1 Stängel Rosmarin
3 kleine Knoblauchzehen
12 schwarze Pfefferkörner
etwa 400 ml kalt gepresstes Olivenöl

Zubereitungszeit: 15 Minuten

1. Schafkäse in Würfel schneiden und in gründlich gereinigte, gespülte Gläser geben. Chilischoten halbieren, entkernen und klein schneiden. Thymian- und Rosmarinstängel abspülen und trocken tupfen. Knoblauch abziehen und mit den Pfefferkörnern etwas zerdrücken.

2. Chili, Thymian, Rosmarin, Knoblauch und Pfeffer zu den Käsewürfeln geben, mit so viel Olivenöl übergießen, dass die Käsewürfel gut bedeckt sind. Die Gläser mit Twist-off-Deckeln® verschließen, kalt und dunkel gestellt mindestens 1 Woche durchziehen lassen. Nach dem Öffnen innerhalb von 2 Wochen verzehren.

Tipp: Schafkäse passt gut zu knusprigem Brot oder zu knackigen Blattsalaten. In Scheiben geschnitten ist der Schafkäse ein vorzüglicher Pizzabelag. Das Olivenöl, in dem der Schafkäse eingelegt war, kann für Salatsaucen oder zum Bestreichen von gegrilltem Fleisch, Fisch oder gebratenem Gemüse verwendet werden.

Schafkäse-Tarte | Für Gäste

Insgesamt:
E: 44 g, F: 185 g, Kh: 108 g, kJ: 10196, kcal: 2433

5 kleine
Stängel Rosmarin
150 g Zucchini
300 g Schafkäse
100 g Weizenmehl (Type 550)
30 g Vollkorn-Weizengrieß
2 gestr. TL Dr. Oetker Backin
1 gestr. TL Salz
1 gestr. TL Dr. Oetker Finesse Geriebene Zitronenschale
50 ml Wasser
2 Eier (Größe M)
80 ml Olivenöl
30 g Pinienkerne

Zum Beträufeln und Bestreuen:
1–2 EL Olivenöl
grob gemahlener schwarzer Pfeffer

Außerdem:
1 Tarteform (ø 26–28 cm)

Zubereitungszeit: etwa 45 Minuten
Backzeit: 35–45 Minuten

1. Rosmarin abspülen, trocken tupfen. Von 3 Stängeln Rosmarin die Nadeln abstreifen und grob hacken. Zucchini abspülen, die Enden abschneiden, Zucchini in kleine Würfel schneiden. 150 g von dem Schafkäse in den Händen zerbröseln. Den Backofen vorheizen.

2. Für den Teig Mehl, Grieß, Backpulver, Salz, gehackten Rosmarin und Zitronenschale in eine Rührschüssel geben und mit einem Schneebesen verrühren. Wasser, Eier und Olivenöl hinzufügen und mit Handrührgerät mit Rührbesen unterrühren. Zucchiniwürfel und Schafkäsebrösel unterrühren.

3. Den Teig in die Form (gefettet, mit Semmelbröseln ausgestreut) füllen und glattstreichen. Restlichen Schafkäse mit den Händen grob zerbröseln und auf dem Teig verteilen. Restlichen Rosmarin in kleine Zweige zupfen und zusammen mit den Pinienkernen über Käse und Teig streuen. Mit Olivenöl beträufeln und mit Pfeffer bestreuen.

4. Die Form auf dem Rost in den vorgeheizten Backofen schieben.

Ober-/Unterhitze: etwa 200 °C
Heißluft: etwa 180 °C
Backzeit: 35–45 Minuten.

5. Die Form auf einen Kuchenrost stellen. Die Tarte in der Form erkalten lassen.

Tipp: Für diese Tarte eignet sich am besten ein Feta-Käse aus Schafmilch oder Schaf- und Ziegenmilch. Er hat keine Rinde, ist schnittfest und schmeckt leicht säuerlich. Sie erhalten ihn lose oder in Scheiben eingeschweißt im Kühlregal.

Schafkäse-Tomaten-Pfännchen I

Vegetarisch

Pro Portion:
E: 9 g, F: 28 g, Kh: 3 g, kJ: 1324, kcal: 317

4	*große Tomaten*
200 g	*Schafkäse*
½ Bund	*glatte Petersilie*
6 EL	*Olivenöl*
	frisch gemahlener, weißer Pfeffer
	Kräuter-Gewürzsalz
	abgeriebene Schale von
½	*Bio-Zitrone (unbehandelt, ungewachst)*

Außerdem:
Alufolie

Zubereitungszeit: 35 Minuten
Grillzeit: 10–15 Minuten

1. Die Tomaten waschen, halbieren, die Stängelansätze herausschneiden, Tomaten in Scheiben schneiden. Den Schafkäse ebenfalls in Scheiben schneiden. Petersilie abspülen, abtropfen lassen, von den Stängeln zupfen und klein schneiden.

2. Aus doppelt gefalteter Alufolie rechteckige Formen falten und mit 1 Esslöffel Öl auspinseln.

3. Den Käse, Tomaten und Petersilienblätter dachziegelartig einschichten, mit Pfeffer und Kräuter-Gewürzsalz bestreuen. Die Alupfännchen 10–15 Minuten auf den heißen Grillrost legen.

4. Mit dem restlichen Öl beträufeln und mit Zitronenschale bestreuen.

Abwandlung: Zucchini-Käse-Pfännchen: Von 4 kleinen Zucchini die Enden abschneiden, Zucchini putzen, waschen und längs bis kurz vor dem Ende dreimal einschneiden. In jeden Zucchinieinschnitt 1 längs halbierte Scheibe Raclette-Käse (6 Scheiben) stecken. Die Zucchini mit Meersalz und buntem Pfeffer würzen. Die Alupfännchen mit 1–2 Esslöffeln Sojaöl bestreichen, die Zucchinifächer darauflegen, auf den heißen Grill legen und etwa 15 Minuten garen. Anschließend mit Paprikapulver bestreuen und servieren.

Scharfe Speckspieße | Einfach

Pro Portion:
E: 13 g, F: 7 g, Kh: 13 g, kJ: 687, kcal: 164

500 g magerer durchwachsener Speck (ohne Schwarte)
je 1 rote, gelbe und grüne Paprikaschote (je etwa 250 g)
Salz
8 kleine Kartoffeln (etwa 500 g)
8 Cocktailtomaten

8 EL Olivenöl
1 TL Paprikapulver edelsüß

frisch gemahlener Pfeffer

Außerdem:
8 Holz- oder Metallspieße

Zubereitungszeit: 55 Minuten, ohne Marinierzeit
Grillzeit: 10–15 Minuten

1. Speck in Stücke schneiden (je etwa 25 g). Paprikaschoten halbieren, entstielen, entkernen und die weißen Scheidewände entfernen. Schoten waschen, trocken tupfen und in mundgerechte Stücke schneiden.

2. Salzwasser in einem Topf zum Kochen bringen. Die Paprikastücke darin etwa 3 Minuten kochen, anschließend in ein Sieb geben, mit kaltem Wasser übergießen und abtropfen lassen.

3. Kartoffeln gründlich waschen, evtl. bürsten. Kartoffeln mit dem Salzwasser in einem Topf zum Kochen bringen und zugedeckt etwa 20 Minuten kochen. Anschließend in ein Sieb geben, mit kaltem Wasser übergießen und abtropfen lassen. Kartoffeln halbieren.

4. Cocktailtomaten waschen und abtrocknen. Speck-, Paprikastücke, Kartoffelhälften und Cocktailtomaten abwechselnd auf Holz- oder Metallspieße stecken und in eine flache Schale legen.

5. Olivenöl mit Paprika verrühren. Die Spieße damit bestreichen und zugedeckt 1–2 Stunden in den Kühlschrank stellen.

6. Die Spieße aus der Marinade nehmen und danach auf dem heißen Grill unter mehrmaligem Wenden 10–15 Minuten grillen. Spieße mit Salz und Pfeffer bestreuen.

Beilage: Baguettestangen, Aioli- oder Chilidip dazureichen.

Scharfer Kartoffelsalat | Raffiniert

4–6 Portionen

Pro Portion:
E: 4 g, F: 13 g, Kh: 22 g, kJ: 951, kcal: 227

700 g kleine festkochende Kartoffeln
1 kleiner Rettich (etwa 400 g)
1 kleine Salatgurke (etwa 400 g)
1 Bund Radieschen (etwa 250 g)
Salz

100 ml heiße Gemüsebrühe
3 EL Weißweinessig
6 EL Sesam- oder Speiseöl
1 EL geriebener Meerrettich (aus dem Glas)
1 EL Sojasauce
frisch gemahlener Pfeffer
1 Kästchen Shisoblätter (rote Kressekeimlinge)

Zubereitungszeit: 55 Minuten, ohne Abkühl- und Durchziehzeit

1. Kartoffeln gründlich waschen, mit Wasser bedeckt zum Kochen bringen, zugedeckt in 20–25 Minuten gar kochen. Kartoffeln abgießen, mit kaltem Wasser abschrecken, abtropfen lassen, sofort pellen und lauwarm abkühlen lassen. Kartoffeln in Scheiben schneiden und in eine große Schüssel geben.

2. Rettich schälen, abspülen, trocken tupfen und halbieren. Rettichhälften mit einem Gemüsehobel hobeln. Gurke waschen, trocken tupfen, längs halbieren, entkernen, in dünne Scheiben schneiden. Die vorbereiteten Gemüsezutaten in eine Schüssel geben, mit Salz bestreuen und etwa 30 Minuten durchziehen lassen.

3. Heiße Brühe mit Essig verrühren, Sesam- oder Speiseöl unterschlagen. Meerrettich und Sojasauce unterrühren. Mit Salz und Pfeffer abschmecken.

4. Salatzutaten evtl. in einem Sieb abtropfen lassen, zu den Kartoffelscheiben geben, mit der Marinade übergießen und vorsichtig umrühren. Den Salat etwa 1 Stunde kalt stellen und durchziehen lassen.

5. Kresse abspülen, trocken tupfen und abschneiden. Den Salat mit der Kresse bestreut servieren.

Scharfes Tomaten-Paprika-Relish

Gut vorzubereiten
3 Gläser (je 200 ml)

Insgesamt:
E: 12 g, F: 39 g, Kh: 43 g, kJ: 2456, kcal: 584

2 rote Paprikaschoten
1 kg vollreife Tomaten
2–4 Knoblauchzehen
1–2 EL Harissa (afrikanische Gewürzpaste)
4 EL kalt gepresstes Olivenöl
Meersalz

Zubereitungszeit: 35 Minuten, ohne Ruhe-, Abkühl- und Durchziehzeit

1. Den Backofengrill vorheizen. Die Paprika halbieren, entstielen, vierteln, entkernen und die weißen Scheidewände entfernen. Schoten waschen, trocken tupfen und auf ein Backblech legen. Das Backblech unter den vorgeheizten Grill schieben, die Paprikaschoten so lange rösten, bis die Haut schwarz wird und Blasen wirft. Schoten in eine Schale legen, mit Frischhaltefolie zugedeckt etwa 15 Minuten stehen lassen.

2. Tomaten waschen, abtrocknen, mit den Knoblauchzehen auf das Backblech legen und ebenfalls unter dem vorgeheizten Grill rösten, bis die Haut schwarz wird und Blasen wirft, dabei gelegentlich wenden; die Knoblauchzehen sollten noch weich sein. Tomaten und Knoblauch abkühlen lassen.

3. Die Haut der Paprikaschoten abziehen. Paprika in sehr kleine Würfel schneiden.Tomaten enthäuten, entkernen und die Stängelansätze entfernen. Tomaten grob zerkleinern. Knoblauch abziehen und in sehr kleine Würfel schneiden.

4. Paprikawürfel mit Tomatenstücken, Knoblauchwürfeln, Harissa und Olivenöl mischen, mit Meersalz abschmecken, etwa 2 Stunden durchziehen lassen.

5. Überschüssiges Olivenöl abgießen. Relish in gründlich gereinigte, gespülte Gläser füllen und mit Twist-off-Deckeln® verschließen. Relish kalt und dunkel gestellt etwa 2 Wochen durchziehen lassen. Dunkel und kalt gestellt ist das Relish 3–4 Monate haltbar.

Schichtsalat | Klassisch

12 Portionen

Pro Portion:
E: 16 g, F: 35 g, Kh: 27 g, kJ: 2166, kcal: 517

8 Eier
2 Gläser Selleriestreifen oder -scheiben (je 370 g)
2 Dosen Gemüsemais (Abtropfgewicht je 265 g)
2 Dosen Ananas (Abtropfgewicht je 480 g)
4 säuerliche Äpfel
3 Stangen Porree (Lauch)
400 g gekochter Schinken

Für die Sauce:
500 g Salatmayonnaise
500 g Schlagsahne
Salz
frisch gemahlener Pfeffer

Zubereitungszeit: 60 Minuten, ohne Durchziehzeit

1. Eier in Wasser etwa 10 Minuten kochen, dann abgießen, etwas abkühlen lassen, pellen und in Achtel oder Scheiben schneiden.

2. Sellerie, Mais und Ananas jeweils in einem Sieb abtropfen lassen. Ananas in kleinere Stücke schneiden.

3. Äpfel schälen, vierteln, entkernen und in kleine Stücke schneiden. Porree putzen, waschen, abtropfen lassen. Porree in feine Ringe schneiden und kurz in kochendem Wasser blanchieren. Schinken in Würfel oder Streifen schneiden.

4. Für die Sauce Mayonnaise mit Sahne verrühren, mit Salz und Pfeffer abschmecken.

5. Die Zutaten abwechselnd mit der verrührten Mayonnaise in eine große Schüssel schichten und 12 Stunden zugedeckt durchziehen lassen.

Tipp: Bevor Sie mit dem Schichten beginnen, den Boden der Schüssel mit Kresse ausstreuen.

Schmandcracker | Einfach

Insgesamt:
E: 49 g, F: 155 g, Kh: 227 g, kJ: 10943, kcal: 2615

Für den Knetteig:
275 g Weizenmehl
1 gestr. TL Salz
200 g Schmand (Sauerrahm)
70 g Butter oder Margarine

Zum Bestreichen:
1 Eigelb (Größe M)
1 EL Milch

Für den Belag:
etwa 70 g geröstete, gesalzene Cashewkerne

Zum Bestreuen:
grobes Meersalz

Zubereitungszeit: 60 Minuten, ohne Kühlzeit
Backzeit: etwa 15 Minuten je Backblech

1. Für den Knetteig Mehl in eine Rührschüssel sieben. Salz, Schmand und Butter oder Margarine hinzufügen. Die Zutaten mit Handrührgerät mit Rührbesen zunächst kurz auf niedrigster, dann auf höchster Stufe gut durcharbeiten. Anschließend auf einer bemehlten Arbeitsfläche zu einem glatten Teig verkneten. Sollte er kleben, ihn in Frischhaltefolie gewickelt etwa 30 Minuten kalt stellen.

2. Teig in mehreren Portionen auf der bemehlten Arbeitsfläche dünn ausrollen, mit einem ovalen Ausstecher (etwa 6 x 8 cm) Ovale ausstechen und auf Backbleche (gefettet, mit Backpapier belegt) legen. Teigcracker mit einer Gabel mehrmals einstechen. Den Backofen vorheizen.

3. Zum Bestreichen Eigelb und Milch verschlagen, die Teigcracker damit bestreichen.

4. Für den Belag Cashewkerne der Länge nach halbieren. Jeden Teigcracker mit 2 halben Cashewkernen belegen und mit etwas Meersalz bestreuen. Die Backbleche nacheinander (bei Heißluft zusammen) in den vorgeheizten Backofen schieben.

Ober-/Unterhitze: etwa 200 °C
Heißluft: etwa 180 °C
Backzeit: etwa 15 Minuten je Backblech.

5. Cracker mit dem Backpapier vom Backblech auf einen Kuchenrost ziehen und erkalten lassen.

Tipp: Cracker halten sich in einer gut schließenden Dose etwa 14 Tage frisch. Sie schmecken noch besser, wenn sie nochmals im Backofen bei etwa 180 °C 3–5 Minuten aufgebacken werden.

Schnittlauchbutter | Einfach

Insgesamt:
E: 2 g, F: 312 g, Kh: 1 g, kJ: 11851, kcal: 2832

3 Bund Schnittlauch
375 g weiche Butter
Salz
frisch gemahlener Pfeffer

Zubereitungszeit: 20 Minuten

1 Schnittlauch kalt abspülen, trocken tupfen und in feine Röllchen schneiden. Butter mit Salz und Pfeffer geschmeidig rühren. Schnittlauch unterrühren und die Schnittlauchbutter evtl. nochmals mit Salz und Pfeffer abschmecken.

2. Die Schnittlauchbutter nach Belieben mit Hilfe eines Eisportionierers zu Bällchen formen und auf einer Platte anrichten.

Tipp: Zu Schweinesteaks oder Fischfilet reichen.

Schweinenackensteaks | Klassisch

Pro Portion:
E: 34 g, F: 38 g, Kh: 1 g, kJ: 2159, kcal: 516

8 Schweinenackensteaks (je 180 g)

Für die Marinade:
4 EL Sojasauce
je 2 TL Steak- und Grill-Gewürzsalz
1 TL Currypulver
8 EL Olivenöl
etwas Cayennepfeffer

Zubereitungszeit: 30 Minuten, ohne Marinierzeit
Grillzeit: etwa 15 Minuten

1. Nackensteaks unter fließendem kalten Wasser abspülen, trocken tupfen und in eine flache Schale legen.

2. Für die Marinade Sojasauce, Steak- und Grill-Gewürzsalz, Curry, Olivenöl und Cayennepfeffer verrühren. Die Nackensteaks damit bestreichen und zugedeckt einige Stunden stehen lassen.

3. Die Nackensteaks etwas abtropfen lassen, auf den heißen Grill legen und von beiden Seiten insgesamt etwa 15 Minuten grillen. Die Nackensteaks während des Grillens mit der Marinade bestreichen.

Tipp: Dazu passt sehr gut eine selbst gemachte Barbecue-Sauce (siehe Seite 18).

Schweinenackensteaks, mit Kräutern und Malzbier gebeizte I

Raffiniert

Pro Portion:
E: 30 g, F: 38 g, Kh: 1 g, kJ: 2084, kcal: 497

Für die Marinade:

100 ml Malzbier
1 EL mittelscharfer Senf
6 EL Speiseöl, z. B. Sonnenblumenöl
2 Pck. TK-Kräuter

10 Schweinenackensteaks (je 150 g)
grob gemahlener, bunter Pfeffer
Salz

Zubereitungszeit: 25 Minuten, ohne Marinierzeit
Grillzeit: etwa 15 Minuten

1. Für die Marinade Malzbier, Senf und Speiseöl gut verrühren. Küchenkräuter untermengen.

2. Steaks unter fließendem kalten Wasser abspülen, trocken tupfen. Steaks von beiden Seiten mit Pfeffer bestreuen und in eine flache Schale legen. Die Steaks mit der Marinade bestreichen und mit Frischhaltefolie zugedeckt im Kühlschrank über Nacht durchziehen lassen.

3. Steaks abtropfen lassen, auf den heißen Grill legen und unter gelegentlichem Wenden etwa 15 Minuten grillen. Steaks mit Salz bestreuen.

Schweizer Roggenbrotringe I

Gut vorzubereiten

Insgesamt:
E: 107 g, F: 20 g, Kh: 647 g, kJ: 14176, kcal: 3383

Für den Hefeteig:

350 g Weizen-Vollkornmehl
1 Pck. (42 g) frische Hefe
1 TL Zucker
400 ml lauwarmes Wasser
650 g Roggenmehl (Type 1150)
1 Pck. Sauerteig-Extrakt (15 g, Reformhaus)
2 gestr. TL Koriandersamen
4 gestr. TL Salz
2 EL Obstessig

Zubereitungszeit: 50 Minuten, ohne Teiggehzeit
Backzeit: etwa 40 Minuten

1. Für den Teig Mehl in eine Schüssel geben. In die Mitte eine Vertiefung drücken. Hefe hineinbröckeln, Zucker und etwas von dem Wasser hinzufügen. Mit einer Gabel vorsichtig verrühren und etwa 10 Minuten gehen lassen.

2. Roggenmehl, Sauerteig-Extrakt, Koriander, Salz, Obstessig und restliches Wasser hinzufügen. Die Zutaten mit Handrührgerät mit Knethaken zunächst auf niedrigster, dann auf höchster Stufe in etwa 5 Minuten zu einem Teig verarbeiten. Den Teig zugedeckt an einem warmen Ort so lange gehen lassen, bis er sich sichtbar vergrößert hat.

3. Teig aus der Schüssel nehmen, auf einer bemehlten Arbeitsfläche nochmals kurz durchkneten und zu 2 Stangen (je etwa 58 cm Länge) formen, diese zu je einem Ring zusammensetzen und auf je 1 Backblech (gefettet, mit Backpapier belegt) legen. Teigringe mit einem scharfen Messer mehrmals tief einritzen und mit Mehl bestäuben. Den Backofen vorheizen. Teigringe mit je einem Backblech bedecken und etwa 15 Minuten an einem warmen Ort gehen lassen.

4. Die Backbleche nacheinander (bei Heißluft zusammen) in den vorgeheizten Backofen schieben.

Ober-/Unterhitze: etwa 200 °C
Heißluft: etwa 180 °C
Backzeit: etwa 40 Minuten.

5. Die Brotringe vom Backpapier lösen und auf einem Kuchenrost erkalten lassen.

Tipp: Können die Brote nicht auf einmal gebacken werden, den Teig für das zweite Brot erst dann zu einem Ring formen und aufgehen lassen, wenn das erste Brot im Backofen ist. Bis dahin den Teig im Kühlschrank aufbewahren.

Senf-Marinade | Raffiniert

Für 900 g Rind, Schwein, Lamm, Hähnchen, Kalb oder weißen Fisch

Pro Portion (mit Rind):
E: 45 g, F: 18 g, Kh: 1 g, kJ: 1521, kcal: 364

1 kleine Zwiebel
1 Knoblauchzehe
1–2 Stängel Oregano
2 EL scharfer Senf, z. B. Dijon-Senf
4 EL Weißweinessig
4 EL Olivenöl
50 g abgezogene, gehobelte Mandeln
Salz
frisch gemahlener Pfeffer

Zubereitungszeit: etwa 10 Minuten

1. Zwiebel und Knoblauch abziehen und fein würfeln. Oregano abspülen, trocken tupfen und die Blättchen von den Stängeln zupfen. Blättchen grob hacken.

2. Zwiebel, Knoblauch, Oregano, Senf, Essig, Öl und Mandeln mit einem Schneebesen kräftig verrühren und mit Salz und Pfeffer würzen.

3. Fleisch oder Fisch unter fließendem kalten Wasser abspülen, trocken tupfen und in eine flache Schale legen. Die Marinade darüber verteilen und mit Frischhaltefolie zugedeckt im Kühlschrank ziehen lassen. Fleisch etwa 1 Stunde, Fisch etwa 30 Minuten. Zwischendurch wenden.

Senfstängel | Für Gäste

Insgesamt:
E: 38 g, F: 95 g, Kh: 160 g, kJ: 7188, kcal: 1718

Für den Hefeteig:
200 g Weizenmehl (Type 550)
1/2 Pck. (21 g) frische Hefe
1 gestr. TL Zucker
50 ml lauwarmes Wasser
1 gestr. TL Salz
50 g mittelscharfer Senf
100 g zerlassene, abgekühlte Butter oder Margarine

Zum Bestreichen:
1 Eiweiß (Größe M)

Zum Bestreuen:
30 g Senfkörner

Zubereitungszeit: 50 Minuten, ohne Teiggehzeit
Backzeit: etwa 15 Minuten je Backblech

1. Für den Teig Mehl in eine Schüssel geben. In die Mitte eine Vertiefung drücken. Hefe hineinbröckeln, Zucker und etwas von dem Wasser hinzufügen. Mit einer Gabel vorsichtig verrühren und etwa 10 Minuten gehen lassen.

2. Salz, Senf, Butter oder Margarine und restliches Wasser hinzufügen. Die Zutaten mit Handrührgerät mit Knethaken zunächst auf niedrigster, dann auf höchster Stufe in etwa 5 Minuten zu einem Teig verarbeiten. Den Teig anschließend zugedeckt so lange an einem warmen Ort gehen lassen, bis er sich sichtbar vergrößert hat.

3. Den Teig aus der Schüssel nehmen, auf der bemehlten Arbeitsfläche nochmals kurz durchkneten, zu einer Rolle formen. Diese in 30 Scheiben schneiden. Teigscheiben zu etwa 23 cm langen Stangen formen und auf 2 Backbleche (gefettet, mit Backpapier belegt) legen. Den Backofen vorheizen. Die Teigstangen zugedeckt etwa 15 Minuten an einem warmen Ort gehen lassen.

4. Zum Bestreichen Eiweiß verschlagen. Teigstangen damit bestreichen und mit Senfkörnern bestreuen. Die Backbleche nacheinander (bei Heißluft zusammen) in den vorgeheizten Backofen schieben.

Ober-/Unterhitze: etwa 200 °C
Heißluft: etwa 180 °C
Backzeit: etwa 15 Minuten je Backblech.

5. Das Gebäck mit dem Backpapier vom Backblech auf einen Kuchenrost ziehen. Gebäck erkalten lassen.

Sesamfladen | Für Gäste

Insgesamt:
E: 57 g, F: 50 g, Kh: 189 g, kJ: 6351, kcal: 1518

Für den Hefeteig:
300 g Weizenkörner
75 g Sesamsamen
½ TL gemahlener Koriander
1 Pck. Dr. Oetker Trockenbackhefe
1 TL Meersalz
200 ml lauwarmes Wasser

Zum Bestreichen:
1 Eigelb (Größe M)
1 EL Wasser

Zubereitungszeit: 30 Minuten, ohne Teiggehzeit
Backzeit: etwa 20 Minuten

1. Für den Teig Weizen mittelfein schroten. Sesam in einer Pfanne ohne Fett leicht rösten, etwas abkühlen lassen, etwas Sesam zum Bestreuen beiseitestellen.

2. Restlichen Sesam mit geschrotetem Weizen, Koriander und Trockenbackhefe sorgfältig vermischen. Salz und Wasser hinzufügen.

3. Die Zutaten mit Handrührgerät mit Knethaken zunächst auf niedrigster, dann auf höchster Stufe in etwa 5 Minuten zu einem Teig verarbeiten. Den Teig zugedeckt so lange an einem warmen Ort gehen lassen, bis er sich sichtbar vergrößert hat.

4. Den Teig auf der bemehlten Arbeitsfläche nochmals kurz durchkneten, dann in 6 Stücke schneiden und daraus flache Fladen formen.

5. Zum Bestreichen Eigelb mit Wasser verschlagen, die Teigfladen damit bestreichen und mit dem beiseitegestellten Sesam bestreuen. Die Teigfladen auf ein Backblech (gefettet, mit Backpapier belegt) legen und nochmals zugedeckt so lange an einem warmen Ort gehen lassen, bis sie sich sichtbar vergrößert haben. Während der Teiggehzeit den Backofen vorheizen. Das Backblech in den vorgeheizten Backofen schieben.

Ober-/Unterhitze: etwa 200 °C
Heißluft: etwa 180 °C
Backzeit: etwa 20 Minuten.

6. Die Fladen mit dem Backpapier vom Backblech auf einen Kuchenrost ziehen. Fladen erkalten lassen.

Beilage: Gewürfelter Schweizer-Käse und Oliven.

Sesam-Honig-Dressing | Raffiniert

Pro Portion:
E: 1 g, F: 13 g, Kh: 3 g, kJ: 556, kcal: 133

1 ½ EL Sesamsaat
1 TL Honig
½ TL milder Senf
2–3 EL Essig, z. B. Weißweinessig
4 EL frisch gepresster Orangensaft
Salz
frisch gemahlener Pfeffer
einige Stängel frischer Thymian oder Oregano
4 EL hochwertiges geschmacksneutrales Pflanzenöl, z. B. Distel-, Sonnenblumen- oder Rapsöl

Zubereitungszeit: 10 Minuten

1. Sesam in einer Pfanne bei mittlerer Hitze rösten, bis er zu duften beginnt, auf einem Teller abkühlen lassen.

2. Honig, Senf, Essig und Orangensaft glattrühren. Salz und Pfeffer unterrühren. Kräuter abspülen, trocken schütteln und die Blättchen von den Stängeln zupfen. Blättchen hacken und unter die Essig-Mischung rühren. Öl mit einer Gabel oder einem kleinen Schneebesen kräftig unterschlagen, so dass ein sämiges Dressing entsteht. Sesam unterrühren.

Tipp: Dieses Dressing passt z. B. zu feinen Blattsalaten, wie Eichblattsalat, Feldsalat, Lollo rosso, Lollo bianco, aber auch zu knackigen und kräftigen Salaten wie Rucola, Brunnenkresse, Chicorée, Radicchio oder Batavia. Außerdem schmeckt es zu Gemüsesalaten mit z. B. Möhren, Fenchel, Spargel oder Brokkoli.

Extra Tipp: Wer auf Sesamsaat verzichten möchte, kann stattdessen zum Aromatisieren des Dressings auch 1 Esslöffel Sesamöl und 3 Esslöffel geschmacksneutrales Öl verwenden.

Variante: Statt mit Ölen können Sie dieses Dressing auch mit 125 g Schmand (24 % Fett) oder Crème fraîche (30 % Fett) zubereiten. Dieses Dressing ist dann feincremig und sehr viel milder im Geschmack.

Sommerlicher Kartoffelsalat mit Shrimps | Raffiniert

Pro Portion:
E: 24 g, F: 31 g, Kh: 23 g, kJ: 2030, kcal: 484

500 g Frühkartoffeln
1 Salatgurke (etwa 600 g)
200 g Mai-Gouda-Käse
2 hart gekochte Eier
100 g in Öl marinierte Shrimps oder Garnelen

Für die Sauce:
1 Bund Dill
1 TL mittelscharfer Senf
3 EL Essig
Salz
frisch gemahlener Pfeffer
etwas Zucker
4 EL Öl von den Garnelen

Zubereitungszeit: 45 Minuten, ohne Abkühlzeit

1. Kartoffeln gründlich waschen, in Wasser zum Kochen bringen und in 20–25 Minuten gar kochen lassen. Kartoffeln abgießen, abdämpfen, pellen und erkalten lassen. Die Kartoffeln je nach Größe evtl. längs halbieren und in Scheiben schneiden.

2. Gurke waschen, abtrocknen und die Enden abschneiden. Die Gurke der Länge nach vierteln, nach Belieben die Kerne herausschneiden und die Gurke in feine Scheiben schneiden.

3. Gouda entrinden und in feine Würfel schneiden. Eier pellen und in kleine Würfel schneiden. Shrimps oder Garnelen abtropfen lassen, dabei das Öl auffangen und 4 Esslöffel für die Sauce abmessen.

4. Für die Sauce Dill kalt abspülen, trocken tupfen und die Spitzen von den Stängeln zupfen. Die Spitzen fein schneiden. Senf mit Essig, Salz, Pfeffer und Zucker verrühren. Öl von den Garnelen unterschlagen und Dill unterrühren.

5. Die Salatzutaten mit der Sauce in einer Schüssel vorsichtig mischen und evtl. nochmals mit den Gewürzen abschmecken.

Sommerliches Butterbrot I

Vegetarisch

Pro Portion:
E: 15 g, F: 40 g, Kh: 31 g, kJ: 2284, kcal: 546

2 Kopfsalatherzen
½ Kopf Lollo Rossa
100 g Rucola (Rauke)
1 Bund Radieschen
1 Topf Petersilie oder Kerbel
1 Topf Schnittlauch

Für die Vinaigrette:
1 TL mittelscharfer Senf
2 EL Essig, z. B. Sherry-Essig
Salz
frisch gemahlener Pfeffer
4 EL Olivenöl

100 g Butter
4 dickere Scheiben Mischbrot
100 g gehobelter Parmesan-Käse

Zubereitungszeit: 40 Minuten

1. Von den Kopfsalatherzen und dem Lollo Rossa die äußeren welken Blätter entfernen. Rucola verlesen, dicke Stängel entfernen. Salatblätter waschen, trocken tupfen oder trocken schleudern und in mundgerechte Stücke zupfen.

2. Von den Radieschen die Wurzelenden und das Grün entfernen. Radieschen waschen, gut abtropfen lassen und in dünne Scheiben schneiden.

3. Petersilie oder Kerbel und Schnittlauch abspülen und trocken tupfen. Blättchen von den Stängeln zupfen und den Schnittlauch in kleine Röllchen schneiden.

4. Für die Vinaigrette Senf mit Essig, Salz und Pfeffer verrühren, Öl unterschlagen. Vorbereitete Salatblätter und Radieschenscheiben mit der Vinaigrette vermischen.

5. Butter in einer großen flachen Pfanne zerlassen und die Brotscheiben darin von beiden Seiten rösten.

6. Jede Brotscheibe mit Salat belegen. Gehobelten Käse und Petersilien- oder Kerbelblättchen und Schnittlauchröllchen daraufstreuen und sofort servieren.

Sommersalat mit Roquefortsauce

Raffiniert

Pro Portion:
E: 8 g, F: 16 g, Kh: 6 g, kJ: 923, kcal: 220

1 Kopf Blumenkohl
Salz
2 Köpfe Eisbergsalat
1 große Salatgurke
1 Kästchen Kresse
8–9 Tomaten

Für die Sauce:
200 g Roquefort-Käse
125 g Schlagsahne
150 g Crème fraîche
3 EL Sherry-Essig
6 EL Sherry (fino)
frisch gemahlener Pfeffer

Zubereitungszeit: 60 Minuten

1. Vom Blumenkohl die Blätter und schlechten Stellen entfernen, Kohl in winzige Röschen teilen, gründlich waschen und in Salzwasser etwa 5 Minuten bissfest garen. Röschen gut abtropfen und abkühlen lassen.

2. In der Zwischenzeit Eisbergsalat von schlechten, äußeren Blättern befreien, Innenblätter lösen, in grobe Stücke zerteilen, waschen und gut abtropfen lassen.

3. Salatgurke waschen, abtrocknen und in dünne Scheiben hobeln. Kresse abspülen, abtropfen lassen und abschneiden. Tomaten waschen, abtrocknen, Stängelansätze entfernen und Tomaten in Scheiben schneiden.

4. Eisbergsalatblätter in eine große Schüssel legen, Gurkenscheiben, Brunnenkresse, Tomatenscheiben und Blumenkohlröschen vorsichtig mischen und auf den Salatblättern anrichten.

5. Für die Sauce Roquefort mit einer Gabel zerdrücken und mit Sahne, Crème fraîche, Essig und Sherry verrühren. Sauce mit Salz und Pfeffer abschmecken, über den Salat gießen und den Salat sofort servieren.

Spargel-Käse-Salat | Etwas aufwändiger

Pro Portion:
E: 31 g, F: 33 g, Kh: 11 g, kJ: 2061, kcal: 492

500 g weißer Spargel
Salz
1 TL Zucker
150 g Zuckerschoten
250 g Putenbrust
2 EL Speiseöl, z. B. Sonnenblumenöl
frisch gemahlener Pfeffer
100 g Cocktailtomaten
½ Kopf Friséesalat
200 g Mai-Gouda-Käse

Für die Sauce:
1 kleine Zwiebel
1 Bund gemischte, gehackte Kräuter, z. B. Petersilie, Dill, Schnittlauch
6 EL Kochwasser vom Spargel
3 EL Essig
1 TL mittelscharfer Senf
5 EL Walnussöl

Zubereitungszeit: 40 Minuten

1. Spargel waschen, etwas abtropfen lassen und von oben nach unten schälen, dabei darauf achten, dass Schalen und holzige Stellen völlig entfernt, die Köpfe aber nicht verletzt werden. Die Enden abschneiden. Den Spargel in 4–5 cm lange Stücke schneiden und in wenig kochendem Salzwasser mit Zucker in etwa 10 Minuten bissfest garen.

2. Die Spargelstücke in ein Sieb gießen, dabei das Kochwasser auffangen. Die Spargelstücke abtropfen und abkühlen lassen. Von dem Kochwasser 6 Esslöffel für die Sauce abmessen.

3. Zuckerschoten waschen, abtropfen lassen und die Enden abschneiden. Die Zuckerschoten etwa 3 Minuten in kochendem Salzwasser blanchieren, kalt abschrecken und abtropfen lassen.

4. Putenbrust unter fließendem kalten Wasser abspülen, trocken tupfen und erst in dünne Scheiben, dann in Streifen schneiden. Öl in einer Pfanne erhitzen. Die Putenbruststreifen darin unter Wenden etwa 2 Minuten scharf anbraten, aus der Pfanne nehmen und mit Salz und Pfeffer würzen.

5. Cocktailtomaten waschen, abtrocknen und halbieren. Friséesalat putzen, waschen, abtropfen lassen und in mundgerechte Stücke zupfen. Käse entrinden und in Würfel schneiden.

6. Die vorbereiteten Salatzutaten dekorativ auf 4 Portionstellern anrichten, zum Schluss den Käse darüberstreuen.

7. Für die Sauce Zwiebel abziehen und fein würfeln. Kräuter kalt abspülen, trocken tupfen und fein hacken. Das abgemessene Spargelkochwasser mit Essig, Senf, Zwiebelwürfeln und Pfeffer verrühren. Öl unterschlagen. Kräuter unterrühren. Die Sauce über den Salat gießen.

Spareribs in Maplemarinade (Ahornsirupmarinade) I

Preiswert

8 Portionen

Pro Portion:
E: 48 g, F: 30 g, Kh: 42 g, kJ: 2668, kcal: 637

2 kg Schweinerippe

Für die Marinade:

250 ml Maplesirup (Ahornsirup)
4 EL brauner Zucker (Rohzucker)
4 EL Tomatenketchup
2–3 EL Essig
2 EL Worcestersauce
1 TL Salz
frisch gemahlener Pfeffer
1 TL Senfpulver

Zubereitungszeit: 35 Minuten, ohne Marinierzeit
Grillzeit: 15–20 Minuten

1. Rippe evtl. in Portionen schneiden, unter fließendem kalten Wasser abspülen, trocken tupfen und in eine flache Schale legen.

2. Sirup mit Zucker, Ketchup, Essig, Worcestersauce, Salz, Pfeffer und Senfpulver verrühren, zum Kochen bringen. Die Marinade über die Rippchen geben und mit Frischhaltefolie zugedeckt 2–3 Stunden im Kühlschrank marinieren.

3. Die Rippchen aus der Marinade nehmen und auf den heißen Grillrost legen. Unter mehrmaligem Wenden 15–20 Minuten grillen, zwischendurch mit Marinade bestreichen.

Beilage: Ananas-Chutney, Folienkartoffeln und gegrillte Zucchini.

Spareribs vom Schwein | Preiswert

Pro Portion:
E: 45 g, F: 43 g, Kh: 16 g, kJ: 2645, kcal: 631

Für die Marinade:
100 g Mango-Chutney
100 g Currypaste (im Asialaden erhältlich)
8 EL Speiseöl, z. B. Sonnenblumenöl

2 kg Spareribs ungewürzt (Schälrippchen)

Für den Dip:
2 kleine Bananen (etwa 300 g)
100 g Delikatessemayonnaise (aus der Tube)
1 TL Currypulver
Salz, frisch gemahlener Pfeffer

Nach Belieben zum Garnieren:
einige Rosmarinstängel

Zubereitungszeit: 35 Minuten, ohne Marinierzeit
Grillzeit: etwa 30 Minuten

1. Für die Marinade Mango-Chutney mit der Currypaste und dem Speiseöl verrühren, evtl. große Fruchtstücke des Mango-Chutney dabei zerkleinern.

2. Spareribs evtl. in Stücke schneiden, unter fließendem kalten Wasser abspülen, trocken tupfen und in eine flache Schale legen. Spareribs mit der Marinade bestreichen und mit Frischhaltefolie zugedeckt einige Stunden im Kühlschrank marinieren lassen.

3. Für den Dip Bananen schälen, mit einer Gabel zerdrücken und in eine Schüssel geben. Mayonnaise und Curry hinzufügen, glattrühren. Mit Salz und Pfeffer würzen.

4. Spareribs etwas abtropfen lassen, auf den heißen Grill legen und unter mehrmaligem Wenden etwa 30 Minuten grillen.

5. Nach Belieben zum Garnieren Rosmarin abspülen, trocken tupfen und in kleinere Stücke zupfen. Spareribs mit den kleineren Rosmarinstängeln garnieren und mit dem Dip servieren.

Beilage: Fladenbrot

Spieße mit Hähnchenherzen I

Für Gäste

Pro Portion:
E: 29 g, F: 15 g, Kh: 6 g, kJ: 1265, kcal: 303

1,2 kg Hähnchenherzen

500 ml (1/2 l) Fleischbrühe
1 EL Sambal Oelek
5 EL Sojasauce
3 EL Sojaöl
5 EL Reiswein
2 EL flüssiger Honig
1 TL Salz
1 Sternanis

1 Bund Frühlingszwiebeln

Außerdem:
8–10 Holz- oder Metallspieße

Zubereitungszeit: 50 Minuten
Garzeit: etwa 20 Minuten
Grillzeit: etwa 5 Minuten

1. Hähnchenherzen evtl. von Sehnen und Fett befreien. Hähnchenherzen unter fließendem kalten Wasser abspülen und trocken tupfen.

2. Fleischbrühe mit den Hähnchenherzen in einem Topf zum Kochen bringen. Sambal Oelek, Sojasauce, Sojaöl, Reiswein, Honig, Salz und Sternanis hineingeben. Zugedeckt etwa 20 Minuten bei schwacher Hitze köcheln lassen. Herzen mit einem Schaumlöffel herausnehmen.

3. Die Flüssigkeit bei starker Hitze ohne Deckel so lange einkochen lassen, bis nur noch eine Glasur vorhanden ist. Die Herzen mit der Glasur bestreichen.

4. Frühlingszwiebeln putzen, waschen, trocken tupfen und schräg in etwa 2 cm lange Stücke schneiden. Hähnchenherzen abwechselnd mit Frühlingszwiebelstücken auf Holz- oder Metallspieße stecken.

5. Die Spieße auf dem heißen Grill unter mehrmaligem Wenden etwa 5 Minuten grillen.

Tipp: Servieren Sie die Spieße mit Baguette oder Folienkartoffeln und einem frischen, bunten Salat.

Spinatsalat mit Buttermilchdressing I

Dauert etwas länger

Pro Portion:
E: 11 g, F: 21 g, Kh: 7 g, kJ: 1137, kcal: 272

1 kg	*junger Blattspinat*
300 g	*Cocktailtomaten*
300 g	*Champignons*
2 Bund	*Frühlingszwiebeln*

Für das Buttermilchdressing:

125 ml (1/8 l)	*Buttermilch*
3 EL	*Zitronensaft*
	Salz, frisch gemahlener Pfeffer
etwas	*Zucker*
100 ml	*Speiseöl, z. B. Sonnenblumenöl*
250 g	*zerbröckelter Edelpilzkäse, z. B. Roquefort*
5 TL	*Sesamsamen*

Zubereitungszeit: 50 Minuten

1. Spinat putzen, Stiele entfernen, Blätter gründlich waschen und abtropfen lassen. Blätter evtl. etwas klein schneiden.

2. Cocktailtomaten waschen und halbieren oder vierteln. Champignons putzen, mit Küchenpapier abreiben, evtl. abspülen und in Scheiben schneiden.

3. Frühlingszwiebeln putzen, waschen und in feine Ringe schneiden.

4. Für das Buttermilchdressing Buttermilch mit Zitronensaft verrühren, mit Salz, Pfeffer und Zucker würzen und Öl unterschlagen.

5. Spinat mit Cocktailtomaten, Champignons und Frühlingszwiebeln in einer Schüssel oder auf Tellern anrichten, mit Buttermilchdressing übergießen, mit Edelpilzkäse und Sesamsamen bestreuen und servieren.

Stilton-Dip | Raffiniert

Pro Portion:
E: 8 g, F: 27 g, Kh: 6 g, kJ: 1339, kcal: 320

5	*Frühlingszwiebeln*
3 Stangen	*Staudensellerie*
125 ml (1/8 l)	*Portwein*
250 g	*Crème fraîche*
250 g	*Schlagsahne*
250 g	*Stilton-Käse oder anderer Blauschimmelkäse*
	Salz
	frisch gemahlener, weißer Pfeffer

Zubereitungszeit: 15 Minuten

1. Frühlingszwiebeln putzen, waschen und abtropfen lassen. Staudensellerie putzen, harte Außenfäden abziehen, Sellerie waschen und abtropfen lassen.

2. Beide Zutaten grob zerkleinern (etwas von den Frühlingszwiebeln beiseitelegen), mit Portwein, Crème fraîche und Sahne pürieren. Käse gut zerdrücken, evtl. pürieren und unterrühren. Dip mit Salz und Pfeffer abschmecken und mit beiseitegelegten Frühlingszwiebelstücken garnieren.

Tipp: Zu Blattsalaten und rohem Gemüse reichen.

Stockbrot | Für Kinder

Insgesamt:
E: 114 g, F: 10 g, Kh: 740 g, kJ: 15568, kcal: 3721

Für den Hefeteig:
1 Stängel Rosmarin
1 kg Weizenmehl
3 Pck. Dr. Oetker Trockenbackhefe
1 TL Zucker
2 TL Salz
1/2 TL grob gemahlener Pfeffer
1 TL getrocknete Kräuter der Provence
500 ml (1/2 l) lauwarmes Wasser

Außerdem:
12 Stöcke (80–100 cm)
Alufolie

Zubereitungszeit: 60 Minuten, ohne Teiggehzeit
Backzeit: 10–15 Minuten

1. Rosmarin abspülen, trocken tupfen und die Nadeln vom Stängel zupfen. Nadeln klein hacken. Für den Teig Mehl in eine Rührschüssel geben, mit Trockenbackhefe sorgfältig vermischen. Zucker, Salz, Pfeffer, Rosmarin, Kräuter der Provence und Wasser hinzufügen.

2. Die Zutaten mit Handrührgerät mit Knethaken zunächst auf niedrigster, dann auf höchster Stufe in etwa 5 Minuten zu einem Teig verarbeiten. Den Teig zugedeckt so lange an einem warmen Ort gehen lassen, bis er sich sichtbar vergrößert hat.

3. Die Stöcke mit Alufolie umwickeln. Aus dem Teig etwa 12 lange Rollen formen und jeweils an der Spitze beginnend um die Stöcke wickeln.

4. Das Stockbrot am Stockende in die heiße Glut halten und 10–15 Minuten backen.

Tipp: Stockbrot lässt sich besonders gut im offenen Lagerfeuer backen oder direkt in der Glut des Grills.

Süßkartoffel-Muffins mit Kapern

Einfach

12 Muffins

Insgesamt:
E: 43 g, F: 128 g, Kh: 205, kJ: 8995, kcal: 2147

1	*Süßkartoffel (400 g)*
1 Glas	*Kapern (Abtropfgewicht 30 g)*
170 g	*Weizenmehl (Type 550)*
3 gestr. TL	*Dr. Oetker Backin*
1 ½ gestr. TL	*Salz*
75 ml	*Milch*
2	*Eier (Größe M)*
100 ml	*Olivenöl*

Zubereitungszeit: 45 Minuten, ohne Abkühlzeit
Backzeit: 30–35 Minuten

1. Süßkartoffel schälen, abspülen, abtropfen lassen und auf der groben Seite der Haushaltsreibe raspeln. Kapern in einem Sieb abtropfen lassen und grob hacken. Den Backofen vorheizen.

2. Für den Teig Mehl, Backpulver und Salz in eine Rührschüssel geben und mit einem Schneebesen verrühren. Milch, Eier und Olivenöl dazugeben und mit Handrührgerät mit Rührbesen unterrühren. Anschließend die Kartoffelraspel und Kapern kurz unterrühren.

3. Den Teig in eine Muffinform für 12 Muffins (gefettet, mit Semmelbröseln ausgestreut) füllen und glattstreichen. Die Form auf dem Rost in den vorgeheizten Backofen schieben.

Ober-/Unterhitze: etwa 200 °C
Heißluft: etwa 180 °C
Backzeit: 30–35 Minuten.

4. Die Form auf einen Kuchenrost stellen. Muffins etwa 10 Minuten in der Form stehen lassen, dann aus der Form lösen, auf einen Kuchenrost (mit Backpapier belegt) setzen und erkalten lassen.

Tipp: Die erkalteten Muffins aufschneiden und mit Schnittlauchquark servieren.

Süß-saurer Nudelsalat | Pikant

Pro Portion:
E: 39 g, F: 15 g, Kh: 38 g, kJ: 1924, kcal: 460

2	*Zwiebeln*
2	*Zucchini (je 200 g)*
1 Dose	*Ananasscheiben (Abtropfgewicht 260 g)*
500 g	*Hähnchenbrustfilet*
2 EL	*Speiseöl, z. B. Sonnenblumenöl*
	Salz
	frisch gemahlener Pfeffer
	Saft von den Ananasscheiben
4 EL	*Obstessig*
100 g	*Crème fraîche*
½–1 TL	*Sambal Oelek*
etwas	*Zucker*
1–2 EL	*Sojasauce*
1 ½ l	*Wasser*
1 ½ TL	*Salz*
150 g	*Gabelspaghetti*
1 Bund	*Schnittlauch*

Zubereitungszeit: 40 Minuten, ohne Abkühlzeit

1. Zwiebeln abziehen und in Würfel schneiden. Zucchini waschen, abtrocknen, die Enden abschneiden, Zucchini der Länge nach halbieren und in Scheiben schneiden. Ananasscheiben in einem Sieb abtropfen lassen, dabei den Saft auffangen. Ananasscheiben in kleine Stücke schneiden.

2. Hähnchenbrustfilets unter fließendem kalten Wasser abspülen, trocken tupfen und würfeln. Öl in einer Pfanne erhitzen. Fleisch darin 5–8 Minuten braten, herausnehmen und mit Salz und Pfeffer würzen.

3. Zwiebelwürfel in das verbliebene Bratfett geben und kurz andünsten. Den aufgefangenen Ananassaft, Zucchinischeiben und Essig dazugeben, alles zum Kochen bringen und etwa 10 Minuten bei schwacher Hitze garen.

4. Ananasstücke, Fleischwürfel, Crème fraîche, Sambal Oelek und Zucker hinzufügen und alles einmal aufkochen lassen. Mit Sojasauce und Salz würzen und abkühlen lassen.

5. Wasser in einem geschlossenen Topf zum Kochen bringen. Dann Salz und Gabelspaghetti zugeben. Die Nudeln im geöffneten Topf bei mittlerer Hitze nach Packungsanleitung bissfest kochen, dabei zwischendurch 4–5-mal umrühren. Anschließend Nudeln in ein Sieb geben, mit kaltem Wasser abspülen, abtropfen und erkalten lassen.

6. Schnittlauch kalt abspülen, trocken tupfen und in Röllchen schneiden. Gabelspaghetti unter den Salat mischen. Den Salat mit den Gewürzen pikant abschmecken und mit Schnittlauchröllchen bestreut servieren.

Abwandlung: Sie können die Hähnchenbrustfilets auch in Scheiben zu dem Salat servieren. Dazu die Hähnchenbrustfilets im Stück in 2 Esslöffeln Sojasauce, 4 Esslöffeln Orangensaft und etwas Sambal Oelek etwa 30 Minuten marinieren. Das Fleisch abtropfen lassen, von beiden Seiten im Öl anbraten und dann bei schwacher Hitze 5–6 Minuten von jeder Seite braten. Das Fleisch in Scheiben schneiden und auf dem Salat anrichten.

T-Bone-Steaks mit Barbecuesauce | Klassisch

Pro Portion:
E: 63 g, F: 27 g, Kh: 39 g, kJ: 2939, kcal: 703

Für die Marinade:
200 ml Tomatenketchup
100 ml Worcestersauce
6 Spritzer Tabasco
Saft von
2 Zitronen
6 EL Honig
200 g Zwiebeln
6 Knoblauchzehen
2 Lorbeerblätter
3 EL Senfkörner
1 TL frisch gemahlener Pfeffer

4 T-Bone-Steaks (je 250–300 g)
Salz, frisch gemahlener Pfeffer

150 g Crème fraîche

Außerdem:
Alufolie

Zubereitungszeit: 45 Minuten, ohne Marinierzeit
Grillzeit: etwa 20 Minuten

1. Für die Marinade Ketchup mit Worcestersauce, Tabasco, Zitronensaft und Honig in einem Kochtopf verrühren. Die Zwiebeln und Knoblauch abziehen, würfeln, mit Lorbeerblättern, Senfkörnern und Pfeffer in die Ketchup-Mischung geben. Zum Kochen bringen, im geöffneten Topf etwa 10 Minuten kochen lassen.

2. Die Steaks unter fließendem kalten Wasser abspülen, trocken tupfen, in die Marinade legen. Mit Frischhaltefolie zugedeckt im Kühlschrank etwa 12 Stunden ziehen lassen, die Steaks ab und zu wenden.

3. Die Steaks aus der Marinade nehmen und trocken tupfen. Steaks nebeneinander auf den heißen Grill legen und von jeder Seite etwa 10 Minuten grillen (evtl. auf Alufolie legen) mit Salz und Pfeffer bestreuen. Auf einer vorgewärmten Platte mit Alufolie zugedeckt warm stellen.

4. Für die Barbecuesauce die Marinade zum Kochen bringen, durch ein Sieb streichen, Crème fraîche unter die Flüssigkeit rühren und zum Kochen bringen. Die Sauce mit Salz und Pfeffer abschmecken.

Thousand-Island-Dressing I

Klassisch

Pro Portion:
E: 2 g, F: 17 g, Kh: 7 g, kJ: 816, kcal: 195

125 g Salatmayonnaise
75 g Joghurt
3–4 EL Milch
3 EL Tomatenketchup
1 TL Paprikapulver edelsüß
½ TL Cayennepfeffer
1 TL Weißweinessig
2–3 Tropfen Tabasco
1 EL gewürfelte rote und gelbe Paprikaschote
1 EL gehackte Petersilie oder Schnittlauchröllchen

Zubereitungszeit: 20 Minuten

1. Mayonnaise mit Joghurt, Milch, Ketchup, Paprikapulver, Cayennepfeffer, Essig und Tabasco verrühren.

2. Die Mayonnaise-Masse mit Paprikawürfeln und Kräutern bestreut servieren.

Tipp: Thousand-Island-Dressing passt zu Blattsalaten sowie zu Spargel-, Wirsing-, Sellerie- und Champignon-Salaten und zu Garnelen und Shrimps.

Tintenfischspieße mit Knoblauch-Dip | Gut vorzubereiten

Pro Portion:
E: 30 g, F: 22 g, Kh: 15 g, kJ: 1585, kcal: 379

Für die Spieße:
600 g küchenfertiger TK-Tintenfisch (unpanierte Tuben oder Ringe)
2 Knoblauchzehen
3 Stängel Petersilie
1 Stängel Rosmarin oder 1 TL gerebelter Rosmarin
1 Bio-Zitrone (unbehandelt, ungewachst)
4 EL Olivenöl
2 Lorbeerblätter
frisch gemahlener Pfeffer

Für den Dip:
150 g Crème fraîche
200 g Joghurt
2 EL Zitronensaft
Salz

je 1 rote, grüne und gelbe Paprikaschote
2 mittelgroße Zucchini

Außerdem:
8 Holz- oder Metallspieße

Zubereitungszeit: 35 Minuten, ohne Auftau- und Marinierzeit
Grillzeit: etwa 10 Minuten

1. Für die Spieße Tintenfisch nach Packungsanleitung auftauen lassen, dann unter fließendem kalten Wasser abspülen und trocken tupfen. Tintenfischtuben bzw. -ringe in eine Schüssel geben.

2. Knoblauch abziehen. Eine Knoblauchzehe in dünne Scheiben schneiden, die andere für den Dip beiseitelegen.

3. Kräuter kalt abspülen und trocken tupfen. Blättchen bzw. Nadeln von den Stängeln zupfen und Blättchen und Nadeln fein hacken. Zitrone gründlich heiß abwaschen, abtrocknen und in Scheiben schneiden.

4. Olivenöl mit Kräutern, Knoblauch, Lorbeerblättern, Pfeffer und Zitronenscheiben vermengen. Marinade über die Tintenfischteile gießen und zugedeckt etwa 2 Stunden im Kühlschrank durchziehen lassen.

5. Für den Dip Crème fraîche mit Joghurt und Zitronensaft verrühren. Beiseitegelegte Knoblauchzehe durch eine Knoblauchpresse drücken oder sehr fein hacken und mit unterrühren. Mit Salz und Pfeffer würzen.

6. Paprikaschoten halbieren, entstielen, entkernen und die weißen Scheidewände entfernen. Schoten waschen, abtropfen lassen und in mundgerechte Stücke schneiden. Zucchini waschen, abtrocknen und die Enden abschneiden. Zucchini in etwa 1 cm dicke Scheiben schneiden.

7. Tintenfischteile aus der Marinade nehmen und abtropfen lassen. Paprikastücke, Zucchinischeiben und Tintenfischteile abwechselnd auf die Spieße stecken. Spieße mit der Marinade bestreichen und auf den heißen Grill legen, unter mehrmaligem Wenden etwa 10 Minuten grillen. Tintenfischspieße mit Salz und Pfeffer bestreuen und mit dem Dip servieren.

Toast „Anatolia" | Einfach

Insgesamt:
E: 252 g, F: 165 g, Kh: 307 g, kJ: 15642, kcal: 3724

1 großes ovales Fladenbrot
2–3 mittelgroße Zwiebeln
2 Knoblauchzehen
1 rote Paprikaschote
50 g schwarze Oliven
200 g Schafkäse
1 Bund glatte Petersilie
800 g Lammgehacktes
2 Eier (Größe M)
Salz, frisch gemahlener Pfeffer
Pul Biber (geschrotete Pfefferschoten)
4 EL Olivenöl

Zubereitungszeit: 45 Minuten
Backzeit: 12–15 Minuten

1. Fladenbrot in etwa 20 Scheiben schneiden. Zwiebeln und Knoblauch abziehen, in feine Würfel schneiden. Paprika halbieren, entstielen, entkernen und die weißen Scheidewände entfernen. Schote waschen, abtropfen lassen und in kleine Würfel schneiden.

2. Oliven halbieren und die Steine entfernen. Oliven fein würfeln. Schafkäse in kleine Würfel schneiden. Petersilie abspülen, trocken tupfen und die Blättchen von den Stängeln zupfen. Blättchen fein hacken.

3. Lammgehacktes in eine Schüssel geben. Eier, Zwiebel-, Knoblauch-, Paprikawürfel, Petersilie, Oliven und die Hälfte des Schafkäses hinzugeben und gut vermengen. Mit Salz, Pfeffer und Pul Biber würzen. Den Backofen vorheizen.

4. Gehacktesmasse gleichmäßig auf den Fladenbrotscheiben verstreichen, mit dem restlichen Schafkäse bestreuen. Die Fladenbrotscheiben auf 2 Backbleche (mit Backpapier belegt) legen und mit Olivenöl beträufeln.

5. Die Backbleche nacheinander (bei Heißluft zusammen) in den vorgeheizten Backofen schieben.

Ober-/Unterhitze: etwa 200 °C
Heißluft: etwa 180 °C
Backzeit: 12–15 Minuten.

6. Toasts mit dem Backpapier auf einen Kuchenrost ziehen und erkalten lassen.

Tipp: Mit Krautsalat und Tsatsiki servieren. Für einen selbst zubereiteten Krautsalat benötigen Sie: 1 großen Kopf Weißkraut (etwa 2 ½ kg), 2 gehäufte Teelöffel Salz, 2 Zwiebeln, Salz, Pfeffer, etwas Zucker, 4 Esslöffel Kräuteressig, 6 Esslöffel Speiseöl, 2 Teelöffel Meerrettich (aus dem Glas) und 2 Esslöffel gemischte Kräuter. Zuerst putzen Sie den Weißkrautkopf und schneiden ihn in Achtel. Entfernen Sie den Strunk und schneiden das Weißkraut in feine Streifen. Verkneten Sie die Weißkrautstreifen mit den 2 gehäuften Teelöffeln Salz und lassen es etwa 1 Stunde durchziehen. Dann ziehen Sie die Zwiebeln ab und schneiden sie in feine Würfel. Mischen Sie die Zwiebelwürfel mit den anderen Zutaten und geben Sie die Mischung zum Kraut. Lassen Sie den Krautsalat gut durchziehen.

Toast „Toskana“ | Raffiniert

Insgesamt:
E: 173 g, F: 270 g, Kh: 305 g, kJ: 18013, kcal: 4304

2 Ciabatta-Brote (zum Aufbacken, je 300 g)
4 Knoblauchzehen
800 g Austernpilze
125 ml (1/8 l) Olivenöl
Salz, frisch gemahlener Pfeffer
1 Glas getrocknete Tomaten in Öl (Abtropfgewicht 340 g)
180 g schwarze Olivenpaste
250 g Mozzarella
150 g geraspelter Parmesan-Käse

Zum Garnieren:
1 Bund Petersilie

Zubereitungszeit: 60 Minuten, ohne Abkühlzeit
Grillzeit: 4–6 Minuten
Backzeit: 5–6 Minuten je Backblech

1. Backofengrill vorheizen. Ciabatta nach Packungsanleitung aufbacken, etwas abkühlen lassen und jedes Brot in etwa 15 Scheiben schneiden. Die Brotscheiben auf 2 Backbleche (mit Backpapier belegt) legen. Die Backbleche nacheinander unter den vorgeheizten Grill schieben und die Brotscheiben von jeder Seite 2–3 Minuten toasten.

2. Knoblauch abziehen und in feine Würfel schneiden. Austernpilze putzen, mit Küchenpapier abreiben, evtl. abspülen und trocken tupfen. Olivenöl in einer großen Pfanne erhitzen und die Pilze darin portionsweise braten. Mit Salz, Pfeffer und Knoblauch würzen.

3. Tomaten in einem Sieb abtropfen lassen. Die Ciabattascheiben mit Olivenpaste bestreichen, mit Austernpilzen und den Tomaten belegen.

4. Mozzarella in Scheiben schneiden und auf die vorbereiteten Toastscheiben legen, mit Parmesan-Käse bestreuen. Die Backbleche nacheinander (bei Heißluft zusammen) in den vorgeheizten Backofen schieben.

Ober-/Unterhitze: etwa 200 °C
Heißluft: etwa 180 °C
Backzeit: 5–6 Minuten je Backblech.

5. Zum Garnieren Petersilie abspülen und trocken tupfen. Die Blättchen von den Stängeln zupfen und die Blättchen fein hacken. Die Toasts mit der Petersilie bestreut servieren.

Tipp: Statt getrockneter Tomaten können Sie auch 6–8 enthäutete, entkernte und in Würfel geschnittene Tomaten verwenden. Geben Sie zusätzlich einige in Streifen geschnittene Basilikumblätter unter die Tomatenwürfel.

Tomaten-Basilikum-Chutney I

Klassisch

Insgesamt:
E: 4 g, F: 1 g, Kh: 159 g, kJ: 2780, kcal: 663

2 Fleischtomaten (etwa 300 g)
1 Topf Thai-Basilikum
1 grüne Chilischote
150 g Zucker
1 TL grüne Pfefferkörner in Lake
Salz
frisch gemahlener Pfeffer
Knoblauchpulver

Zubereitungszeit: 30 Minuten

1. Tomaten abspülen, trocken tupfen, halbieren und die Stängelansätze entfernen. Tomaten in grobe Stücke schneiden.

2. Basilikum abspülen und trocken tupfen. Die Blättchen von den Stängeln zupfen. Blättchen grob zerschneiden. Chili abspülen, trocken tupfen und in sehr dünne Scheiben schneiden, die Kerne dabei entfernen.

3. Zucker mit 100 ml Wasser in einem Topf verrühren und zum Kochen bringen. Tomatenstücke, Basilikum, Chilischeiben und Pfefferkörner hinzufügen. Mit Salz, Pfeffer und Knoblauch würzen. Die Zutaten zum Kochen bringen und etwa 10 Minuten bei mittlerer Hitze kochen lassen.

4. Die Masse sofort in gründlich gereinigte, gespülte Gläser füllen, mit Twist-off-Deckeln® verschließen, umdrehen und 5 Minuten auf dem Kopf stehen lassen.

Tomatenbrot | Für Gäste

4 Brote (je etwa 180 g)

Insgesamt:
E: 64 g, F: 63 g, Kh: 370 g, kJ: 9696, kcal: 2317

Für den Hefeteig:

100 g getrocknete, in Öl und Kräutern eingelegte Tomaten
350 g Weizenmehl (Type 550)
100 g Weizenmehl (Type 1050)
2 gestr. TL Salz
1 gestr. TL Zucker
1 Pck. Dr. Oetker Trockenbackhefe
270 ml lauwarmes Wasser
5 EL Kräuteröl von den eingelegten Tomaten

Zum Bestäuben:

etwas Weizenmehl (Type 1050)

Zubereitungszeit: 50 Minuten, ohne Teiggehzeit
Backzeit: 25–30 Minuten

1. Für den Teig Tomaten in einem Sieb abtropfen lassen, Kräuteröl dabei auffangen. Beide Mehlsorten, Salz, Zucker und Trockenbackhefe in einer Rührschüssel sorgfältig vermischen. Wasser und Kräuteröl hinzufügen. Die Zutaten mit Handrührgerät mit Knethaken zunächst kurz auf niedrigster, dann auf höchster Stufe in etwa 5 Minuten zu einem glatten Teig verarbeiten.

2. Den Teig mit Mehl bestäuben und zugedeckt so lange an einem warmen Ort gehen lassen, bis er sich sichtbar vergrößert hat (etwa 40 Minuten). Tomaten in Streifen schneiden.

3. Den gegangenen Teig mit Handrührgerät mit Knethaken kurz durchkneten. Tomatenstreifen unterkneten. Den Teig mit Mehl bestäuben, aus der Schüssel nehmen, auf einer bemehlten Arbeitsfläche zu einer Rolle formen und in 4 gleich große Portionen teilen.

4. Die Teigportionen jeweils zu einer Rolle (je etwa 24 cm Länge) formen. Die Teigrollen so formen, dass die Enden sehr viel dünner als die Mitte sind. Herausstehende Tomatenstreifen in den Teig drücken. Teigrollen versetzt auf das Backblech (mit Backpapier belegt) legen, mit Mehl bestäuben und zugedeckt so lange an einem warmen Ort gehen lassen, bis sie sich sichtbar vergrößert haben (etwa 30 Minuten). Nach etwa 15 Minuten Teiggehzeit den Backofen vorheizen.

5. Die Teigrollen jeweils mit einem Sägemesser 2–3-mal schräg, etwa ½ cm tief einschneiden (nicht drücken). Das Backblech in den vorgeheizten Backofen schieben.

Ober-/Unterhitze: etwa 250 °C
Heißluft: etwa 230 °C
Backzeit: 25–30 Minuten

6. Nach etwa 10 Minuten Backzeit die Temperatur um etwa 50 °C herunterschalten und die Brote in 15–20 Minuten fertig backen.

7. Die Brote vom Backpapier nehmen und auf einem Kuchenrost erkalten lassen.

Tomaten-Carpaccio mit Zucchini I

Vegetarisch

Pro Portion:
E: 10 g, F: 27 g, Kh: 7 g, kJ: 1310, kcal: 312

4 Fleischtomaten (600 g)
4 kleine Zucchini (600 g)
1 gestr. TL Salz
300 g Ricotta (ital. Frischkäse)
Salz
frisch gemahlener Pfeffer
6 EL Olivenöl

Zum Garnieren:
einige Dillstängel

Zubereitungszeit: 30 Minuten

1. Tomaten waschen, abtrocknen, halbieren und die Stängelansätze herausschneiden. Tomaten in Scheiben schneiden. Zucchini waschen, abtropfen lassen und die Enden abschneiden. Zucchini längs in dünne Scheiben schneiden (evtl. mit einer Aufschnitt- bzw. Brotschneidemaschine).

2. 375 ml (3/8 l) Wasser mit Salz in einem Topf zum Kochen bringen. Die Zucchinischeiben in mehreren Portionen darin blanchieren, in ein Sieb geben, mit kaltem Wasser übergießen und gut abtropfen lassen.

3. Ricotta verrühren und mit Salz und Pfeffer würzen. Tomatenscheiben dekorativ ringförmig auf 4 Tellern anrichten. Jeweils 1/4 des Käses in die Mitte der Teller setzen und die Zucchinischeiben an den Käse legen. Tomaten-Carpaccio mit Salz und Pfeffer bestreuen und mit Olivenöl beträufeln.

4. Zum Garnieren Dill abspülen und trocken tupfen. Die Stängel etwas kleiner zupfen und das Carpaccio damit garnieren.

Beilage: Warmes Baguette mit Knoblauch- oder Kräuterbutter.

Tomaten-Pfeffer-Sauce | Schnell

Pro Portion:
E: 1 g, F: 6 g, Kh: 3 g, kJ: 307, kcal: 73

3 Tomaten
2 EL Tomatenketchup
1 TL grüne Pfefferkörner
2 EL Olivenöl
1/2 TL frisch geriebener Meerrettich
Salz
1 TL Kerbelblättchen

Zubereitungszeit: 10 Minuten

1. Tomaten waschen, kreuzweise einschneiden und kurz in kochendes Wasser legen. Anschließend in kaltem Wasser abschrecken, enthäuten, Stängelansätze entfernen und das Tomatenfruchtfleisch in feine Würfel schneiden.

2. Tomatenwürfel mit Ketchup und Pfefferkörnern mischen. Öl unterrühren.

3. Mit Meerrettich und Salz würzen und die Kerbelblättchen unterrühren.

Tipp: Die Sauce passt zu gegrilltem Fleisch und gebackenem Geflügel.

Tomatensandwiches | Für Kinder

10 Stück

Pro Stück:
E: 17 g, F: 23 g, Kh: 39 g, kJ: 1909, kcal: 456

30 quadratische Schwarzbrotscheiben oder Vollkornbrot
125 g weiche Butter
4–5 TL Tomatenmark
600 g Salatgurke
frische Kräuter, z. B. Petersilie, Dill, Schnittlauch
250 g Doppelrahm-Frischkäse
Salz
frisch gemahlener Pfeffer
5 Tomaten
5 große Scheiben gekochter Schinken

Zubereitungszeit: 50 Minuten

1. Aus den Brotscheiben mit Hilfe eines Ausstechförmchens (Glas oder Tasse) je 1 möglichst große Platte ausstechen. Butter mit Tomatenmark verrühren und alle Brotplatten dünn damit bestreichen.

2. Gurke waschen, abtrocknen, die Enden abschneiden, Gurke halbieren und mit Hilfe eines Löffels entkernen. Fruchtfleisch fein würfeln.

3. Kräuter kalt abspülen, trocken tupfen und fein hacken. Kräuter und Gurkenwürfel unter den Frischkäse rühren, salzen und pfeffern.

4. Tomaten waschen, abtrocknen, Stängelansätze herausschneiden und Tomaten in Scheiben schneiden.

5. Schinkenscheiben halbieren und 10 Brotplatten damit belegen. 10 weitere Scheiben mit der Frischkäsemasse bestreichen, mit den Tomatenscheiben belegen, mit Pfeffer würzen und auf die mit Schinken belegten Brotscheiben legen. Jeweils eine nur mit Tomatenmark-Butter bestrichene Brotscheibe mit der bestrichenen Seite nach unten darauflegen.

Tipp: Nach Belieben zusätzlich einige gewaschene Salatblätter mit einschichten und die Tomatensandwiches mit Kresse garnieren.
Zur Verwertung der Brotreste diese zerkrümeln, in einer Pfanne mit etwas Butter und Zucker rösten und erkalten lassen. Die Krümel auf Quark- oder Joghurtspeisen streuen.

Tomaten-Schafkäse-Salat | Einfach

Pro Portion:
E: 13 g, F: 25 g, Kh: 7 g, kJ: 1357, kcal: 325

2 1/2 kg Tomaten
750 g Schafkäse

Für die Sauce:
2 Bund glatte Petersilie
100 ml Zitronensaft
Salz
frisch gemahlener Pfeffer
gerebelter Oregano
150 ml Olivenöl

Zubereitungszeit: 40 Minuten, ohne Durchziehzeit

1. Tomaten waschen, abtrocknen, die Stängelansätze herausschneiden und Tomaten achteln. Schafkäse in Stücke schneiden oder zerbröckeln. Beide Zutaten in einer Schale vorsichtig vermengen.

2. Für die Sauce Petersilie kalt abspülen, trocken tupfen, die Blättchen von den Stängeln zupfen und Blättchen grob hacken. Zitronensaft mit Salz, Pfeffer und Oregano verrühren. Öl unterschlagen und Petersilie unterrühren.

3. Die Sauce über Tomaten und Schafkäse geben und den Salat etwa 30 Minuten durchziehen lassen.

Tipp: Nach Belieben zusätzlich Zwiebelringe unter den Salat mischen. Den Salat evtl. mit schwarzen Oliven garnieren.

Tomaten-Zwiebel-Schmalz I

Preiswert

(etwa 400 g)

Insgesamt:

E: 14 g, F: 51, Kh: 33 g, kJ: 2768, kcal: 664

500 g Zwiebeln
30 g getrocknete Tomaten in Öl
2 EL Sesamsamen oder Sonnenblumenkerne
1–2 EL Olivenöl
½ TL gerebelter Majoran
Salz
frisch gemahlener Pfeffer

Zubereitungszeit: 25 Minuten, ohne Abkühlzeit

1. Zwiebeln abziehen, halbieren und fein würfeln. Tomaten abtropfen lassen und ebenfalls sehr fein würfeln.

2. Sesamsamen oder Sonnenblumenkerne in einer Pfanne ohne Fett goldbraun rösten, dann auf einen Teller geben.

3. Öl in einer Pfanne erhitzen. Zwiebeln und Tomaten darin anbraten. Majoran und etwa 8 EL Wasser hinzufügen. Alles bei schwacher bis mittlerer Hitze in 10–15 Minuten sehr weich garen.

4. Das Schmalz mit Salz und Pfeffer abschmecken, etwas abkühlen lassen. Sesamsamen oder Sonnenblumenkerne unterrühren. Dann das Schmalz in ein verschließbares Gefäß füllen, erkalten lassen und kalt stellen. Im Kühlschrank ist das Schmalz 5–7 Tage haltbar.

Brotempfehlung: Dinkelvollkornbrot oder Pumpernickel.

Tipp: Das würzige Zwiebel-Tomaten-Schmalz lässt sich prima als Aufstrich für Wraps verwenden.

Tonnato-Creme | Schnell

(etwa 400 g)

Insgesamt:

E: 52 g, F: 49 g, Kh: 6 g, kJ: 2893, kcal: 692

1 Dose Tunfisch in eigenem Saft (Abtropfgewicht 185 g)
1 kleines Glas Kapern (Abtropfgewicht 20 g)
Saft von ½ Zitrone
100 g Joghurt
80 g Ricotta (ital. Frischkäse) oder Doppelrahm-Frischkäse
3 Stängel Petersilie
Salz, frisch gemahlener Pfeffer

Zubereitungszeit: 15 Minuten

1. Tunfisch in einem Sieb gut abtropfen lassen und mit einer Gabel zerkleinern. Kapern ebenfalls abtropfen lassen. Etwa zwei Drittel der Kapern mit Tunfisch und Zitronensaft pürieren. Joghurt mit Ricotta oder Frischkäse verrühren und unter die pürierte Mischung rühren.

2. Petersilie abspülen, trocken tupfen und die Blättchen von den Stängeln zupfen. Blättchen fein hacken und mit den restlichen Kapern unter die Creme rühren. Tonnato-Creme mit Salz und Pfeffer abschmecken und in ein verschließbares Gefäß füllen, kalt stellen. Die Creme ist im Kühlschrank 2–3 Tage haltbar.

Brotempfehlung: Geröstetes Stangenweißbrot.

Tipp: Die Tonnato-Creme mit Kapernäpfeln, Paprikapulver oder fein gewürfeltem Tomatenfruchtfleisch garnieren.

Tortellini in Tomaten-Käse-Sauce

Schnell

2 Portionen

Pro Portion:
E: 22 g, F: 40 g, Kh: 65 g, kJ: 3040, kcal: 727

3 l Wasser
3 gestr. TL Salz
250 g getrocknete Tortellini (mit Käse gefüllt)
2 Zwiebeln
1 Knoblauchzehe
3 EL Olivenöl
1 kleine Dose geschälte Tomaten (400 g)
Salz
frisch gemahlener Pfeffer
Oregano
1 EL Weizenmehl
125 g Schlagsahne
120 g Gorgonzola-Käse

Zubereitungszeit: 25 Minuten

1. Wasser in einem großen Topf zum Kochen bringen, Salz und Tortellini zugeben und die Tortellini nach Packungsanleitung garen. Anschließend auf ein Sieb geben, mit heißem Wasser abspülen und abtropfen lassen. Zwiebeln und Knoblauchzehe abziehen, beides fein würfeln.

2. Olivenöl in einer Pfanne oder einem Topf erhitzen. Zwiebel- und Knoblauchwürfel darin andünsten. Die Tomaten hinzufügen, mit Salz, Pfeffer und Oregano würzen und etwa 5 Minuten kochen lassen. Anschließend pürieren oder die groben Tomatenstücke mit einer Gabel zerdrücken.

3. Mehl mit Sahne verrühren, zu den Tomaten geben und 1–2 Minuten kochen lassen.

4. Käse in Stücke schneiden, unterrühren und die Sauce abschmecken. Die Tortellini mit der Sauce servieren.

Tortellinisalat mit Rucola | Beliebt

8 Portionen

Pro Portion:
E: 12 g, F: 25 g, Kh: 44 g, kJ: 1772, kcal: 448

4 l Wasser
4 gestr. TL Salz
2 Pck. getrocknete Tortellini mit Käsefüllung (je 250 g)

100 g abgezogene, gestiftelte Mandeln
3 rote Paprikaschoten

Für die Marinade:
3 EL Weißweinessig
Salz
frisch gemahlener Pfeffer
5 EL Speiseöl, z. B. Sonnenblumenöl
5 EL Nussöl

300 g Rucola (Rauke)

Zubereitungszeit: 40 Minuten, ohne Abkühl- und Durchziehzeit

1. Wasser in einem großen, geschlossenen Topf zum Kochen bringen. Dann Salz und Tortellini zugeben. Die Tortellini im geöffneten Topf bei mittlerer Hitze nach Packungsanleitung kochen lassen, dabei 4–5-mal umrühren. Anschließend die Tortellini in ein Sieb geben, mit heißem Wasser abspülen und abtropfen lassen.

2. Mandeln in einer Pfanne ohne Fett goldbraun rösten, auf einem Teller abkühlen lassen und beiseitestellen. Paprika halbieren, entstielen, entkernen und die weißen Scheidewände entfernen. Die Schoten waschen, trocken tupfen und in Würfel schneiden.

3. Für die Marinade Essig mit Salz und Pfeffer verrühren. Speise- und Nussöl unterschlagen.

4. Tortellini mit den Paprikawürfeln in einer großen Schüssel mischen, Marinade hinzugeben und untermischen. Den Salat etwa 30 Minuten durchziehen lassen.

5. Rucola putzen, waschen, trocken tupfen oder schleudern und in mundgerechte Stücke zupfen. Rucola mit den beiseitegestellten, gerösteten Mandeln unter den Salat heben.

Tramezzini mit Eiercreme I

Gut vorzubereiten

20 Stück

Pro Stück:
E: 5 g, F: 14 g, Kh: 6 g, kJ: 748, kcal: 179

8	hart gekochte Eier
150 g	Crème fraîche
2 EL	Salatmayonnaise
2 TL	körniger Senf
	Salz
	frisch gemahlener Pfeffer
4	Frühlingszwiebeln
etwa 100 g	marinierte, rote Paprikaschoten (aus dem Glas)
10 Scheiben	Mehrkorn-Toastbrot
10 Scheiben	Bacon (Frühstücksspeck)
einige	Salatblätter, z. B. Lollo Bionda

Zubereitungszeit: 35 Minuten, ohne Durchziehzeit

1. Eier pellen, in Stücke schneiden, grob pürieren und mit Crème fraîche, Mayonnaise und Senf verrühren. Mit Salz und Pfeffer würzen.

2. Frühlingszwiebeln putzen, waschen, gut abtropfen lassen und in feine Ringe schneiden. Paprikaschoten trocken tupfen und fein würfeln.

3. Von dem Toastbrot die Rinde abschneiden. Die Rinde von 4 Scheiben in kleine Würfel schneiden und unter die Eiermasse rühren. Paprikawürfel und Frühlingszwiebelringe unterheben.

4. Baconscheiben in je 3 Stücke schneiden und in einer Pfanne kross ausbraten. Salatblätter abspülen und trocken tupfen.

5. Die Hälfte der Toastbrotscheiben mit den Salatblättern belegen, die Eiermasse daraufstreichen und die Speckscheiben darauf verteilen. Mit den restlichen Brotscheiben bedecken und etwas andrücken. Die Brotscheiben diagonal halbieren, fest in Klarsichtfolie einwickeln und etwas durchziehen lassen.

Tsatsiki | Preiswert

Insgesamt:
E: 10 g, F: 9 g, Kh: 14 g, kJ: 926, kcal: 222

150 g Salatgurke
2 Knoblauchzehen
300 g Joghurt
Salz
frisch gemahlener Pfeffer

Zubereitungszeit: 15 Minuten, ohne Durchziehzeit

1. Gurke waschen, abtropfen lassen und schälen. Gurke längs halbieren, das Kerngehäuse mit einem Löffel entfernen und die Gurke fein raspeln. Den Knoblauch abziehen und durch eine Knoblauchpresse drücken oder sehr fein hacken.

2. Joghurt glattrühren und mit Gurke und Knoblauch vermengen.

3. Tsatsiki kalt stellen und gut durchziehen lassen, anschließend mit Salz und Pfeffer abschmecken und servieren.

Tsatsiki-Kartoffelsalat | Einfach

Pro Portion:
E: 13 g, F: 7 g, Kh: 29 g, kJ: 1038, kcal: 247

750 g festkochende Kartoffeln
250 g Tsatsiki (aus dem Kühlregal)
½ Salatgurke
Salz
2 kleine Zwiebeln
2–3 Knoblauchzehen
etwa 15 schwarze Oliven ohne Stein
100 g Schafkäse
frisch gemahlener Pfeffer

Zubereitungszeit: 25 Minuten, ohne Abkühl- und Durchziehzeit

1. Kartoffeln waschen, zugedeckt in einem Topf mit Wasser zum Kochen bringen und in 20–25 Minuten gar kochen lassen. Die garen Kartoffeln abgießen, abschrecken, etwas abkühlen lassen, pellen, erkalten lassen.

2. Die kalten Kartoffeln in dünne Scheiben schneiden, mit dem Tsatsiki vermengen und etwas durchziehen lassen.

3. Die Gurke waschen, die Enden abschneiden, die Gurke grob raspeln, mit Salz bestreuen und etwa 15 Minuten stehen lassen.

4. Zwiebeln und Knoblauch abziehen, in Würfel schneiden und unter die Kartoffeln heben. Anschließend Oliven in Streifen und Schafkäse in Würfel schneiden.

5. Die Gurkenraspel gut ausdrücken, mit Oliven und Schafkäse unter den Salat mischen, mit Salz und Pfeffer abschmecken.

Tunfisch-Bohnen-Schichtsalat I

Raffiniert

Pro Portion:
E: 36 g, F: 27 g, Kh: 55 g, kJ: 2702, kcal: 646

150 g TK-Grüne Bohnen
4 Eier (Größe M)
1 Dose Kidneybohnen (Abtropfgewicht 255 g)
1 Dose weiße Bohnen (Abtropfgewicht 250 g)
1 Dose Tunfisch in Öl (Abtropfgewicht 150 g)
2–3 gekochte Pellkartoffeln
2 mittelgroße, rote Zwiebeln

Für die Sauce:
150 g Joghurt
1 geh. EL Salatmayonnaise
2 EL Tomatenketchup
2 EL Olivenöl
Salz, frisch gemahlener Pfeffer
etwas Zucker

Zubereitungszeit: 45 Minuten, ohne Abkühl- und Durchziehzeit

1. Grüne Bohnen nach Packungsanleitung bissfest garen. Sie dann in ein Sieb geben, abtropfen und abkühlen lassen.

2. Eier hart kochen, pellen, vierteln und etwas abkühlen lassen.

3. Kidneybohnen und weiße Bohnen getrennt in ein Sieb geben, kalt abspülen und abtropfen lassen. Tunfisch ebenfalls abtropfen lassen.

4. Kartoffeln pellen und in Scheiben schneiden. Zwiebeln abziehen, halbieren und in feine Streifen schneiden.

5. Für die Sauce Joghurt, Mayonnaise, Tomatenketchup und Öl verrühren und mit Salz, Pfeffer und Zucker würzen.

6. Die Salatzutaten in ein hohes Glas schichten, dabei die Kartoffel- und Eierschicht jeweils mit etwas Salz bestreuen.

7. Nach jeder vierten Schicht etwas von der Sauce auf die Zutaten geben. Die restliche Sauce auf die Salatoberfläche geben. Den Salat etwa 1 Stunde durchziehen lassen.

Tunfisch-Dressing | Preiswert

Pro Portion:
E: 8 g, F: 16 g, Kh: 5 g, kJ: 799, kcal: 191

50 g eingelegte, gegrillte Paprika (aus dem Glas oder der Feinkosttheke)
1 Dose Tunfisch in Öl (Abtropfgewicht 140 g)
1 Knoblauchzehe
1 Schalotte
1 kleine rote Chilischote
1 EL Olivenöl
3–4 EL Zitronensaft
50 ml Gemüsebrühe
100 g Joghurt-Salatcreme
Salz, frisch gemahlener Pfeffer
3–4 Stängel Basilikum

Zubereitungszeit: 10 Minuten

1. Paprika und Tunfisch jeweils in einem Sieb abtropfen lassen. Knoblauch und Schalotte abziehen und sehr fein würfeln. Chili halbieren, entstielen und entkernen. Schote abspülen, trocken tupfen und grob hacken.

2. Paprika in kleine Stücke schneiden und mit Knoblauch, Schalotte, Chili, Tunfisch, Olivenöl, Zitronensaft und Brühe in einen hohen Rührbecher oder Mixer geben und grob pürieren.

3. Salatcreme unter das Püree rühren. Dressing mit Salz, Pfeffer und evtl. Zitronensaft abschmecken. Basilikum abspülen, trocken tupfen und die Blättchen von den Stängeln zupfen. Einige Blättchen beiseitelegen, die restlichen Blättchen fein schneiden und unterrühren. Mit den beiseitegelegten Basilikumblättchen garniert servieren.

Tipp: Dieses würzige Dressing passt zu Salaten mit Nudeln, Kartoffeln oder Ei und zu kräftigen Blattsalaten.
Außerdem lässt sich das Dressing prima vorbereiten und ist auch als schnelle unkomplizierte Pasta-Sauce geeignet. Das Dressing dann einfach mit den heißen Nudeln mischen.

Extra Tipp: Wenn es schnell gehen muss, den Tunfisch nur mit der Brühe pürieren und fertig gekaufte Chili-Paprika-Mayonnaise (Rouille) unterrühren. Das Dressing hält sich gut verschlossen im Kühlschrank etwa 5 Tage.

Tunfischsauce mit Gemüse

Klassisch

Pro Portion:
E: 20 g, F: 30 g, Kh: 7 g, kJ: 1583, kcal: 380

2 Zwiebeln
4 Knoblauchzehen
3 EL Olivenöl
350 g Zucchini
1 gelbe Paprikaschote
1 Chilischote
150 g Crème fraîche
2 Dosen Tunfisch naturell (Abtropfgewicht je 150 g)
frisch gemahlener Pfeffer
gerebelter Oregano
gerebelter Thymian

Zubereitungszeit: 30 Minuten

1. Zwiebeln und Knoblauch abziehen und fein würfeln. Öl in einem Topf erhitzen und Zwiebel- und Knoblauchwürfel darin andünsten. Zucchini waschen, abtrocknen und die Enden abschneiden. Zucchini in kleine Würfel schneiden, in den Topf geben und mitdünsten.

2. Paprika- und Chilischote längs halbieren, entstielen, entkernen, die weißen Scheidewände entfernen. Schoten waschen, abtropfen lassen und in feine Würfel schneiden.

3. Beide Zutaten zu den Zucchiniwürfeln geben und mit andünsten. 2–3 Esslöffel Wasser hinzufügen und das Gemüse zugedeckt etwa 5 Minuten garen lassen. Crème fraîche hinzufügen und unterrühren.

4. Tunfisch abgießen, leicht mit einer Gabel zerpflücken und in die Sauce geben. Die Sauce nochmals gut erhitzen und mit Salz, Pfeffer, Oregano und Thymian würzen und anschließend servieren.

Beilage: Reichen Sie dazu Makkaroni.

Tipp: Statt Zucchini können Sie auch je 1 rote und grüne Paprikaschote (insgesamt etwa 350 g) verwenden.

Tunfischsteaks in Kräutern und Knoblauch | Für Gäste

Pro Portion:
E: 34 g, F: 20 g, Kh: 1 g, kJ: 1460, kcal: 349

Zum Vorbereiten:
8–10 Bögen Alufolie
3 EL Speiseöl, z. B. Sonnenblumenöl

8–10 Tunfischsteaks (je etwa 130 g)
1 Pck. TK-Kräuter der Provence
4–5 Knoblauchzehen
Salz, frisch gemahlener, grober bunter Pfeffer

Zubereitungszeit: 40 Minuten, ohne Auftau- und Durchziehzeit
Grillzeit: etwa 15 Minuten

1. Zum Vorbereiten Alufolie auf einer Seite mit Speiseöl bestreichen.

2. Tunfischsteaks unter fließendem kalten Wasser abspülen und trocken tupfen.

3. Kräuter der Provence auftauen lassen. Knoblauchzehen abziehen, durch eine Knoblauchpresse drücken oder sehr fein hacken und mit den Kräutern mischen.

4. Je 1 Tunfischsteak auf je 1 mit Speiseöl bestrichenes Stück Alufolie legen. Die Tunfischsteaks mit dem Kräutergemisch bestreichen, mit Salz und Pfeffer bestreuen. Jedes Tunfischsteak in der Alufolie zu einem Päckchen einpacken und im Kühlschrank über Nacht durchziehen lassen.

5. Die Tunfischsteak-Päckchen auf den heißen Grill legen und unter gelegentlichem Wenden etwa 15 Minuten grillen.

Beilage: Ein bunt gemischter Salat aus Paprikaschoten- und Zucchiniwürfeln, Tomaten- und Olivenscheiben in Essig-Öl-Dressing, Baguette oder andere Brotsorten.

Turf and Surf | Etwas teurer

Pro Portion:
E: 39 g, F: 12 g, Kh: 3 g, kJ: 1162, kcal: 278

4 Kalbssteaks (aus der Keule oder aus dem Rücken, etwa 400 g)
4 Lachsmedaillons (aus dem Filet, ohne Haut und Gräten, etwa 400 g)
je 4 grüne und rote milde Peperoni (etwa 80 g)
etwas Speiseöl, z. B. Sonnenblumenöl
Salz
frisch gemahlener Pfeffer
Limettensaft
1 Bio-Limette (unbehandelt, ungewachst)

Zubereitungszeit: 20 Minuten
Grillzeit: 10–15 Minuten

1. Steaks und Medaillons unter fließendem kalten Wasser abspülen und trocken tupfen. Peperoni abspülen, trocken tupfen, längs halbieren und entkernen.

2. Steaks, Medaillons und Peperonihälften mit etwas Speiseöl bestreichen und dann auf dem heißen Grill 10–15 Minuten grillen. Mit Salz und Pfeffer würzen. Mit Limettensaft beträufeln.

3. Limette gründlich heiß abspülen, abtrocknen und in Spalten schneiden. Steaks, Medaillons und Peperonihälften mit Limettenspalten garniert servieren.

Beilage: Ofenkartoffeln und Kräuterquark oder ofenfrisches Baguette.

Tipp: Die Kalbssteaks und Lachsmedaillons vor dem Grillen mit Zitronenthymian und Olivenöl in eine flache Schüssel legen und zugedeckt einige Stunden kalt stellen.

Vegetarischer Toast | Vegetarisch

Pro Stück:
E: 14 g, F: 16 g, Kh: 30 g, kJ: 1333, kcal: 319

500 g Brokkoli
½ gestr. TL Salz
2 mittelgroße rote Zwiebeln
4 mittelgroße Tomaten
1 Dose Gemüsemais (Abtropfgewicht 285 g)
10 Scheiben Roggenmischbrot
350 g Tsatsiki (aus dem Kühlregal)
Salz, frisch gemahlener Pfeffer
200 g eingelegte rote Paprikaschoten
200 g Allgäuer Emmentaler-Käse in Scheiben
100 g geröstete Sonnenblumenkerne

Zubereitungszeit: 45 Minuten
Backzeit: etwa 5 Minuten je Backblech

1. Von dem Brokkoli die Blätter entfernen. Brokkoli in Röschen teilen, waschen und abtropfen lassen. Wasser mit Salz in einem Topf zum Kochen bringen. Die Röschen hinzugeben und etwa 10 Minuten kochen. Brokkoliröschen in ein Sieb gießen, mit kaltem Wasser übergießen und abtropfen lassen.

2. Zwiebeln abziehen und in dünne Scheiben schneiden. Tomaten waschen, abtrocknen, halbieren und die Stängelansätze entfernen. Tomaten in Scheiben schneiden. Mais in einem Sieb abtropfen lassen. Den Backofen vorheizen.

3. Brotscheiben toasten und auf 2 Backbleche (mit Backpapier belegt) legen. Die Brotscheiben gleichmäßig mit dem Tsatsiki bestreichen. Zwiebel- und Tomatenscheiben, Brokkoliröschen und Mais daraufgeben, mit Salz und Pfeffer bestreuen.

4. Paprika in einem Sieb abtropfen lassen. Käse und Paprika in etwa 2 cm breite Streifen schneiden und die vorbereiteten Brotscheiben damit belegen. Sonnenblumenkerne daraufstreuen.

5. Die Backbleche nacheinander (bei Heißluft zusammen) in den vorgeheizten Backofen schieben.

Ober-/Unterhitze: etwa 200 °C
Heißluft: etwa 180 °C
Backzeit: etwa 5 Minuten je Backblech.

Viererlei Brot | Etwas aufwändiger

Insgesamt:
E: 241 g, F: 342 g, Kh: 757 g, kJ: 31193, kcal: 7454

750 g Weizenmehl (Type 550)
300 g Weizenschrot (Type 1700)
2 Pck. (je 42 g) frische Hefe
1 TL Salz
1 gestr. TL Zucker
2 gestr. TL frisch gemahlener Pfeffer
600 ml lauwarmes Wasser
125 ml (1/8 l) Walnussöl
50 g entsteinte, geviertelte schwarze Oliven
100 g gewürfelte Salami
2 TL gerebelter Oregano
150 g klein gewürfelter, mittelalter Gouda-Käse
2 TL Kümmelsamen
1 TL frisch gemahlener Pfeffer
100 g Haselnusskerne
50 g Walnusskerne
100 g geschälte Kürbiskerne
2 TL gemahlener Koriander

Zubereitungszeit: 90–105 Minuten, ohne Teiggehzeit
Backzeit: 35–40 Minuten

1. Weizenmehl mit Schrot in eine Rührschüssel geben, in die Mitte eine Vertiefung eindrücken. Hefe hineinbröckeln, Salz, Zucker und Pfeffer auf dem Mehlrand verteilen. Wasser über die Hefe gießen, die Hefe darin auflösen. Öl hinzufügen.

2. Alle Zutaten mit Handrührgerät mit Knethaken zunächst kurz auf niedrigster, dann auf höchster Stufe in etwa 5 Minuten zu einem glatten Teig verarbeiten. Den Teig mit etwas Mehl bestäuben und zugedeckt an einem warmen Ort so lange gehen lassen, bis er sich sichtbar vergrößert hat.

3. Den Teig mit Mehl bestäuben, aus der Schüssel nehmen und auf einer bemehlten Arbeitsfläche durchkneten. Teig zu einer länglichen Rolle formen und in 4 gleich große Stücke teilen.

4. Je 1 Teigstück mit einer der folgenden Mischungen verkneten: Für die 1. Mischung Oliven mit Salami und Oregano vermengen. Für die 2. Mischung Gouda mit Kümmel und Pfeffer vermengen. Für die 3. Mischung Haselnüsse mit Walnüssen vermengen. Für die 4. Mischung Kürbiskerne mit Koriander vermengen.

5. Die mit den verschiedenen Mischungen verkneteten Teigstücke birnenförmig formen. Das spitze Ende etwas flach drücken, mit Wasser bestreichen. Teigstücke so auf ein Backblech (gefettet) legen, dass sie mit den spitzen Enden leicht überlappen und miteinander verbunden sind, in der Mitte etwas zusammendrücken.

6. Die Teigstücke zugedeckt nochmals so lange an einem warmen Ort gehen lassen, bis sie sich sichtbar vergrößert haben. Während der Teiggehzeit den Backofen vorheizen. Mit Wasser bestreichen, jedes Teigstück dreimal der Länge nach leicht einschneiden und in den vorgeheizten Backofen schieben.

Ober-/Unterhitze: etwa 220 °C
Heißluft: etwa 190 °C
Backzeit: 35–40 Minuten.

7. Die Brote auf einem Kuchenrost erkalten lassen.

Viktoriabarsch im Zucchinimantel

I Für Gäste

Pro Portion:
E: 14 g, F: 3 g, Kh: 1 g, kJ: 411, kcal: 98

2 mittelgroße Zucchini
(je etwa 250 g)
Salz
4 Viktoriabarschfilets
frisch gemahlener Pfeffer
etwas Zitronensaft
Olivenöl

Außerdem:
evtl. Holzstäbchen
evtl. Alufolie

Zubereitungszeit: 50 Minuten
Grillzeit: etwa 24 Minuten

1. Zucchini waschen, abtrocknen und die Enden abschneiden. Zucchini der Länge nach in dünne Scheiben schneiden (evtl. auf einer Aufschnittmaschine).

2. Zucchinischeiben in kochendem Salzwasser blanchieren, in ein Sieb geben, mit kaltem Wasser übergießen und abtropfen lassen.

3. Viktoriabarschfilets unter fließendem kalten Wasser abspülen und trocken tupfen. Jedes Filet einmal senkrecht durchschneiden. Mit Salz, Pfeffer und Zitronensaft würzen.

4. Jeweils 1 Barschfiletstück in 2–3 Zucchinischeiben einschlagen, evtl. mit einem Holzstäbchen feststecken. Mit Olivenöl bestreichen.

5. Die eingeschlagenen Barschfilets auf den heißen Grill (evtl. mit Alufolie belegt) legen und von beiden Seiten etwa 12 Minuten grillen.

Vinaigrette mit Oliven | Würzig

Pro Portion:
E: 1 g, F: 17 g, Kh: 2 g, kJ: 671, kcal: 160

1 Knoblauchzehe
1 Schalotte
75 g schwarze Oliven ohne Stein
3 EL Balsamico-Essig
1 TL mittelscharfer Senf
Salz, frisch gemahlener Pfeffer

4 EL Olivenöl oder eine Mischung aus 2 EL Olivenöl und 2 EL Zitronenöl

einige Stängel glatte Petersilie

Zubereitungszeit: 10 Minuten

1. Knoblauchzehe und Schalotte abziehen. Knoblauch durch eine Knoblauchpresse drücken. Schalotte und Oliven sehr fein hacken. Essig mit 2 Esslöffeln Wasser, Senf, Knoblauch, Schalotte und Oliven verrühren, mit Salz und Pfeffer abschmecken.

2. Öl oder Ölmischung unterschlagen. Petersilie abspülen, trocken tupfen, die Blättchen von den Stängeln zupfen und fein hacken. Gehackte Petersilie unterrühren.

Tipp: Dieses Dressing passt zu kräftigen Salaten wie Römersalat, Endivie oder Radicchio, ebenso wie zu Tomaten- oder Bohnensalat.
Das Dressing hält sich gut verschlossen im Kühlschrank etwa 2 Tage. Statt fein gehackter Oliven können Sie auch 2–3 Esslöffel Tapenade (schwarze oder grüne Olivenpaste) oder getrocknete Tomaten in Öl verwenden.

Warmer Kartoffelsalat mit Bärlauch | Für Gäste

Pro Portion:
E: 27 g, F: 16 g, Kh: 24 g, kJ: 1485, kcal: 355

700 g	*festkochende kleine Kartoffeln*
1 Bund	*Bärlauch und 1 Bärlauchstängel mit Blütenansätzen*
2	*Schalotten oder Zwiebeln*
200 ml	*Gemüsebrühe*
2 EL	*Weißweinessig*
4 EL	*Olivenöl*
	Salz
	frisch gemahlener Pfeffer
400 g	*Hähnchenbrustfilet*
2 EL	*Olivenöl*
2 EL	*Schmand (Sauerrahm)*

Zubereitungszeit: 45 Minuten, ohne Abkühl- und Durchziehzeit

1. Kartoffeln gründlich waschen, evtl. abbürsten, in einem Topf mit Wasser zum Kochen bringen und zugedeckt 20–25 Minuten gar kochen. Kartoffeln abgießen, abdämpfen, sofort pellen und lauwarm abkühlen lassen. Kartoffeln in Scheiben schneiden und in eine Schüssel geben.

2. Bärlauch abspülen und trocken tupfen. Bärlauchstängel zum Garnieren beiseitelegen. Die Blättchen von den Stängeln zupfen. Blättchen klein schneiden. Schalotten oder Zwiebeln abziehen und in kleine Würfel schneiden. Bärlauch und Schalotten- oder Zwiebelwürfel zu den Kartoffelscheiben geben.

3. Brühe mit Essig und Olivenöl in einem Topf erhitzen. Mit Salz und Pfeffer würzen. Die Brühe über die Salatzutaten gießen und vorsichtig mischen. Den Salat 1–2 Stunden ziehen lassen.

4. Hähnchenbrustfilets unter fließendem kalten Wasser abspülen, trocken tupfen und in Würfel schneiden. Olivenöl in einer Pfanne erhitzen. Hähnchenwürfel von allen Seiten darin braten. Mit Salz und Pfeffer bestreuen.

5. Den Kartoffelsalat in der Mikrowelle nochmals kurz erhitzen und vorsichtig verrühren. Hähnchenbrustwürfel auf dem Salat verteilen und mit dem beiseitegelegten Bärlauchstängel garniert sofort servieren. Den Schmand glattrühren und dazureichen oder in Klecksen auf den Salat geben.

Wildkaninchenstücke | Raffiniert

Pro Portion:
E: 39 g, F: 22 g, Kh: 5 g, kJ: 1546, kcal: 368

1 kg Wildkaninchenfleisch (Rücken oder Keule)
etwa 6 stärkere Rosmarinzweige
400 g Schalotten (etwa 16 Stück)
frisch gemahlener, bunter Pfeffer
8 EL Olivenöl, Salz

Außerdem:
evtl. Alufolie

Zubereitungszeit: 45 Minuten, ohne Durchziehzeit
Grillzeit: 15–30 Minuten

1. Kaninchenfleisch unter fließendem kalten Wasser abspülen und trocken tupfen. Kaninchenfleisch vom Knochen lösen, evtl. den Bauchlappen entfernen. Das Fleisch in etwa 2 cm große Würfel schneiden.

2. Rosmarinzweige abspülen und trocken tupfen. 4 Zweige beiseitelegen. Von den restlichen Rosmarinzweigen die Nadeln abzupfen und grob hacken. Die beiseite gelegten Rosmarinzweige mit einem Messer am unteren Ende anspitzen.

3. Schalotten abziehen. Fleischwürfel und Schalotten mit Hilfe eines Metallspießes durchbohren. Abwechselnd Fleischstücke und Schalotten auf die angespitzten Rosmarinzweige stecken. Die Spieße in eine flache Schale legen, mit Pfeffer und Rosmarin bestreuen und mit Olivenöl beträufeln. Spieße zugedeckt einige Stunden im Kühlschrank durchziehen lassen.

4. Die Spieße auf dem heißen Grill (mit Alufolie belegt) 15–30 Minuten grillen. Mit Salz und evtl. nochmals mit Pfeffer würzen.

Beilage: Gebackene Ofenkartoffeln.

Tipp: Statt der Rosmarinzweige zum Aufspießen der Fleischstücke und Schalotten können Sie auch Metall- oder Holzspieße verwenden. Wer die Schalotten weicher mag, kann sie vor dem Aufspießen in kochendem Salzwasser etwa 2 Minuten kochen, herausnehmen, mit kaltem Wasser abschrecken und trocken tupfen. Statt Schalotten können Sie auch kleine Zwiebeln verwenden.

Würstchenspieße | Für Kinder

Pro Portion:
E: 19 g, F: 31 g, Kh: 90 g, kJ: 3021, kcal: 724

1 Glas (60 Stck.) Cocktailwürstchen (Abtropfgewicht 260 g)
60 kleine Cocktailtomaten
1 kleine Flasche Curry-Ketchup (180 ml)
1 kleine Flasche Barbecue-Sauce (180 ml)
1 kleine Flasche Cocktailsauce (180 ml)

1 großes Baguette (500 g)
60 g weiche Kräuter- oder Knoblauchbutter

Außerdem:
15 Holz- oder Metallspieße
etwas Speiseöl, z. B. Sonnenblumenöl
Alufolie

Zubereitungszeit: 25 Minuten
Grillzeit: Spieße 10–15 MInuten, Baguette etwa 3 Minuten

1. Cocktailwürstchen in ein Sieb geben und abtropfen lassen. Tomaten abspülen, abtrocknen und die Stängelansätze entfernen.

2. Die Saucen jeweils in kleine Schüsseln geben und glattrühren. Baguettes längs halbieren, in Stücke schneiden und mit der Butter bestreichen.

3. Würstchen und Tomaten abwechselnd auf Holz- oder Metallspieße stecken und mit Öl bestreichen. Auf dem heißen Grill (mit Alufolie belegt) 10–15 Minuten unter mehrmaligem Wenden grillen. Die Baguettestücke mit der unbestrichenen Seite nach unten auf dem Grillrost etwa 3 Minuten grillen.

4. Die Saucen zu den Würstchenspießen und Baguettestücken reichen.

Tipp: Statt Cocktailwürstchen können Sie auch Geflügel- oder zubereitete Würstchenspezialitäten wie Nürnberger Würstchen verwenden.

Beilage: Sehr lecker schmeckt dazu ein bunter Käsesalat. Dafür brauchen Sie: 250 g gewürfelten Gouda-Käse, 1 Dose Gemüsemais (Abtropfgewicht 285 g), 1 Glas Tomatenpaprika (Abtropfgewicht 165 g), 1 Glas Honiggurken (Abtropfgewicht 215 g) sowie für die Sauce 2 Esslöffel Weißweinessig, Salz, Pfeffer und 3–4 Esslöffel Olivenöl. Lassen Sie den Gemüsemais, die Tomatenpaprika und die Honiggurken jeweils in einem Sieb abtropfen. Schneiden Sie die Tomatenpaprika und die Honiggurken in kleine Würfel und mischen Sie diese mit dem Gemüsemais und den Käsewürfeln. Verrühren Sie für die Sauce den Essig mit Salz und Pfeffer und schlagen Sie das Öl unter. Mischen Sie die Sauce mit den Salatzutaten und lassen Sie den Salat etwa 15 Minuten durchziehen. Nach Belieben können Sie Croûtons dazureichen.

Würziger Kleckselkuchen I

Raffiniert

Insgesamt:
E: 63 g, F: 223 g, Kh: 229 g, kJ: 13373, kcal: 3194

1 Zwiebel (etwa 70 g)
3 EL Olivenöl
30 g Paprikapaste, mild (aus der Tube)
frisch gemahlener Pfeffer
1 Glas Kapern (Abtropfgewicht 30 g)
1 Knoblauchzehe
½ TL Dr. Oetker Finesse Geriebene Zitronenschale
50 g schwarze Olivenringe (aus dem Glas)
1 TL getrockneter Thymian
½ TL gerebelter Salbei
300 g Weizenmehl
2 gestr. TL Dr. Oetker Backin
2 gestr. TL Salz
4 Eier (Größe M)
70 ml Buttermilch
170 g Butter oder Margarine

Außerdem:
1 Pizza- oder Tarteform (ø 26–28 cm)

Zubereitungszeit: 60 Minuten, ohne Abkühlzeit
Backzeit: etwa 25 Minuten

1. Zwiebel abziehen und fein würfeln. 1 Esslöffel Olivenöl in einem kleinen Topf erhitzen. Die Zwiebelwürfel dazugeben und im geschlossenen Topf bei schwacher Hitze etwa 10 Minuten dünsten. Paprikapaste unter die Zwiebelwürfel rühren, mit Pfeffer würzen und abkühlen lassen.

2. Kapern in einem Sieb abtropfen lassen. Knoblauchzehe abziehen, durch eine Knoblauchpresse drücken und mit Zitronenschale, 1 Esslöffel Olivenöl und den Kapern mischen.

3. Olivenringe abtropfen lassen, mit restlichem Olivenöl, Thymian und Salbei vermengen. Den Backofen vorheizen.

4. Für den Teig Mehl, Backpulver und Salz in eine Rührschüssel geben und mit einem Schneebesen verrühren. Eier, Buttermilch und Butter oder Margarine hinzufügen und mit Handrührgerät mit Knethaken in etwa 1 Minute zu einem glatten Teig verarbeiten. Den Teig in 3 gleiche Portionen teilen.

5. Eine Portion Teig mit der Paprika-Zwiebel-Masse verrühren. Dann 2. Portion Teig mit der Kapern-Zitronen-Mischung und die letzte Portion Teig mit der Oliven-Kräuter-Mischung verrühren.

6. Teige abwechselnd in Klecksen, dicht an dicht, in die Form (gefettet) füllen. Die Form auf dem Rost in den vorgeheizten Backofen schieben.

Ober-/Unterhitze: etwa 200 °C
Heißluft: etwa 180 °C
Backzeit: etwa 25 Minuten.

7. Die Form auf einen Kuchenrost stellen. Den Kuchen etwas abkühlen lassen. Den Kleckselkuchen lauwarm servieren.

Tipp: Dazu schmeckt Tomaten-Rucola-Salat.

Zahnbrasse mit Austernpilzen I

Schnell

Pro Portion:
E: 29 g, F: 18 g, Kh: 6 g, kJ: 1260, kcal: 301

4 Zahnbrassenfilets (je etwa 150 g) oder Rotbarben
2–3 EL Zitronensaft
Salz
frisch gemahlener Pfeffer

1 Bund Frühlingszwiebeln
400 g Austernpilze
2–3 Tomaten
2 Knoblauchzehen
40 g Butter

2 EL Olivenöl

Außerdem:
Alufolie

Zubereitungszeit: 35 Minuten
Grillzeit: etwa 8 Minuten

1. Fischfilets unter fließendem kalten Wasser abspülen, trocken tupfen, mit Zitronensaft beträufeln und mit Salz und Pfeffer würzen.

2. Frühlingszwiebeln putzen, waschen, abtropfen lassen und in 1–2 cm große Stücke schneiden. Austernpilze putzen, mit Küchenpapier abreiben, evtl. abspülen und trocken tupfen. Pilze in grobe Stücke schneiden.

3. Tomaten abspülen, abtrocknen, halbieren, entkernen und die Stängelansätze entfernen. Tomatenfruchtfleisch in Würfel schneiden. Knoblauchzehen abziehen und durch eine Knoblauchpresse drücken oder sehr fein hacken.

4. Butter in einer Pfanne zerlassen. Frühlingszwiebel- und Pilzstücke darin andünsten. Tomatenwürfel und Knoblauch hinzufügen, kurz mitdünsten, mit Salz und Pfeffer würzen. Austernpilzgemüse warm stellen.

5. Brassenfilets dünn mit Olivenöl bestreichen, auf den heißen Grill (mit Alufolie belegt) legen. Filets von jeder Seite etwa 4 Minuten grillen und mit dem Austernpilzgemüse servieren.

Ziegenfrischkäse-Dressing I

Raffiniert

Pro Portion:
E: 4 g, F: 13 g, Kh: 4 g, kJ: 603, kcal: 145

2 Stängel Rosmarin
1 Schalotte
1 Knoblauchzehe
1 EL Olivenöl
1 TL flüssiger Honig
3–4 EL Zitronensaft
150 g Ziegenfrischkäse
150 ml ungesüßter Soja-Drink, alternativ Soja-Creme (milcheiweißfrei, laktosefrei)
Salz
frisch gemahlener Pfeffer

Zubereitungszeit: 10 Minuten, ohne Abkühlzeit

1. Rosmarin abspülen, trocken tupfen und die Nadeln von den Stängeln zupfen. Rosmarinnadeln sehr fein hacken. Schalotte und Knoblauchzehe abziehen und fein würfeln.

2. Öl in einer kleinen Pfanne erhitzen. Schalotten- und Knoblauchwürfel darin glasig andünsten. Rosmarin unterrühren. Honig mit Zitronensaft verrühren, in die Pfanne geben und unterrühren. Mischung etwas abkühlen lassen.

3. Ziegenfrischkäse mit Soja-Drink verrühren. Die Rosmarin-Mischung unterrühren und mit Salz und Pfeffer abschmecken.

Tipp: Dieses Dressing passt zu kräftigen Blattsalaten wie z. B. Rauke, Blattspinat, Radicchio, Löwenzahn, Chinakohl, Chicorée, Römersalat oder Endivie. Aber auch zu Salaten aus gedünstetem Gemüse z. B. Möhren, Fenchel, grüner Spargel, Bohnen usw. Die Salate dann zusätzlich mit 1 Esslöffel gehobelten, gerösteten Haselnusskernen und 75 g gewürfelten, knusprig gebratenen Frühstücksspeck bestreuen. Das Dressing hält sich in einem verschließbaren Gefäß etwa 3 Tage im Kühlschrank.

Ziegenkäse mit Sonnenblumenkernkruste I

Vegetarisch

Pro Portion:
E: 20 g, F: 37 g, Kh: 15 g, kJ: 2047, kcal: 489

1 großer Kopf Batavia-Salat
1 großer Kopf Radicchio
1 Bund Rucola (Rauke) oder Brunnenkresse

Für die Salatsauce:
5–6 EL Weißweinessig
Salz
1 Prise Zucker
frisch gemahlener Pfeffer
8–10 EL Speiseöl, z. B. Sonnenblumenöl

Für den Ziegenkäse:
10 runde, flache Ziegenkäsescheiben
3–4 EL Olivenöl
75 g Sonnenblumenkerne

Zubereitungszeit: 40 Minuten
Backzeit: etwa 5 Minuten

1. Für den Salat Salate putzen oder verlesen, waschen, abtropfen lassen und in mundgerechte Stücke zupfen.

2. Für die Salatsauce Essig mit Salz, Zucker und Pfeffer verrühren und Öl unterschlagen. Salate in eine große Schüssel geben und die Salatsauce darüberträufeln. Den Backofen vorheizen.

3. Für den Ziegenkäse Käsescheiben mit Öl bestreichen und mit Sonnenblumenkernen bestreuen, dabei die Kerne etwas andrücken. Den Käse auf ein Backblech (gefettet) legen und im vorgeheizten Backofen überbacken, aber nicht zerlaufen lassen.

Ober-/Unterhitze: etwa 180 °C
Heißluft: etwa 160 °C
Backzeit: etwa 5 Minuten

4. Den heißen Käse sofort mit dem Salat servieren.

Tipp: Dazu passt warmes Baguette oder Fladenbrot.

Ziegenkäsecreme | Für Gäste
(etwa 400 g)

Ingesamt:
E: 19 g, F: 88 g, Kh: 22 g, kJ: 4033, kcal: 970

1 kleine rote Zwiebel
1 EL Olivenöl
50 g getrocknete Tomaten in Öl
50 g schwarze Oliven
50 g grüne Oliven
1 Stängel Thymian
200 g Ziegenfrischkäse
frisch gemahlener Pfeffer

Zubereitungszeit: 20 Minuten, ohne Abkühlzeit

1. Zwiebel abziehen und in kleine Würfel schneiden. Olivenöl in einer Pfanne erhitzen. Die Zwiebelwürfel darin glasig andünsten und anschließend auf einem Teller erkalten lassen.

2. Tomaten in einem Sieb abtropfen lassen. Oliven entsteinen und zusammen mit den Tomaten klein hacken. Thymian abspülen, trocken tupfen und die Blättchen von dem Stängel zupfen.

3. Zwiebelwürfel, Oliven-, Tomatenstücke und Thymianblättchen mit dem Ziegenfrischkäse verrühren. Die Creme mit Pfeffer abschmecken und in ein verschließbares Gefäß füllen und kalt stellen. Die Creme ist im Kühlschrank etwa 2 Tage haltbar.

Brotempfehlung: Pizzakräcker, Baguette, Crostini.

Tipp: Die bestrichenen Brotscheiben mit Olivenringen und Thymianblättchen garnieren. Statt Ziegenfrischkäse kann natürlich auch Doppelrahm-Frischkäse genommen werden. Wer es nicht nur vegetarisch mag, kann noch eine Scheibe hauchdünn geschnittenen Schinken auf den Aufstrich legen.

Extra Tipp: Wem die Creme zu dick ist, der kann noch etwas Olivenöl unterrühren.

Zitrusfrüchte-Chutney mit Zitronenverbene | Raffiniert

Insgesamt:
E: 3 g, F: 4 g, Kh: 190 g, kJ: 3512, kcal: 839

2 Bio-Limetten (unbehandelt, ungewachst)
250 g Kumquats
1 rote Chilischote
1 Zweig Zitronenverbene
150 g Zucker
1 TL grüne Pfefferkörner in Lake
Salz
frisch gemahlener, bunter Pfeffer
Currypulver
gemahlener Ingwer

Zubereitungszeit: 20 Minuten

1. Limetten und Kumquats gründlich heiß abwaschen und abtrocknen. Limetten in kleine Stücke schneiden, Kumquats halbieren. Chilischote und Zitronenverbene abspülen und trocken tupfen. Chili in hauchdünne Scheiben schneiden, dabei die Kerne entfernen. Verbene grob zerkleinern.

2. Zucker mit 100 ml Wasser in einem Topf verrühren und zum Kochen bringen. Dann Limettenstückchen, Kumquatshälften, Chilischeiben, Verbene und abgetropfte Pfefferkörner hinzufügen. Mit Salz, Pfeffer, Curry und Ingwer würzen. Die Zutaten zum Kochen bringen und etwa 10 Minuten bei mittlerer Hitze kochen lassen.

3. Den Topf von der Kochstelle nehmen. Chutney sofort in gründlich gereinigte, gespülte Gläser füllen, mit Twist-off-Deckeln® verschließen, umdrehen und etwa 5 Minuten auf dem Kopf stehen lassen.

Zucchini-Käse-Muffins | Für Kinder

12 Muffins

Pro Stück:
E: 7 g, F: 9 g, Kh: 17 g, kJ: 773, kcal: 185

1 Zucchini, Salz
3 mittelgroße Tomaten

Für den Teig:
100 g alter Gouda-Käse
150 g Weizenmehl
2 gestr. TL Dr. Oetker Backin
100 g Maismehl
½ TL Fenchelsamen
3 Eier (Größe M)
5 EL Olivenöl
125 ml (⅛ l) Milch

Zum Bestreuen:
½ Bund Schnittlauch

Zubereitungszeit: 50 Minuten, ohne Abkühlzeit
Backzeit: etwa 30 Minuten

1. Zucchini abwaschen, abtrocknen, die Enden abschneiden und Zucchini auf einem Gemüsehobel der Länge nach in dünne Scheiben hobeln oder mit einer Aufschnittmaschine in Scheiben schneiden. Die Scheiben nebeneinanderlegen, mit Salz bestreuen und bis zur weiteren Verwendung Saft ziehen lassen.

2. In der Zwischenzeit Tomaten abspülen, abtrocknen, die Stängelansätze herausschneiden und Tomaten in je 4 Scheiben schneiden.

3. Für den Teig Gouda auf der groben Seite der Haushaltsreibe reiben. Mehl mit Backpulver in eine Rührschüssel geben und mit einem Schneebesen gut verrühren. Maismehl, etwas Salz, Fenchelsamen und Gouda untermengen. Eier, Öl und Milch hinzufügen und mit Handrührgerät mit Rührbesen kurz unterrühren. Den Backofen vorheizen.

4. Zucchinischeiben trocken tupfen und je 1 Scheibe in jede Vertiefung einer Muffinform für 12 Muffins, (gefettet, gemehlt) legen, dabei die Enden überstehen lassen. Den Teig hineingeben und glattstreichen. Je 1 Tomatenscheibe auf den Muffinteig legen und die Zucchinienden darüber zusammenlegen. Die Muffinform auf dem Rost in den vorgeheizten Backofen schieben.

Ober-/Unterhitze: etwa 180 °C
Heißluft: etwa 160 °C
Backzeit: etwa 30 Minuten.

5. Die Muffins 10 Minuten in der Form stehen lassen, dann aus der Form lösen (evtl. vorsichtig mit Hilfe eines Messers herausheben) und auf einem Kuchenrost erkalten lassen.

6. Schnittlauch abspülen, trocken tupfen, in Röllchen schneiden und auf die Muffins streuen.

Tipp: Die Muffins schmecken heiß oder kalt. Die übergeklappten Zucchinienden nach Belieben vor dem Backen mit Olivenöl bestreichen, dann trocknen sie nicht so aus.

Zucchini-Kohlrabi-Salat mit Lachs | Für Gäste

Pro Portion:
E: 19 g, F: 26 g, Kh: 6 g, kJ: 1397, kcal: 334

500 g Zucchini
2 EL Speiseöl, z. B. Sonnenblumenöl
Salz
frisch gemahlener Pfeffer
1 Kohlrabi (400 g)
½ Bund Dill

Für die Sauce:
1 EL Weißweinessig
2–3 EL körniger Senf
etwas Zucker
4 EL Speiseöl, z. B. Sonnenblumenöl

300 g Graved Lachs (in dünnen Scheiben)

Zubereitungszeit: 40 Minuten, ohne Durchziehzeit

1. Zucchini waschen, abtrocknen und die Enden abschneiden. Zucchini erst der Länge nach in dünne Scheiben, dann quer in feine Streifen schneiden.

2. Öl in einer Pfanne erhitzen. Zucchinistreifen in mehreren Portionen im Öl goldbraun braten, aus der Pfanne nehmen und abtropfen lassen. Zucchinistreifen in eine Schüssel geben, mit Salz und Pfeffer würzen.

3. Kohlrabi schälen, waschen, abtropfen lassen und halbieren. Kohlrabi erst in dünne Scheiben, dann in feine Streifen schneiden. Kohlrabistreifen unter die Zucchini mischen. Dill abspülen, trocken tupfen, in kleine Zweige zupfen und unter das Gemüse heben.

4. Für die Sauce Essig mit Senf, Zucker, Salz und Pfeffer verrühren. Öl unterschlagen. Die Sauce über das Gemüse gießen, alles vermischen und den Salat mindestens 15 Minuten durchziehen lassen.

5. Den Salat auf einer Platte anrichten. Den Lachs in breite Streifen schneiden und anschließend mit dem Salat anrichten.

Zucchini-Mortadella-Röllchen | Einfach

24 Stück

Pro Stück:
E: 2 g, F: 7 g, Kh: 1 g, kJ: 338, kcal: 81

4	*mittelgroße Zucchini (etwa 1,2 kg)*
	Salz
etwa 8 EL	*Olivenöl*
	frisch gemahlener Pfeffer
1 Bund	*Majoran*
einige Zweige	*Basilikum*
2–3 EL	*heller Balsamico-Essig oder Weißweinessig*
	Paprikapulver rosenscharf
24	*dünne, große Scheiben italienische Mortadella (etwa 350 g)*

Zubereitungszeit: 60 Minuten, ohne Saftzieh- und Marinierzeit

1. Zucchini abwaschen, abtrocknen und die Enden abschneiden. 3 Zucchini auf einem Gemüsehobel oder einer Aufschnittmaschine der Länge nach in dünne (etwa 2 mm) Scheiben schneiden und mit Salz bestreuen.

2. Die restliche Zucchini der Länge nach in etwa ½ cm dicke Streifen schneiden und ebenfalls salzen. Zucchinischeiben und -streifen etwa 20 Minuten Saft ziehen lassen.

3. Sechs Esslöffel Öl in einer Pfanne erhitzen. Die Zucchinischeiben trocken tupfen und portionsweise darin von beiden Seiten braten, mit Pfeffer bestreuen und erkalten lassen.

4. In der Zwischenzeit Majoran und Basilikum abspülen und trocken tupfen. Die Blättchen von den Stängeln zupfen und die Hälfte von den Blättchen hacken. Zucchinistreifen trocken tupfen. Gehackte Kräuter, Essig, Salz, Pfeffer, Paprikapulver und das restliche Öl verrühren und die Zucchinistreifen darin 20 Minuten marinieren. Anschließend Zucchinistreifen abtropfen lassen.

5. 24 Zucchinischeiben zum Umwickeln beiseitelegen. Mortadellascheiben auf der Arbeitsfläche nebeneinander ausbreiten. Zucchinistreifen und restliche Zucchinischeiben in die Mitte der Mortadellascheiben legen und einrollen. Die Rollen u-förmig zusammenklappen, mit den zurückbehaltenen Zucchinischeiben in der Mitte umwickeln, auf einer Platte anrichten und mit den restlichen Kräutern garnieren.

Zum Grillen

Marinaden und Dressings

Dips und Saucen

Salate und Beilagen

Brot und Sandwiches

Picknick

Camping

Für Fragen, Vorschläge oder Anregungen steht Ihnen der Verbraucherservice der Dr. Oetker Versuchsküche Telefon: 00800 71727374 Mo.-Fr. 8:00–18:00 Uhr, Sa. 9:00–15:00 Uhr (gebührenfrei in Deutschland) oder die Mitarbeiter des Dr. Oetker Verlages Telefon +49 (0) 521 520645 Mo.-Fr. 9:00–15:00 Uhr zur Verfügung.

Oder schreiben Sie uns: Dr. Oetker Verlag KG, Am Bach 11, 33602 Bielefeld oder besuchen Sie uns im Internet unter www.oetker-verlag.de oder www.oetker.de.

Umwelthinweis Dieses Buch und der Einband wurden auf chlorfrei gebleichtem Papier gedruckt. Die Einschrumpffolie - zum Schutz vor Verschmutzung - ist aus umweltfreundlichem und recyclingfähigem PE-Material.

Redaktion Carola Reich, Ina Scholz

Lektorat no:vum, Susanne Noll, Leinfelden-Echterdingen

Innenfotos Fotostudio Diercks, Hamburg (S. 8, 9, 11, 12, 16, 17, 19, 24, 27, 28, 33, 41, 47, 51, 53, 54, 56, 57, 58, 63, 64, 66, 68, 70, 72, 73, 74, 78, 80, 82, 83, 84, 87, 88, 90, 91, 95, 101, 102, 103, 104, 105, 106, 107, 108, 110, 111, 114, 115, 116, 119,122,126, 130, 132, 134, 137, 139, 140, 142, 143, 144, 150, 151, 152, 153, 154, 155, 156, 157, 158, 159, 160, 161, 162, 165, 167, 169, 172, 176, 177, 179, 180,181, 184, 185, 187, 189, 191, 192, 193, 194, 200, 202, 207, 208, 209, 211, 212, 213, 215, 216, 217, 223, 224, 225, 226, 227, 228, 232, 233, 236, 238, 240, 244, 246, 248, 249, 252, 254, 255, 256, 258, 262, 267, 268, 271, 275, 279, 281, 282, 286, 287, 294, 295, 298, 300, 301, 302, 303, 304)
Ulli Hartmann, Halle/Westf. (S. 38, 62, 118, 120, 124, 168, 178, 182, 188, 195, 204, 205, 219, 230, 280, 283, 290, 291)
Bela Hoche (S. 174)
Ulrich Kopp, Sindelfingen (S. 32, 49, 125, 128, 147, 197, 259)
Christiane Krüger, Hamburg (S. 10, 136, 148, 166, 190, 218, 231, 235, 237, 278, 284, 285, 307, 308)
Bernd Lippert (S. 39, 76, 96, 199, 210, 242, 288, 309, 311)
Herbert Maass, Hamburg (S. 21, 45, 71, 97, 141)
Antje Plewinski, Berlin (S. 13, 18, 34, 60, 61, 81, 98, 99, 109, 117, 123, 129, 131, 138, 145, 149, 171, 186, 221, 229, 257, 274, 289)
Christiane Pries, Borgholzhausen (S. 46, 94) Hans-Joachim Schmidt, Hamburg (S. 6, 48, 75, 86, 175, 203, 260, 272, 292, 299, 305, 310)
Axel Struwe, Bielefeld (S. 7, 22, 42, 43, 44, 112, 113, 163, 183, 222, 245, 250, 266, 276, 277, 296)
Norbert Toelle, Bielefeld (S. 15, 37, 50, 65, 77, 92, 170, 253, 263, 269)
Brigitte Wegner, Bielefeld (S. 5, 14, 23, 25, 26, 30, 31, 35, 36, 40, 52, 55, 59, 67, 69, 79, 85, 89, 93, 100, 121, 127, 135, 146, 164, 173, 196, 198, 201, 206, 214, 220, 234, 239, 241, 243, 247, 251, 261, 265, 270, 273, 293, 306)
Winkler Studios, Bremen (S. 20, 29)
Bernd Wohlgemuth, Hamburg (S. 133, 297)

Nährwertberechnungen Nutri Service, Hennef

Grafisches Konzept MDH Haselhorst, Bielefeld
Titelgestaltung kontur:design GmbH, Bielefeld
Satz und Layout MDH Haselhorst, Bielefeld
Druck und Bindung Mohn media Mohndruck GmbH, Gütersloh

ISBN: 978-3-7670-0513-6